Hilde Bruch

Grundzüge der Psychotherapie

Aus dem Amerikanischen
von Willi Köhler

S. Fischer

Die amerikanische Originalausgabe erschien unter dem Titel
»Learning Psychotherapy; Rationale and Ground Rules«
bei Harvard University Press, Cambridge, Massachusetts 1974
© 1974 by the President and Fellows of Harvard College
Für die deutsche Ausgabe:
© 1977 S. Fischer Verlag, Frankfurt (Main)
Umschlagentwurf Hannes Jähn
Satz und Druck Georg Wagner, Nördlingen
Einband Hans Klotz, Augsburg
Printed in Germany 1977
ISBN 3 10 008402 0

Zum Gedenken an meine Lehrer
Frieda Fromm-Reichmann 1889–1957
Harry Stack Sullivan 1892–1949
Lawrence S. Kubie 1896–1973

Inhalt

Vorwort
zur deutschen Ausgabe

Psychotherapie, wie Hilde Bruch sie versteht, durchführt und lehrt, ist etwas durch und durch Lebendiges. Ihre Psychotherapie ist vom Verstand erfaßt und gleichzeitig von Gemüt und Herzenswärme durchdrungen. Sie mit einem trockenen Titel zu überschreiben, ihr so etwas wie ein Etikett anzuheften, widerspricht ihrem Wesen. Und so ist der Titel des Werkes von Hilde Bruch wohl das einzige an dem Buch, was einem wirklich keine Freude macht. Wie man ihn immer faßt, er deutet nicht alles Wichtige an, was das Buch enthält, oder er gibt dessen Inhalt einen etwas anderen Sinn.

Der Titel der englischen Fassung *Learning Psychotherapy* bezeichnet schlicht und klar ein großes Anliegen der Autorin, demjenigen, der Psychiatrie lernt, und demjenigen, der sie lehrt, ein guter Helfer zu sein. Aber damit ist der Bedeutung des Werkes noch nicht Genüge getan.

Liest man den deutschen Titel, wundert man sich zunächst: Welche Psychotherapie meint die Autorin? Sie versteht Psychotherapie nicht im weitesten Sinne, nach dem Suggestion, Hypnose, Verhaltenstherapie und die verschiedensten psychoanalytischen Therapien sowie manche andere zu ihr gehören. Vielmehr ist es in Amerika und in anderen Ländern gebräuchlich geworden, die meisten psychotherapeutischen Einzelverfahren nicht in den Begriff »Psychotherapie« einzuschließen, und man stellt sogar der Psychotherapie die Psychoanalyse gegenüber, statt sie unter den Begriff der Psychotherapie zu fassen. Die Autorin beschreibt jene Psychotherapie, die im Laufe der letzten Jahrzehnte die wichtigste und verbreitetste geworden ist, die sich immer mehr Ärzte zu eigen machen, der sich heute selbst viele zuerst psychoanalytisch geschulte Therapeuten annähern und welche die zentral-

9

ste geworden ist – die aber alledem zum Trotz noch keinen geläufigen, allgemein anerkannten, einprägsamen Namen erhalten hat; nennt man sie »analytisch orientierte« oder »dynamische« Psychotherapie, so deutet man an, was gemeint ist. Psychotherapie in diesem Sinne benutzt psychoanalytisch gewonnene Erkenntnisse, setzt langdauernde, persönliche Zusammenarbeit mit dem Kranken voraus, will nicht wie etwa die Verhaltenstherapie nur einzelne Symptome »beseitigen«, sondern will ähnlich wie die Psychoanalyse dem Kranken in einem allgemeineren Sinne helfen, mit sich und seiner Umwelt in besserem Einklang zu leben. Im Gegensatz zu manchen psychoanalytischen Techniken bedeuten ihr aber strenge und starre technische Regeln wenig; dafür richtet sie sich beweglich an den ganz persönlichen Bedürfnissen des Kranken und an der persönlichen Art des Therapeuten aus. Sie geht vom natürlichen Gespräch aus, und »Deutungen« der Aussagen des Kranken sind ihr weniger bedeutsam als das Formulieren seiner unklar erlebten inneren Vorgänge in einer klareren Art, die er selbst als solche empfindet.

Von dieser zentralen Psychotherapie beschreibt aber das Werk nicht nur die »Grundzüge«, wie der deutsche Titel es ankündigt, noch ist es nur eine »Einführung in Theorie und Praxis«. Es enthält all das, aber es enthält noch mehr. Falsch wäre es aber, von einem »Lehrbuch der Psychotherapie« zu sprechen, denn das Buch ist alles andere als »lehrhaft« und wehrt sich im Gegenteil gegen die Vorstellung, die Psychotherapie sei ein umschriebenes »Lehrfach« und könne etwa dargestellt werden, wenn man einen Lehrsatz an den anderen reihte. Besser als Grundzüge, besser als Einführung und schon gar besser als Lehrbuch gehörte wohl der Begriff »Das Eigentliche der Psychotherapie« in den Titel. Und doch könnte man diesen ausgefallenen Ausdruck nicht als Titel übernehmen, denn was das »Eigentliche« in diesem Sinne ist, erfährt man erst beim Lesen des Buches.

Für mehrere besondere Aussagen des Buches müßten aber noch Untertitel gewählt werden. Ein solcher könnte lauten: »Entwicklung der Psychotherapie in den letzten 75 Jahren«.

In dem Buch zeichnet sich nämlich eindrucksvoll ab, wie aus früheren psychotherapeutischen Erfahrungen zuerst systematische und theoretische Lehren herausgearbeitet werden mußten, wie es in der Folgezeit aber dringend notwendig wurde, starre Begriffe, starre Dogmatik und starre Techniken mehr und mehr in den Hintergrund zu stellen und wieder auf das Wesentliche zu stoßen: auf die Gemeinschaft zwischen Arzt und Krankem im Verstehen und Fühlen. Deshalb könnte man auch den Untertitel »Abbau von Dogmen und Autoritäten« befürworten. Im Sinne eines solchen Untertitels ist zwischen den Zeilen des Buches unter anderem ein Wink an Supervisoren »auf hohem Roß« zu lesen, der etwa lauten könnte: »Heruntersteigen vom Dozieren zur gemeinsamen Arbeit«, und gleichzeitig eine Ermutigung für psychotherapeutische Anfänger: »Fürchte dich nicht vor dem Supervisor, er ist Lernender wie du.«

Ganz besonders beruhigend und schön ist es aber, daß Hilde Bruchs Werk sehr wohl auch als »*Common Sense Psychotherapie*« überschrieben werden könnte; als »*Common Sense Psychiatry*« wurden ja die Lehren von Adolf Meyer in Baltimore zusammengefaßt, der in den ersten Jahrzehnten des Jahrhunderts die Psychiatrie in Amerika, dann aber auch international, maßgeblich beeinflußt hat. Meyer setzte sich unermüdlich für eine lebensnahe Psychiatrie ein, die vor allem beachtet, was wir tatsächlich sehen und erfahren, und weniger beachtet, was wir theoretisch konstruieren. Er glaubte an die Bedeutung der quälenden Einflüsse, die wir tatsächlich feststellen können, auf die Entstehung psychischer Störungen, und er glaubte daran, daß sie in der Therapie in erster Linie zu berücksichtigen seien – was zwar vom »*common sense*« aus selbstverständlich ist, nicht aber von einer Psychiatrie aus, in der unerkannte, hypothetische »Prozesse«, Behauptungen über nicht nachweisbare »innere Vergiftungen« oder nur postulierte Traumen eine große Rolle spielten. Meyer war in einer geistigen Familientradition aufgewachsen, die auf die »*Common Sense Philosophy*« eines einfachen, bescheidenen Bauern zurückging, der im 18. Jahrhundert Einfluß auf führende Köpfe der Geisteswelt ausübte (»Kleinjogg« Gujer, 1716–1785). Mit dessen Familie hatte Meyers Großvater eng zusammengelebt. »Kleinjogg« hatte sich von starren landwirtschaftlichen Traditionen frei gemacht und liebevoll selbst beobachtet, unter welcher Pflege Tier und Pflanze am besten gediehen. Vor allem aber hatte er vorgelebt, wie auf einem Bauernhof durch gegenseitige Achtung und Rücksichtnahme zwischen Mägden, Knechten, eigenen Kindern und Meistersleuten eine glückliche Lebensgemeinschaft geschaffen werden konnte, in der selbst behinderte und schwierige Menschen einen guten Platz hatten. Heute würden wir sie therapeutische Gemeinschaft nennen. Von diesem Geiste, der aus dem einfachen Volke als Gegenbewegung zur Erstarrung im 18. Jahrhundert hervorging und den Adolf Meyer mit weithin leuchtendem Erfolg in die Psychiatrie einführte, ist das Werk von Hilde Bruch erfüllt, vom Bestreben nämlich, mit wachem Verständnis, warmem Herzen, mit Bescheidenheit und Anpassungsfähigkeit auf das einzugehen, was man zusammen mit seinem Patienten erfahren und erleben kann. »*Common Sense Psychotherapy*« ist die folgerechte Fortsetzung von »*Common Sense Psychiatry*«, wie diese von »*Common Sense Philosophy*«. Es handelt sich um Marksteine in der immer wieder notwendigen Rückkehr zum Menschlichen, zum Natürlichen, zum Ursprünglichen, zum Einfachen, nachdem das Überlegen, das Ordnen, das Theoretisieren und dann auch das Spekulieren davon weggeführt haben.

Und noch ein ganz anderer Untertitel würde eine weitere wertvolle Seite des Buches beleuchten. Er könnte etwa lauten: »Psychotherapie steht über und jenseits der medizinischen Diagnose.« Vielen Lesern wird auffallen – und einzelne werden sich zuerst daran stoßen –, daß Hilde Bruch die Praxis der Psychotherapie an Kranken gemeinsam erläutert, denen man die verschiedensten Diagnosen geben würde, von einfacher reaktiver Persönlichkeitsentwicklung über Neurose bis zur Schizophrenie, fast als ob es auf die Diagnose gar nicht ankäme. Ich glaube, sie hat recht: im Seelenleben Kranker mit ganz verschieden diagnostizierten Leiden, und insbesondere selbst im Seelenleben von Gesunden und Schizophrenen, ist die Dynamik, das wirklich Menschliche, das Wesentliche immer ähnlich. In der Psychotherapie ist die persönliche Einmaligkeit eines Kranken viel mehr zu berücksichtigen als seine medizinische Diagnose. Es liegt Hilde Bruch natürlich fern, etwa Schizophrenie und Neurose gleichzusetzen oder den Wert einer sauberen medizinischen Diagnose und deren Bedeutung für die körperliche Behandlung und die soziale Beratung des Kranken herabzuwürdigen. Hingegen spiegelt sich in ihrer Darstellung eindrücklich die Tatsache wider: im Grunde genommen kämpfen Neurotiker, Schizophrener und Gesunder den gleichen Kampf um ihr Gleichgewicht und um ihr Dasein als Menschen unter Menschen, mit aller Zwiespältigkeit der eigenen Natur und der Zwiespältigkeit zwischen ihr und den Lebensbedingungen. Das ist eine große Botschaft. Sie packt einen in Hilde Bruchs Buch um so stärker, als sie nicht in lehrhafte Worte gefaßt ist, sondern sie sich vielmehr wie von selbst aufdrängt, wenn man erstaunt fragt: Ist dieser Patient, dessen Psychotherapie sie erläutert, eigentlich ein Schizophrener oder ein Neurotiker oder noch ein andersartiger Kranker? Sie sagt es oft nur fast nebenbei oder gar nicht, und gerade darin liegt die grundsätzliche Feststellung: In der Psychotherapie kommt es darauf gar nicht besonders an.

Welche Lebenserfahrungen haben es Hilde Bruch ermöglicht, aufgrund ihrer natürlichen Begabung und der ihr eigenen Warmherzigkeit zu einer derart souveränen Übersicht der Psychotherapie zu gelangen, wie sie ihr Buch widerspiegelt? Während ihres Studiums in Freiburg sprach sie die Psychiatrie noch gar nicht an. Sie war ihr zu statisch und zu lebensfremd. Ihrem Wesen entsprach damals eher die Kinderheilkunde. Sie bildete sich in Leipzig und in New York zur Kinderärztin aus und konnte in dieser Tätigkeit ihre warme Mütterlichkeit mit ihrer Befähigung zur körperlichen Diagnostik und Therapie in harmonischer Arbeit verschmelzen. 1934 bis 1941 war sie Ärztin am »*Babies Hospital*« der Columbia-Universität in New York. Dort entdeckte sie ihr Interesse an übergewichtigen Kindern und damit an der Bedeutung der Beziehungen innerhalb des engen Familienkreises für die Eßgewohnheiten und ihre körperlichen Folgen. In der Folgezeit sind ihre zahlreichen Arbeiten über die Hintergründe der Fett- und Magersucht von Kindern und Jugendlichen zu einem angesehenen und wichtigen Teil der internationalen Kenntnisse auf dem Gebiet der Psychosomatik geworden. Im Jahre 1941, als Adolf Meyer von der Leitung der Psychiatrischen Klinik am John Hopkins Hospital zurücktrat, begann die Mitarbeit Hilde *Bruch*s an dieser damals in Amerika führenden Klinik, an der sie bis 1943 tätig war. Ihre psychoanalytische Ausbildung an führenden Ausbildungsstätten begann schon 1941. Seit 1943 ist Hilde Bruch in leitenden Stellungen an Kliniken und Universitäten in Kinderpsychiatrie und Psychotherapie tätig, früher in New York, heute in Houston (Texas), wo sie Professorin für Psychiatrie am Baylor College of Medicine geworden ist. Einen großen Teil ihrer Tätigkeit widmete sie der Ausbildung junger Psychotherapeuten. Neben ihrem Lehramt, neben ihren leitenden Aufgaben an Kliniken und neben ihrer literarischen Tätigkeit führte sie noch über lange Jahre eine Privatpraxis für Psychoanalyse und Kinderpsychiatrie.

Stark beeinflußt hat sie die Zusammenarbeit mit Harry Stack Sullivan (der die Berücksichtigung aller, auch der aktuellen menschlichen Beziehungen in der Psychotherapie gefördert hat), mit Frieda Fromm-Reichmann (die Bahnbrechendes zur Psychotherapie Schizophrener beigetragen hat) und mit Theodore Lidz (der die Verhältnisse in den elterlichen Familien Schizophrener geklärt hat).

Unter den bisher erschienenen Büchern der Autorin heißt ein wichtiges, das seinem Geist nach dem vorliegenden Buch nahesteht: *Dont be Afraid of Your Child*. Darin zeigt sie Eltern, daß es bei der Erziehung ihrer Kinder mehr auf Mütterlichkeit, Gemüt und natürliches Verständnis, auf »*common sense*« ankommt, als auf dogmatische und theoretische Lehrmeinungen. Ähnliche Überzeugungen vermittelt sie Psychotherapeuten im vorliegenden Buch.

Mai 1977   *Professor Manfred Bleuler, Zollikon*

Einführung

Psychotherapie zu lernen ist ein lebenslanger Prozeß; es ist eine nie zu erledigende Aufgabe ständiger schöpferischer Neuorientierung, eines auf unbeirrbarer Objektivität und Lernbereitschaft beruhenden Studiums von Fehlschlägen wie von Erfolgen. Der Therapeut kann sein berufliches Fachwissen nicht dadurch vermehren, daß er unablässig wiederholt, was er bislang getan oder gelernt hat. Jeden neuen Patienten muß er als den behandeln, der er ist, als einen Fremden, dessen Nöte und Probleme einzigartig, ohne Beispiel sind; die Herausforderung, die vom Patienten ausgeht, besteht darin, sich ihm in besonderer Weise zu nähern, in einer Weise, die auf seine spezielle Situation zugeschnitten ist. Gerade dieses wache Gespür für die Neuheit jeder therapeutischen Begegnung gestattet es dem voll ausgebildeten Therapeuten, bisherige Erfahrungen wie auch gegenwärtige Unwissenheit auf konstruktive Weise einzusetzen.

Solche hochentwickelten Fertigkeiten mögen ein Fernziel sein, doch sie sind zugleich ein Ziel, auf das der Lernprozeß von Anfang an ausgerichtet sein muß. Das vorliegende Buch wendet sich an den Anfänger, der zum erstenmal vor der Aufgabe steht, sich als Psychotherapeut zu bewähren. Das Erlernen von Psychotherapie ist der wichtigste Teil, ja geradezu das Herzstück der psychiatrischen Ausbildung. Das Gebiet der Psychiatrie hat sich in wenigen Jahrzehnten erheblich ausgeweitet und umfaßt heute eine Vielzahl von neuen Aufgaben, die für gewöhnlich nur unzulänglich definiert sind und die unterschiedliche, häufig sogar einander widersprechende methodische Ansätze und Einstellungen erfordern. Doch bei all den Veränderungen und Wandlungen ist es weiterhin von entscheidender Bedeutung, sich zu einem erfolgreich tätigen

15

Psychotherapeuten heranzubilden. Nur auf diese Weise können sich angehende Psychiater gründliche Kenntnisse über die Komplexität menschlichen Lebens erwerben; diese Kenntnisse können dann nicht nur für eine intensive dynamische Therapie, sondern auch für andere Behandlungsformen nutzbar gemacht werden.

Die Psychotherapie ist ständig im Fluß, und ihr Konzept ist inzwischen dermaßen ausgeweitet worden, daß beinahe jede berufsmäßige Interaktion zwischen zwei Menschen oder zwischen Gruppen von Menschen als »Therapie« bezeichnet wird. Die Psychoanalyse und ihr Abkömmling, die dynamische Psychotherapie, werden bezichtigt, zu zeitraubend und zu teuer und überdies nicht für alle Patienten geeignet zu sein; der Zweierbeziehung wird vorgeworfen, sie stelle ein veraltetes »medizinisches Modell« der Psychiatrie dar, das mit den modernen Konzepten eines »sozialen Modells« nicht Schritt halten könne. Der größte Teil dieser kritischen Einwände spiegelt mangelhaftes Verstehen und unzureichende Kenntnis der wesentlichen Aufgaben intensiver Psychotherapie wider.

Dynamische Psychotherapie, das ist richtig, stellt an den Therapeuten wie auch an den Patienten große Anforderungen, nicht nur was den Aufwand an Zeit und Geld, sondern auch was die Intensität persönlicher Anteilnahme, den Bedarf an Introspektion und die Bereitschaft angeht, uneingeschränkt ehrlich zu sein und unangenehmen Tatsachen ins Auge zu sehen. Sie erfordert die Bereitwilligkeit, Motive und Lebenseinstellungen eines Menschen immer wieder zu überprüfen und das so gewonnene Verständnis in verantwortungsvoller Weise für neue Maßnahmen zu nutzen. Daß diese Behandlung für die große Masse nicht leicht zugänglich oder nicht einmal geeignet ist, schmälert nicht ihren Wert oder ihre Unentbehrlichkeit für Menschen, die aus ihr Vorteil ziehen können und dies auch tun und die in ihr die einzige Möglichkeit sehen, dauerhafte Entlastung von ihren Selbstzweifeln und Leiden zu erlangen. Ohne Zweifel können sich viele Menschen, die in Schwierigkeiten stecken, der »stromlinienförmigen«, wohlfeilen Methoden unserer Tage zu ihrem Nutzen bedienen. Doch

16

es gibt auch viele, die ein tiefergehendes Selbstverständnis und Anstöße zu echtem innerem Wachstum nötig haben, und das können sie nur auf dem Wege einer Einzelpsychotherapie erreichen. Seit langem wird auf das tragische Schicksal von Patienten hingewiesen, die in der entpersönlichten Umwelt psychiatrischer Krankenhäuser zur Ohnmacht und Hilflosigkeit verdammt sind, in der Umwelt von Krankenanstalten, die ohne Rücksicht auf die Bedürfnisse des einzelnen das Standardverfahren der gerade in Mode befindlichen Behandlungsform anwenden.

Psychotherapie widmet sich den inneren Schwierigkeiten eines Individuums, die seine Fähigkeit beeinträchtigen, mit den Aufgaben und Belastungen, die unvermeidlich zum menschlichen Leben gehören, fertig zu werden. Studenten stellen häufig die Frage, was denn nun Psychotherapie wirklich sei und wie sie wünschenswerte Veränderungen herbeiführe, sonderlich wenn die verfügbare Zeit begrenzt sei. Ich möchte Psychotherapie hier als eine Situation definieren, in der zwei Menschen in Interaktion treten und einander zu verstehen suchen, mit dem besonderen Ziel vor Augen, etwas Nutzbringendes für den über Beschwerden klagenden Menschen zu leisten. Wenngleich Patienten mit einer Vielzahl von Problemen zum Psychiater kommen, so möchte ich ihre Schwierigkeiten hier jedoch, freilich in grober Vereinfachung, unter dem Vorzeichen eines gemeinsamen Problems betrachten, des Gefühls der Hilflosigkeit, der Angst und inneren Überzeugung, unfähig zu sein, »zurechtzukommen« und Dinge zu verändern. Dieses Gefühl läßt sich, allerdings in sehr unterschiedlichem Maße, in jeder Situation als ein wesentliches Problem feststellen. Patienten erwarten häufig, wie auch Anfänger in der Psychotherapie, daß die psychotherapeutische Behandlung ihre Probleme lösen und sie glücklich oder zumindest weniger unzufrieden machen werde. Wenn dies tatsächlich geschieht, dann handelt es sich um einen glücklichen Nebeneffekt. Es liegt nicht in unserer Macht, Menschen glücklich zu machen, doch wir können ihnen dabei behilflich sein, daß sie, zumindest bis zu einem gewissen Grade, realistischer einschätzen können, was sie quält, so daß sie auf diese Weise zu lernen vermögen, auf ihre Probleme angemessen zu reagieren, und so Entlastung finden von ihrem Gefühl des Unvermögens.

Und wie gelingt dies? In jeder Form der Psychotherapie laufen gleichzeitig und nacheinander verschiedene Prozesse ab: Indem man aufmerksam *zuhört,* was der Patient zu sagen hat, verschafft man ihm das Gefühl, gehört und verstanden worden zu sein; indem man zusammenfaßt und *neu formuliert,* was man gehört hat, kann man dem Patienten dabei helfen, die ersten Schritte in Richtung einer Klärung und Verminderung der seinem Leiden zugrunde liegenden und sein Leben erschwerenden Verwirrung zu unternehmen; und schließlich kann man ihm mittels einer objektiveren Einschätzung seiner Begabungen und durch das *Aufzeigen von Alternativen* dabei behilflich sein, zu einem Punkt fortzuschreiten, an dem er Maßnahmen ergreifen und handeln kann, nicht mehr so hilflos in seinen Ängsten verfangen und den Umständen ausgeliefert.

Dies sind die wesentlichen Aufgaben sowohl der Kurz- wie der Langzeittherapie, nach welcher Methode sie auch praktiziert werden mag. Die Behandlung selbst ist der Prozeß, in dessen Verlauf der Patient neue psychische Fertigkeiten entwickelt, so daß er sein Leben in realistischerer Weise einrichten kann, weniger gestört, weniger durch Fehleinschätzungen und unterdrückte Emotionen belastet.

Ich möchte hier versuchen, dem Leser einen Überblick darüber zu verschaffen, was ich bei der Supervision der ersten psychotherapeutischen Gehversuche von Medizinstudenten, angehenden Psychiatern, Sozialarbeitern und Psychologen sowie bei der Arbeit von psychoanalytischen Kandidaten mit bereits gründlicher Erfahrung beobachtet habe. Bei meiner Tätigkeit als Berater von praktizierenden Psychiatern, die mit der Bitte an mich herantraten, die Störungen von Patienten, die anscheinend unbehandelbar waren, zu beurteilen, habe ich viele wertvolle Erfahrungen gemacht. Trotz des höchst unterschiedlichen Niveaus an Kenntnis und Sachverstand waren die grundlegenden Probleme, die, wie sich feststellen ließ, die therapeutische Wirksamkeit beeinträchtigten, von erstaunlicher Ähnlichkeit. Die Schwierigkeiten beruhten für gewöhnlich auf vorgefaßten Ansichten und Überzeugungen, die früherer Ausbildung oder Lektüre entstammten und die bei einem bestimmten Patienten fehl am Platze waren und die unvoreingenommene Wahrnehmung des Therapeuten bezüglich der Erfordernisse der Behandlung durchkreuzten.

Die meisten Beispiele, die ich zur Veranschaulichung verschiedener Punkte verwende, habe ich den Krankenblättern von Patienten entnommen, die im Krankenhaus behandelt worden waren; darunter sind auch einige Fälle aus meiner eigenen Ausbildungszeit. Wenngleich ich sie ausgewählt habe, um typische Probleme darzustellen, so sollte man aus ihnen doch keine allgemeinen Schlußfolgerungen ziehen, wenn man sich mit anderen Patienten beschäftigt. Trotz augenscheinlicher Ähnlichkeit bedarf es stets individueller Modifizierung. Zum psychodynamischen Verständnis gehört es, an die grundlegenden Probleme jedes Menschen in einer Weise heranzugehen, die seiner besonderen Entwicklung und seinen Bedürfnissen gerecht wird. Nur so ist Therapie effektiv und realitätsorientiert. Solche Einzelbetrachtung ist auch ein wichtiger Aspekt des Lernprozesses. Denn es ist notwendig, daß jeder Therapeut seine Vorzüge und Fähigkeiten in einer für ihn sinnvollen Weise entwickelt. Mit der Entfaltung eines empfindlicheren und tieferen Selbstverständnisses lernt er die menschliche Beziehung in individueller und dennoch planvoller und disziplinierter Weise einzusetzen.

Ein großes Hindernis im Lernprozeß ist die Tatsache, daß theoretische Grundsätze und sogenannte Techniken häufig im Verlauf einer stereotypisierten, traditionsgebundenen Ausbildung vermittelt werden. Jeder erfahrene Therapeut hat wahrscheinlich seine eigene Arbeitstheorie und -methode entwickelt, nämlich das, was er tatsächlich in der Abgeschiedenheit seines Behandlungszimmers tut. Wie er jedoch bei der Arbeit mit Patienten diese persönlichen Konzepte zur Anwendung bringt, dringt für gewöhnlich nicht an die Öffentlichkeit, und was zum Druck gelangt, sind lediglich Abwandlungen der offiziell akzeptierten Theorien, formuliert in standardisierter Terminologie. So möchte ich hier einen unmittelbareren, persönlichen Weg einschlagen, das heißt, ich möchte versuchen, innerhalb eines weitgespannten theoretischen Rahmens einige allgemeine Prinzipien aufzuzeigen, die wirksamer Psychotherapie zugrunde liegen, und einige der tatsächlichen Faktoren zu benennen, die den Anfänger im psychotherapeutischen Lernprozeß fördern oder hemmen.

1. Fremde begegnen sich

»Eine Reise über tausend Kilometer beginnt mit nur einem einzigen Schritt.« Dieses alte chinesische Sprichwort läßt sich durchaus auf die psychotherapeutische Reise übertragen. Wie lange sie auch dauern mag und einerlei, wie schwierig sie sich schließlich gestaltet, die Reise beginnt mit dem ersten Gespräch, mit dem Erstinterview; und die damit verbundenen Erfahrungen können sehr wohl den künftigen Therapieverlauf bestimmen. Der Anfang kann unter einem günstigen Stern stehen, er kann gegenseitige Kontakt- und Verstehensmöglichkeiten verheißen. Dieses grundlegende Gefühl, verstanden worden zu sein, kann den Patienten bei all den vielerlei Schwierigkeiten, die im Fortschreiten der Behandlung auftauchen, stärken und stützen, vor allem dann, wenn ihn das Weitergehen hart ankommt.

Genau wie bei einer richtigen Reise, in deren Verlauf der Unaufmerksame, der Zweifelnde stolpern kann, um sich dann nur noch zögernd und unter großer Mühsal weiterzuschleppen, so kann es auch in der Psychotherapie geschehen, daß sich beim anfänglichen Kontakt Mißverständnisse einstellen und der Patient nicht die Gewißheit verspürt, daß der Therapeut begriffen hat, was ihm Sorgen bereitet. Dann beeinträchtigen ungeäußerte Zweifel und Ängste den therapeutischen Prozeß und hemmen den Fluß der Dinge. Wenn alles schiefläuft, ist die Reise zu Ende, und der Patient kommt nicht wieder. Wenn er ein Wiederkommen nicht vermeiden kann, wie es der Fall ist, wenn er im Krankenhaus liegt, dann wird er feindselig, argwöhnisch und schweigsam sein, nicht zur Kommunikation zu bewegen. Für eine derartige negative Haltung sind nicht immer eine unzureichende Motivation oder paranoide Einstellungen des Patienten verantwortlich, sondern sie hat nicht selten mit einer unglückseligen Erfahrung während des ersten Kontaktes zu tun, bei dem er womöglich das Gefühl gehabt hat, er sei wie »ein Fall« behandelt worden oder der Therapeut habe ihn nicht genügend respektiert und seine Probleme nicht als die eines leidenden Menschen gewürdigt. Der Anfänger ist in einer ungewöhnlich schwierigen Lage. Wenn ein Psychiater seit längerem eine eigene Praxis führt oder in einer Institution eine angesehene, mit Autorität verbundene Position bekleidet, dann werden Patienten ausdrücklich an ihn verwiesen, für gewöhnlich mit lobenden Bemerkungen über seine besonderen Fähigkeiten. Im Gegensatz dazu ist der Anfänger eine unbekannte Größe, und daher ist es weit mehr von den Erfahrungen der ersten Behandlungssitzung abhängig, wie der Patient auf ihn reagiert und ob er Vertrauen zu ihm als Therapeuten faßt. Glücklicherweise jedoch ist der Patient in seinem Bedürfnis und Wunsch nach Hilfe bereit, den künftigen Therapeuten mit besonderer Sachkenntnis und Verständnisfähigkeit auszustatten.

Erste Reaktionen

Beide, Therapeut wie Patient, bringen ihre Persönlichkeit und zurückliegende Erfahrungen in die therapeutische Begegnung ein, auch wenn der Therapeut, wie wir hoffen wollen, ein schärferes Wahrnehmungsvermögen für verborgene Faktoren besitzt und weniger Ängste angesichts dessen verspürt, was die Behandlung bringen wird. Welche Gründe ein Patient auch vortragen mag, warum er die Praxis des Psychotherapeuten aufsucht, und welche manifesten Symptome er auch anbietet, der Therapeut muß sich von dem Wunsch tragen lassen, dem Patienten von Nutzen zu sein, ihn zu verstehen und ihm Gelegenheit zu bieten, sich offen und frei zu äußern. Was immer er über seinen künftigen Patienten gehört oder in der zuweilen umfänglichen Fallgeschichte gelesen haben mag, sobald das Erstinterview einsetzt, tut er gut daran, sich darauf zu besinnen, daß es sich um eine Situation handelt, die zwei Fremde zusammenführt, zwei Menschen, die beide die ersten tastenden Schritte unternehmen müssen, um einander kennenzulernen. Es ist eine Zeit gegenseitiger Prüfung und Einschätzung, auch wenn das Wechselspiel der vielen subtilen emotionalen Faktoren nur in begrenztem Maße wahrgenommen wird. Wie das Erstinterview ausfällt, hängt ab vom Patienten und seinen Problemen, von der Art und Weise, wie er sich darstellt, wie er die Situation versteht oder mißversteht, aber gewiß auch von der Aufgeschlossenheit des Therapeuten, von seiner Selbstwahrnehmung, von seinen Gefühlen und Reaktionen, von seinem Zutrauen in das, was er tut, und von seinem Gespür für das Bedürfnis des Patienten nach Hilfe und Verständnis.

Offiziell besteht die Aufgabe des Erstinterviews darin, einander bekannt zu machen, eine kurze Darstellung der Probleme und Schwierigkeiten des Patienten zu erhalten, einen vorläufigen diagnostischen Eindruck zu gewinnen und in etwa die Grundfragen und mögliche Behandlungsziele zu formulieren. Es wäre vermessen zu behaupten, man könne ein klares, geschweige denn vollständiges Bild der Schwierigkeiten des Patienten gewinnen. Doch es ist hilfreich, einige zusammenfassende Worte darüber zu äußern, zu welcher Ansicht man über die Verwirrung, die Befürchtung oder die Wut des Patienten gekommen ist. Ich halte es für nützlich, einige Anmerkungen mit positivem Inhalt zu machen, das heißt dem Patienten zu verstehen geben, daß ich eine andere Vorstellung von ihm habe, ihn nicht als angstgetrieben und depressiv, als mißtrauisch oder verzweifelt sehe, sondern als einen lebenstüchtigen Menschen mit der Fähigkeit zu Vertrauen und Selbstsicherheit. Dazu genügt unter Umständen eine einfache Frage: »Wann waren Sie zum letzten Mal mit sich zufrieden (oder selbstsicher)?« Oder man kann einer Mutter, die in der ganzen Sitzung nichts weiter als die Fehler ihres Kindes und ihre daher rührenden Kümmernisse aufzählte, die Frage stellen: »Was mögen Sie an Hänschen am liebsten?«

Der Anfänger ist unter Umständen zu ängstlich darauf bedacht, möglichst viele Informationen zu sammeln, und mag sich daher in allzu mechanischer Weise darauf beschränken, auf seine vielen Fragen eindeutige Antworten zu bekommen.

Dadurch kann er den allerwichtigsten Zweck eines Erstinterviews verfehlen, nämlich die Möglichkeit eines sinnvollen Gedanken- und Gefühlsaustausches allererst zu begründen. Dies wiederum erfordert ein frei strömendes Äußern nicht nur von Worten, sondern von Empfindungen, mithin eine Äußerungsform, die gegenseitiges Vertrauen in Aussicht stellt. Welches auch immer der Inhalt des Gesprächs sein mag, zur gleichen Zeit läuft ein anderer Prozeß ab, der darin besteht, den anderen gemäß seinen eigenen emotionalen Reaktionen einzuschätzen. Wie bei allen bedeutsamen Beziehungen setzt sich bereits beim ersten Zusammentreffen ein Gefühlsstrom in Bewegung, und bei den Gefühlen kann es sich um Vertrautheit und Zuneigung, aber auch um kühle Distanz und entschiedene Abneigung handeln. Der wachsame Beobachter wird herauszufinden suchen, was es ist, das solche positiven oder negativen Gefühle wachruft, und sich Klarheit darüber zu beschaffen trachten, ob die Gefühle vorübergehend sind oder so tief gehen, daß sie der Entwicklung von Vertrautheit, einer Voraussetzung für Therapie, im Wege stehen können. Zuneigungs- und Abneigungsgefühle beruhen auf zahlreichen, häufig unwägbaren persönlichen Ausdrucksweisen und Eigenschaften, die den Lebenslauf und die Entwicklung eines Menschen in ihrem Gesamtzusammenhang ausmachen. Ein erfahrener Therapeut wird sich mit einer Erklärung, die den Schein wahrt, ohne die Gefühle des Patienten zu verletzen, als ungeeignet für die Behandlung erklären und den Patienten an einen anderen Therapeuten verweisen, wenn er solche Abneigungsgefühle bei sich feststellt oder auch wenn er kein Gefühl von Empathie, von möglicherweise auf Sympathie beruhendem Verständnis für die Probleme des Patienten zu empfinden vermag. Der Anfänger hat weder diese Wahlfreiheit noch ein klares, sicheres Gefühl von seinen Reaktionen. Eine Möglichkeit, während der Ausbildungszeit Erfahrungen zu sammeln, besteht darin, sich mit Hilfe einer großen Zahl verschiedener Leute ein Bild von der Spannweite seiner Reaktionen und Interaktionen zu verschaffen. Da er beobachtet und geprüft wird, mag es ihm schwerfallen, bei sich irgendwelche negativen Gefühle zuzulassen. Wie bei allen anderen Beziehungen können die verborgenen und uneingestandenen Gefühle zu Schwierigkeiten führen und die ehrliche, offenherzige Erforschung von Gefühlen und Reaktionen, wie sie sich im Verlauf der Therapie entwickeln, nachteilig beeinflussen und durchkreuzen.

Einschätzung eines Fremden

Viele der grundlegenden Probleme, die sich mit einem neuen Patienten einstellen, ähneln den Erfahrungen, die wir während unseres ganzen Lebens machen, wenn wir neuen Menschen begegnen und mit ihnen Bekanntschaft schließen. Wenn wir einem Fremden gegenüberstehen, dann nehmen wir, ohne weiter darüber nachzudenken, viele winzige Einzelheiten von ihm in uns auf und gewinnen alsbald einen Eindruck davon, mit welcher Art von Mensch wir es zu tun haben, und dies aufgrund der Art und Weise, wie er geht und sich kleidet, aufgrund seines Gesichtsausdrucks, des Klangs seiner Stimme, aufgrund seiner Gesten und des Umstandes, ob er den Blickkontakt sucht oder meidet. Mechanisch ziehen wir einige Schlußfolgerungen, die richtig sein mögen oder nicht; sie können uns voll bewußt sein oder nicht, doch auf jeden Fall finden sie ihren Ausdruck in unseren eigenen Reaktionen, Gesten, im Klang unserer Stimme, in der Schnelligkeit von Bemerkungen und so weiter. Häufig zeigen diese nicht-verbalen Zeichen und Botschaften an, ob wir angenehme oder unangenehme Gefühle verspüren, wenn wir einem Menschen zum erstenmal begegnen.

Wenn der Therapeut sich zu intensiv bemüht, solche lebenslang wirksamen Reaktionsmuster hinter einer stereotypen Berufsfassade zu verbergen, dann kann der gesamte Gefühls- und Gedankenaustausch etwas Gekünsteltes und Gestelztes annehmen und Spontaneität und Wärme vermissen lassen. Für die Entwicklung zum Psychotherapeuten ist es wichtig, daß man sich der Spannweite seiner eigenen Reaktionen und Gefühlsschattierungen deutlich bewußt wird. Das ist auch für die Bildung eines diagnostischen Eindrucks von Bedeutung.

Europäische Autoren sprechen vom »Praecoxgefühl«; in der Analyse erweist sich dieses Gefühl als Unbehagen des untersuchenden Therapeuten, wenn in verbaler und nicht-verbaler Kommunikation mit schizophrenen Patienten die gewohnten Reaktionen ausbleiben. Das Gefühl, ausgetrocknet oder erschöpft und verwirrt zu sein, ein Gefühl, das viele Therapeuten in Unterredungen mit den Eltern schizophrener Patienten erfahren, hat sich als wichtiger Wegweiser bei der Erforschung des in solchen Familien herrschenden verwirrenden Klimas und ihres Kommunikationsstils herausgestellt.

Therapieziel

Das therapeutische Interview unterscheidet sich in einer wichtigen Hinsicht von dem üblichen gesellschaftlichen Kontakt: es ist eine Begegnung mit einem eindeutig festgelegten *Ziel,* nämlich dem Ziel, daß dabei für den Patienten etwas Positives und Konstruktiv-Nützliches herauskommt. Nach meiner Erfahrung ist es sinnvoll, dieses stillschweigend mitverstandene Ziel in irgendeiner Form deutlich anzugeben, und zwar gleich zu Beginn des Interviews, vor allem wenn der Patient Schwierigkeiten hat, über sich selbst zu sprechen. Der Ausgang des Erstinterviews hängt natürlich von vielen Umständen ab. So beispielsweise davon, ob es sich um einen hospitalisierten Patienten handelt, der möglicherweise gegen seinen Willen zum Interview erscheint und sich an einen Fremden überwiesen sieht, den man als »seinen Therapeuten« bezeichnet; er mag dagegen aufbegehren, einem Unbekannten seine innersten, geheimsten und häufig erschreckenden Gedanken und Gefühle zu offenbaren. Selbst ein Patient, der aus freien Stücken die Praxis eines Therapeuten aufsucht, kann es als schwierige Aufgabe ansehen, sich einem völlig Fremden anzuvertrauen, und der Neuling in der Psychotherapie mag sich durchaus die Frage stellen: »Warum sollte er mir auch vertrauen?« Direkte verbale Versicherungen – »Sie können wir alles sagen« – machen gerade aufgrund ihrer Großspurigkeit die fast unmerkliche Beruhigung zunichte, die der Patient dringend benötigt, eine Beruhigung, die der Therapeut dem

Patienten vor allem durch nicht-verbale Bekundungen von Wärme und Sympathie vermittelt, des weiteren durch behutsame Fragen und Stellungnahmen, die dem Patienten anzeigen, daß der Therapeut sich bemüht, ihn zu verstehen.

Der Patient befindet sich in der Rolle des Hilfesuchenden, und obwohl ihn die Tatsache stören mag, daß er sich und anderen eingestanden hat, nicht in der Lage zu sein, mit seinen Angelegenheiten allein fertig zu werden, so kommt er doch für gewöhnlich in der Hoffnung, Hilfe bei seinem Bemühen zu finden, sich von überholten Vorstellungs- und Verhaltensweisen zu lösen, und ist mithin entschlossen, über alles zu sprechen. Er stattet den Therapeuten mit besonderer Kenntnis und Autorität aus, und zwar völlig unabhängig vom Alter, vom Geschlecht und von der Erfahrung des Therapeuten, und dieser Vorgang erleichtert es dem Patienten, sich offen und vertrauensvoll über seine Probleme und Sorgen zu äußern. Ob sich aus diesem ersten Eingeständnis von Schwierigkeiten eine Beziehung entwickelt, welche die Elemente eines tragfähigen therapeutischen Arbeitsbündnisses in sich birgt, das hängt ganz davon ab, ob der Patient die emotionale Erfahrung macht, Kontakt hergestellt und einen wohlwollenden und verständnisvollen Zuhörer gefunden zu haben.

Wie man das Interview in Gang hält
Obwohl Patienten sich hinsichtlich ihrer Bereitschaft und Fähigkeit zu sprechen erheblich unterscheiden – einige ergeben sich in endlosen Klagen, ohne ihrem Zuhörer Gelegenheit zu geben, ein Wort einzuwerfen –, so besteht im allgemeinen das Problem doch eher darin, wie man es bewerkstelligen kann, das Interview in Gang zu halten. Nach den ersten Äußerungen über seine Schwierigkeiten erwartet der Patient, daß ihm gesagt wird, worüber er sprechen soll, daß er gleichsam angeleitet wird, und der Therapeut sollte dieser Erwartung durch sorgsam formulierte Stellungnahmen und Fragen entgegenkommen. In dieser Beziehung kommt es sehr auf das *allgemeine* Verständnis für die Schwierigkeiten eines Menschen und auf die Qualität der Kenntnisse in Psychopatholo-

gie an. Wenn man mit dem Phänomen nicht hinreichend vertraut ist, dann weiß man nicht, auf was man zu achten hat, und kann diesen Punkt völlig außer acht lassen. Doch auch rigide, vorgefaßte Gedanken können in die Irre führen und zu irrelevanten Fragen verleiten. Im nächsten Kapitel werde ich dem Leser einen allgemeinen Abriß moderner Konzepte der Persönlichkeitsentwicklung an die Hand geben.

Je näher die Stellungnahmen und Fragen den Schwierigkeiten kommen, die der Patient als beunruhigend geschildert hat, um so besser wird das Interview voranschreiten, das heißt, die Mitteilungen werden immer ausführlicher und vertraulicher, und häufig geht die Angst sichtbar zurück. Wenn auf der anderen Seite ein von Spannungen erfüllter, ein verkrampfter therapeutischer Anfänger, womöglich in Erwartung einer Fallkonferenz, dem Patienten unzusammenhängende Fragen an den Kopf wirft, Fragen nach Art eines Fragebogens, dann wird die Wahrscheinlichkeit um so größer sein, daß die Spannungen des Patienten sich verstärken und daß der Patient sich in sich zurückzieht und nicht mehr bereit zur Kommunikation ist. Für gewöhnlich spiegelt sich in dieser Art des Fragens die Verwirrung des Anfängers wider, der nicht so recht weiß, wie eine relevante Stellungnahme aussieht. Diese Unerfahrenheit weicht mit der Zeit bei entsprechender Beobachtung des eigenen Verhaltens und bei für alle Fragen aufgeschlossener Supervision. Der Prozeß wird gefördert durch die Fähigkeit des Therapeuten, frei über seine menschlichen Möglichkeiten, über seine Allgemeinbildung und die Spannweite seiner Lektüre zu verfügen, sowie durch die Aneignung flexibler theoretischer Konzepte über die menschliche Entwicklung.

Gesellschaftliche Umgangsformen
Wie ich bereits erklärt habe, ähnelt eine therapeutische Sitzung den üblichen gesellschaftlichen Interaktionen, was den Austausch von Worten und die Einhaltung all der kulturell festgelegten Umgangsformen zu Beginn und am Ende eines Gesprächs angeht. Auch hier gelten die gleichen Grundregeln gegenseitigen Respekts und höflichen Anstands. Wenn man

einem Fremden gegenübersteht, der als Patient zu einem kommt, dann wird man sich natürlich zuerst vorstellen und dem Betreffenden seinen Gruß entbieten. Wie gestört oder abweisend ein Patient auch erscheinen mag, man sollte sich vorstellen, und zwar so, daß man sicher sein kann, daß der andere den Namen verstanden hat, und man sollte auch nach dem Namen des Patienten fragen und sich erkundigen, wie er angesprochen werden möchte. Ich selbst hege starke Bedenken, ob es richtig ist, einen erwachsenen Patienten von Anbeginn an mit dem Vornamen anzureden; das dürfte erst dann geboten sein, wenn sich ein gewisses Maß an Vertrautheit hergestellt hat. Man sollte auch seine Funktion erläutern und in wenigen Sätzen schildern, was man von dem Patienten weiß. Wenn ein anderer Arzt den Patienten überwiesen hat, dann sollte der Name des Dr. X erwähnt und in knappen Worten zusammengefaßt werden, was er über den Patienten und seine Beschwerden gesagt oder geschrieben hat. Dieser Hinweis ist sehr wichtig, weil er dem Patienten die Gelegenheit gibt, mögliche Fehlinformationen zu berichtigen.

Das gleiche gilt auch bei Kindern. Wie argwöhnisch und ablehnend sie sich auch verhalten mögen, sie reagieren positiv, wenn man sie mit ernstgemeinter Höflichkeit behandelt, etwa indem man sich ihnen vorstellt und nach dem Namen des Kindes fragt, indem man ihm mitteilt, was die Eltern, die Schule oder der Kinderarzt über seine Beschwerden berichtet haben, und ihm erklärt, wie man hofft, ihm behilflich sein zu können. Ich erinnere mich an einen sechs Jahre alten Jungen, dessen Schule um eine Behandlung ersucht hatte, weil er äußerst schüchtern und in sich gekehrt, ja praktisch stumm sei. Zu meiner Überraschung begann er die Spieltherapie mit großem Eifer und gab auch viele wichtige Äußerungen und Stellungnahmen von sich. Nach einiger Zeit fragte ich ihn, was denn geschehen sei, daß er sich hier so viel freier als in der Schule verhalte. Seine Antwort lautete: »Das kommt daher, wie du sprichst. Ich wußte, daß du wußtest, daß ich nicht dumm bin.«

Die gleiche Erklärung erhielt ich von einer 78jährigen Frau,

die mir aufgrund eines Notfalls einen Tag vor Beginn des
Labor-Day-Wochenendes (*Labor Day* = Tag der Arbeit; in
den USA der erste Montag im September. Anm. d. Übers.)
vorgestellt wurde. Der überweisende Internist, dessen Sprechstunde sie aufgesucht hatte, bat mich um meine Ansicht, ob
eine Hospitalisierung erforderlich sei, da die Patientin in eine
schwere Depression geraten war. Die Frau war mir völlig
unbekannt, und mir war ein wenig unbehaglich zumute, weil
ich ihr so viele Fragen stellen mußte, die vorab zu klären
waren. Doch sie gab mir mit zunehmender Lebhaftigkeit
sachdienliche Antworten. Es stellte sich heraus, daß es mit
dem Tag eine besondere Bewandtnis hatte, denn es handelte
sich um den Jahrestag des Todes ihres Mannes. Sie äußerte
Schuldgefühle darüber, daß sie einer Operation zugestimmt
hatte, an der er im Alter von 84 Jahren gestorben war. Daraufhin gab ich ihr die simple Erklärung, die Verantwortung
für eine Operation liege bei dem betreffenden Chirurgen und
nicht bei dem Angehörigen, der die Einverständniserklärung
unterschrieben habe. Wir klärten in aller Kürze einige weitere
Fragen ihres Lebenslaufes und deren mögliche Beziehungen
zu ihrer Depression. Gemeinsam kamen wir zu dem Schluß,
sie solle an ihrem Plan festhalten, mit einigen Freunden und
Bekannten das Wochenende auf dem Lande zu verbringen,
und nicht ein Krankenhaus aufsuchen. Als ich sie nach dem
Wochenende wiedersah, hatten sich ihre akute Depression
und die damit verbundene Angst in erheblichem Maße verrin-
gert. Ihre Erklärung dafür war einfach: »Ich hatte das Gefühl,
daß Sie mich für jemanden hielten, der komplizierte Dinge
verstehen kann, und nicht für eine wohlhabende alte Dame,
die Aufmerksamkeit sucht und gehätschelt werden will.« Sie
hatte bereits wiederholt unter depressiven Reaktionen gelitten. Als sie über sechzig Jahre alt war, hatte sie die Psychoanalyse »entdeckt« und großen Nutzen aus der Arbeit mit
einer Therapeutin gezogen, die jedoch gestorben war, noch
ehe ihre Probleme gelöst werden konnten. Sie hatte versucht,
einen anderen Therapeuten zu finden, war jedoch jedesmal
mit der entmutigenden Erklärung abgespeist worden, daß

man in ihrem Alter von einer Behandlung nicht viel erwarten könne, daß Psychoanalytiker am besten mit jungen Menschen arbeiten könnten. Nach der Erfahrung, daß ich ohne jegliche Anspielung auf ihr Alter offen mit ihr über ihre Probleme gesprochen hatte, bestand sie darauf, mit der Therapie fortzufahren, übrigens mit bemerkenswert positiven Ergebnissen.

Lebensbedingungen

Anfänger versäumen es manchmal, die Bedingungen, unter denen ein Patient lebt, und die Umstände, die ihn dazu gebracht haben, eine Psychotherapie aufzusuchen, zu besprechen und zu klären. Ich halte es für nützlich, in einiger Ausführlichkeit zu explorieren, was dem Gang des Patienten zu einer Beratung vorausgegangen ist, wer ihm die Psychotherapie angeraten hat, welcher Behandlung er sich bereits früher unterzogen und was sie ihm bedeutet hat. Für nützlich halte ich es auch, von den Patienten in meiner Praxis und, wenn möglich, auch von hospitalisierten Patienten jene Informationen zu erhalten, die gewöhnlich von einer Sekretärin eingeholt werden, wie Anschrift und Telefonnummer, Beruf, wer das Honorar bezahlt, wer mit ihnen in einem Haushalt lebt, in welcher Nachbarschaft sie wohnen, Lebensstil, wie viele Schlafzimmer ihre Wohnung hat und wie die Unterbringung in den Schlafräumen geregelt ist, wie oft sie umgezogen sind, ob Verwandte im Haus oder in der Nähe wohnen, ob Haushaltshilfen zur Verfügung stehen, welche Schulen in dem jeweiligen Wohnbezirk vorhanden sind und so weiter. Die meisten Patienten sehen darin eine »unschuldige«, eine unverfängliche Art und Weise, miteinander Bekanntschaft zu schließen, und außerdem kann man sich mit Hilfe dieses Vorgehens ein Bild von der sozialen Umwelt und dem kulturellen Hintergrund des Patienten bilden. Nur allzuoft steigen Anfänger mit einem Patienten intensiv in eine Therapie ein, ohne sich ein klares Bild darüber zu verschaffen, wie und wo er lebt, ja bisweilen wissen sie nicht einmal, ob es für ihn schwierig und zeitraubend ist, zu ihnen in die Praxis zu kommen.

Es gibt Patienten, die auf solch eine Tatsachenfeststellung mit einigem Verdruß reagieren, weil sie die Fragen als Zeitver-schwendung für Bagatellen und als überflüssige Aufforderung zur Wiederholung bereits mitgeteilter Informationen betrach-ten. Für gewöhnlich geben derartige Reaktionen einen Hin-weis auf bevorstehende Schwierigkeiten. Manche Leute haben den Vorsatz, nur über gewichtige, abstrakte Themen zu spre-chen, sie ergehen sich in Intellektualisierungen über ihre Schwierigkeiten, sträuben sich jedoch, anderen Menschen die wahren Fakten in ihrem Leben anzuvertrauen oder irgend etwas wahrhaft Persönliches über sich selbst zu enthüllen. Wenn ein Patient desorientiert oder auffallend ängstlich und depressiv ist, dann besteht natürlich die vorrangige Aufgabe darin, ihn über seine Probleme sprechen zu lassen und die genannte Art der Befragung auf einen günstigeren Zeitpunkt zu verschieben.

Formale Arbeitsvereinbarungen

Ein wichtiger Teil des Erstinterviews ist die Vereinbarung über die formalen Elemente der Therapie, die sie als profes-sionelle Beziehung ausweisen, also etwa die Festlegung der Häufigkeit von Sitzungen, der Länge jeder Sitzung und des Honorars. Ich finde es vorteilhaft, für die ersten Zusammen-künfte einen längeren Zeitraum anzusetzen, um die genann-ten praktischen Fragen ausführlich erörtern zu können, denn es handelt sich dabei um einen wichtigen Aspekt der Therapie und nicht um eine Angelegenheit, die man am Ende der ersten Sitzung in einigen wenigen Minuten erledigen sollte. Nicht selten sind mehrere Sitzungen notwendig, und es hat sich als nützlich erwiesen, sie zeitlich nah beieinander zu legen, um die grundlegenden psychologischen Fragestellungen in Verbin-dung mit den relevanten praktischen Aspekten herausarbeiten zu können. Des weiteren ist es erforderlich, sich Klarheit darüber zu verschaffen, inwieweit der Patient fähig ist, die Zeit zwischen den einzelnen Sitzungen zu überbrücken. Die Frage, ob sich die Behandlung auf der Grundlage einer Sit-zung je Woche effektiv durchführen läßt oder ob zwei oder drei Sitzungen wöchentlich notwendig sind, hängt nicht nur

32

von den jeweiligen psychischen Problemen ab, sondern auch von der Fähigkeit des Patienten, seine Behandlung als einen in sich zusammenhängenden Vorgang zu erleben und mithin einen Sinn für Kontinuität zu entwickeln. Das Fehlen eines solchen Sinns für Stetigkeit äußert sich vielleicht am deutlichsten, wenn Patienten sich erkundigen, wie viele weitere »Behandlungen« noch erforderlich seien.

Die Länge der therapeutischen Sitzung beträgt traditionsgemäß eine Stunde von fünfzig Minuten, die »Fünfzig-Minuten-Stunde«, wobei die restlichen zehn Minuten dem Therapeuten vorbehalten bleiben –: zum Nachdenken darüber, was sich in der zurückliegenden Sitzung abgespielt hat, zum Niederschreiben von Notizen und zur Erholung, zum Atemschöpfen. Diese Zwischenzeit gestattet es auch, eine Sitzung einige Minuten über die geplante Zeit hinaus zu verlängern, sofern das gerade behandelte Material dies erfordert, und dem Patienten Gelegenheit zu geben, nach einer emotional aufwühlenden Sitzung sein inneres Gleichgewicht wiederzufinden und nicht das Gefühl zu haben, er werde vor die Tür gesetzt, weil draußen ein anderer Patient sitzt, der auf die ihm zugemessenen Minuten wartet. Seit einiger Zeit besteht die Neigung, die Sitzungen auf fünfundvierzig Minuten zu beschränken und die zeitlichen Zwischenräume überhaupt fortfallen zu lassen. Aus ökonomischer Sicht mag dies effektiv sein, weil man dann in einer Zeitspanne von drei Stunden vier Patienten empfangen kann. Doch dieses Verfahren kann auch zu einer von Hast und Eile erfüllten Atmosphäre führen, welche die gesamte Sitzung beherrscht, und den Patienten daran hindern, sich mit wichtigem und leidvollem Material zu beschäftigen. Eine derart überstrapazierte Zeiteinteilung wirkt sich auf den jungen Therapeuten besonders nachteilig aus, denn er braucht die zeitliche Unterbrechung, um über die vorausgegangene Sitzung nachdenken und seine eigenen Verhaltensweisen und Reaktionen kritisch bewerten zu können.

Die Fünfzig- oder Fünfundvierzig-Minuten-Stunde ist keineswegs etwas Geheiligtes; sie ist nicht die unter allen Umständen optimale Zeitspanne. Die Länge einer Therapiesitzung sollte vielmehr auf die Bedürfnisse eines Patienten abgestellt werden. Bei schweren Depressionen und bisweilen bei schizophrenen Patienten mit akutem Krankheitseinbruch können kürzere und häufigere Sitzungen durchaus von Vorteil sein. Auf der anderen Seite tauen Patienten mit schweren Hemmungen, Schizophrene mit Borderline-Symptomatik oder Zwangskranke nur allmählich auf; für sie können längere therapeutische Sitzungen von Nutzen sein. Solche Fragen lassen sich erst im Fortgang der Therapie entscheiden; doch es ist auf jeden Fall wichtig, sich stets zu vergegenwärtigen, daß es auf Flexibilität ankommt. Ein erfahrener und technisch versierter Therapeut wird sich selbst und seinen Patienten ausreichend Zeit lassen, um einen Weg zu finden, der auf die jeweiligen individuellen Bedürfnisse und Bedingungen zugeschnitten ist, während der Anfänger sich verpflichtet fühlen mag, die nach seiner Meinung offizielle und folglich richtige Sitzungsdauer einzuhalten.

Gleichgültig, zu welchem Ergebnis man hinsichtlich der Dauer und der wöchentlichen Anzahl der Sitzungen kommt, sobald der zeitliche Plan erst einmal aufgestellt ist, wird es wichtig sein, daß die vereinbarten Sitzungen regelmäßig und pünktlich eingehalten werden. Versäumte Sitzungen oder Verspätungen bedürfen der Erklärung, und die Exploration kann ergeben, daß man nach einem unpraktischen oder unrealistischen Zeitplan vorgegangen ist. Dann ist eine Änderung angezeigt. Andere Patienten können mit ihrem Zuspätkommen zum Ausdruck bringen, daß sie einen Widerwillen dagegen verspüren, zu den Sitzungen zu kommen, oder daß sie unter dem Eindruck von Kränkungs- oder Wutgefühlen stehen. Bisweilen ist dies Verhalten eine Form der Selbstbehauptung. Doch jede stereotype Deutung des Zuspätkommens führt in die Irre. Mir sind Patienten mit rigidem Zwangsverhalten begegnet, bei denen das erste Anzeichen von innerer Auflockerung darin bestand, daß sie einige Minuten zu spät zu den Sitzungen kamen.

Das Gebot der Pünktlichkeit gilt für den Therapeuten genauso, wenn nicht mehr. Dies ist so wichtig, daß man es eigentlich nicht zu erwähnen brauchte; rechtzeitig zur Stelle sein ist nicht mehr als eine Sache der Höflichkeit und des Respekts. Den Patienten warten zu lassen ist mehr als schlampig und sorglos, darin kommt vielmehr zum Ausdruck, daß der Therapeut verkennt, wie wichtig die therapeutische Sitzung für einen Patienten ist, der sich bemüht hat, rechtzeitig zu kommen, und der vor den Problemen, denen er sich zu stellen hat, sicherlich Angst verspürt. Wer den Patienten warten läßt und darüber leichtfertig hinwegsieht, der mißachtet auf grausame Weise die Bedürfnisse und den Leidensdruck des Patienten. Mit einem derartigen Verhalten läßt der Therapeut auch erkennen, daß er sich selbst und seine Aufgabe nicht ernst nimmt. Für einen Anfänger mag es schwer zu begreifen sein, daß die Stunde dem Patienten wirklich etwas bedeutet, daß er häufig sein ganzes Leben auf diese Erfahrung einstellt und daß er bei allem Widerstreben und Widerstand, die er zur Schau stellen mag, ein tiefempfundenes Bedürfnis verspürt, seine Nöte mit jemandem zu teilen, auf den er sich verlassen kann und der wahrhaftes Interesse für ihn aufbringt. Nichts ist geeigneter, die Erfahrung einer auf Vertrauen und Unterstützung gegründeten Beziehung nachhaltiger auszulöschen, als ein Therapeut, der seine Aufgabe innerhalb des therapeutischen Arrangements auf die leichte Schulter nimmt.

Für ängstliche und depressive Menschen ist es unter Umständen eine Erleichterung, wenn sie wissen, daß der Therapeut telefonisch zu erreichen ist; dies kann auch in Fällen hilfreich sein, in denen man aus praktischen Gründen, etwa wegen der Entfernung, die Zahl der Sitzungen auf ein Minimum beschränkt. Es sollte allerdings genau angegeben werden, wann der Patient anrufen kann und wann *nicht*. In den Behandlungsplan einbezogen, kann das Telefon eine wichtige Rolle spielen. Diese Kontaktmöglichkeit kann jedoch von Patienten mißbraucht werden, die zu Manipulationen neigen und die mit unheimlichem Gespür immer dann vorgeben, sich in einer Notlage zu befinden, wenn der Therapeut sich gerade eine Ruhepause gönnt oder mit wichtigen persönlichen Angelegenheiten beschäftigt ist. Eine katholische Patientin, die unter quälenden Zweifeln litt, ob sie zur Beichte gehen sollte oder nicht, rief mich am Ostersonntag um drei Uhr morgens an, nur um mir mitzuteilen, daß ihr Widerstreben, zur Beichte zu gehen, nichts mit der Beziehung zu ihrer Mutter zu tun habe (die ihr ständig in den Ohren lag, sie lade eine Todsünde auf sich), sondern Ausdruck einer philosophischen Überzeugung sei. Die schlichte Frage: »Warum hätte es mit dieser Mitteilung nicht Zeit bis zu Ihrer nächsten Sitzung gehabt?« machte ihr klar, daß mit ihrem Anruf einander widerstreitende Emotionen und Gefühle der Bitterkeit verbunden waren.

Vor einer Behandlungsunterbrechung, etwa dem Sommerurlaub, kann es sinnvoll sein, dem Patienten vorzuschlagen, er solle niederschreiben, was ihn bedrückt oder wie er auf wichtige Ereignisse reagiert, und dem Therapeuten die Notizen zuschicken, nicht als förmlichen Brief oder in der Erwartung, damit beginne eine Korrespondenz, sondern um das Gefühl zu haben, in Kommunikation mit dem Therapeuten zu stehen.

Das Honorar

Von gleicher Wichtigkeit wie ein realistischer und verbindlicher Zeitplan ist die Festsetzung eines angemessenen Honorars. Bei hospitalisierten Patienten wird die Honorarfrage für gewöhnlich von der Verwaltung geklärt, mag in einigen Kliniken der Therapeut auch individuelle Honorarregelungen mit einem Patienten treffen. In der Privatpraxis sind Honorarvereinbarungen eine Selbstverständlichkeit, doch in Kliniken mit der Möglichkeit zur ambulanten Behandlung wird diese Frage häufig mit einer gewissen Lässigkeit behandelt. Therapeuten in der Ausbildung neigen dazu, sie der Verwaltung zu überlassen, oder sie halten sich mechanisch an vorgeschriebene Honorarsätze. Wer zu einem tragbaren, gerechten Honorar kommen will, muß sich über den ganzen Lebensstil eines Patienten, über seine Einstellung zu Geld und über sein Verantwortungsgefühl Klarheit verschaffen. Schwierigkeiten in Geldfragen gehen auf verblüffende Weise mit Schwierigkeiten der interpersonalen Beziehungen im Verlauf der Behandlung Hand in Hand.

Der Anfänger, von seinen Fähigkeiten nicht sonderlich überzeugt, neigt dazu, das Honorar zu niedrig anzusetzen, oder er
achtet nicht auf regelmäßige Bezahlung. Bisweilen besteht
zwischen dem offiziellen und dem tatsächlichen Einkommen
eine erhebliche Diskrepanz, und bisweilen vermittelt es einen
falschen Eindruck von der Gesamtsituation, wenn der Therapeut sich buchstabengetreu an die vorgeschriebenen Honorarsätze hält. Ich erinnere mich an die Supervision der Behandlung einer jungen Frau, die mit der Einhaltung der Behandlungszeit auf ungewöhnlich oberflächliche, ja verspielte Weise
umging. Sie war Dozentin, ihr Mann graduierter Student, und
beide hatten nur geringe Einkünfte. Dementsprechend hatte
sie den zur damaligen Zeit geringsten Honorarsatz zu zahlen,
so um die zwei Mark je Sitzung. Später erfuhr man, daß sie aus
einer sehr wohlhabenden Familie stammte; obwohl sie und ihr
Mann eine eigene kleine Wohnung besaßen, verbrachte sie
den größten Teil ihrer Zeit in dem prächtigen Heim ihrer
Eltern. Als man weiter nachforschte, stellte sich heraus, daß
sie dem Pförtner, der nach einem Taxi rief, das sie zur Klinik
bringen sollte, ein Trinkgeld gab, das genau der Summe
entsprach, die sie für die Therapiesitzung zahlte.
Als Gegenbeispiel möchte ich den Fall eines zur gleichen Zeit
behandelten ausländischen Studenten anführen; aus seinem
Heimatland vertrieben, erhielt er keinerlei Unterstützung und
schlug sich als Facharbeiter in einem Krankenhaus durchs
Leben, ohne daß er je unmißverständlich erklärt hätte, daß es
sich um Nachtarbeit von nur wenigen Stunden handelte. Dieser Patient hatte fünf Dollar (also rund zwanzig Mark) je
Sitzung zu bezahlen, bei drei Sitzungen in der Woche. Die zu
zahlende Summe machte rund die Hälfte seiner Einkünfte
aus; er lebte in Armut, war jedoch zu stolz, darüber ein Wort
zu verlieren. Seine Lebensumstände kamen erst ans Licht, als
der Therapeut bemerkte, daß der Patient sich überhaupt keine
Erholung gönnte. Einer alten Tradition zufolge sollte das
Honorar hoch genug sein, um den Patienten empfindlich zu
treffen, um ihn an den Ernst der Behandlung zu gemahnen,
das heißt, es sollte eine Art Opfer darstellen. Nach meinem

Gefühl sollte es sich um eine angemessene Summe handeln: kein Almosen oder mildtätige Gabe, aber auch nicht so hoch, daß der Patient, sobald er innerlich freier wird und das Leben besser genießen kann, keine finanziellen Mittel besitzt, um von seiner neuentdeckten Freiheit Gebrauch zu machen.

Anfänger achten häufig nicht darauf, ob Vereinbarungen eingehalten und Honorarzahlungen regelmäßig vorgenommen werden. Wenn Patienten einmal versäumen, das Honorar zu zahlen, dann kann es geschehen, daß sie über eine längere Zeit überhaupt keine Honorare entrichten und auf diese Weise nicht mehr zu übersehende Schulden anhäufen. Es kann durchaus legitime Gründe dafür geben, die Honorare nicht zu zahlen, Gründe, die zum Vorschein kommen, wenn die Frage erörtert wird. Das kann dazu führen, daß man die Honorarfrage erneut überdenkt oder angesichts einer unerwarteten finanziellen Verpflichtung des Patienten eine praktikable Regelung trifft und ähnliches. Regelmäßige Honorarzahlung ist aus vielerlei Gründen von Wichtigkeit; der entscheidende Grund liegt darin, daß der Patient nur auf diese Weise das Gefühl haben kann, es sei wahrhaft *seine* Zeit, eine Zeit, die so genutzt werden sollte, daß sie seinen Bedürfnissen zugute kommt, und in der er frei ist, alle Gefühle zu äußern, die auftauchen mögen, einschließlich kritischer Gefühle gegenüber dem Therapeuten oder anderer negativer oder feindseliger Emotionen.

Sorglosigkeit in Honorarfragen verdeckt unter Umständen schwerwiegende Mängel im Therapieverlauf. In diesem Zusammenhang erinnere ich mich an die Bewertung der Behandlungen eines Ausbildungskandidaten; er war zuvor als praktischer Arzt tätig gewesen und hatte sich dann für eine psychiatrische Fachausbildung entschieden, weil er stets ein tiefempfundenes Interesse für die persönlichen Probleme seiner Patienten verspürt hatte. Mit seinen Fortschritten als Psychiater zufrieden, zeigte er gegenüber seinen Patienten, die allesamt regelmäßig erschienen, eine warmherzige und beschützende Haltung. Wie sich herausstellte, hatte keiner seiner Patienten im Verlauf eines knappen Behandlungsjahres auch nur ein einziges Mal sein Honorar gezahlt, und überdies waren alle seine Patienten kaum mit der Verfahrenstechnik in Berührung gekommen, die man dynamische therapeutische Intervention nennen könnte. Zwischen dem angehenden Psychiater und seinen Patienten hatte sich eine gemütliche, auf Gegenseitigkeit beruhende Vertraulichkeit hergestellt, ohne daß es allerdings zur Exploration irgendeines beunruhigenden Themas gekommen wäre.

Ein Beispiel aus der Literatur

Die ausführliche Beschreibung eines Erstinterviews findet der Leser in dem Buch *Ich hab dir nie einen Rosengarten versprochen,* das von der therapeutischen Reise eines jungen schizophrenen Mädchens handelt. Nachdem das Mädchen bereits viele Beratungsgespräche und Behandlungsversuche über sich hat ergehen lassen, begegnet sie einer neuen Erfahrung mit höchstem Mißtrauen, nämlich der Erfahrung, in eine Klinik eingeliefert und zur Therapie an eine ältere Frau verwiesen zu werden, die sie irrtümlicherweise zunächst für eine Haushälterin ansieht. Ich zitiere aus dem Buch:

»Sie gingen in ein sonniges Zimmer und die Haushälterin-berühmte-Ärztin wandte sich um und sagte: ›Setz dich. Mach's dir bequem.‹ Eine Woge der Erschöpfung überspülte Deborah und dann – als die Ärztin sagte: ›Gibt es irgend etwas, was du mir erzählen willst?‹ – eine Welle von Aggression, so daß Deborah schnell aufstand ... ›Also gut – Sie werden mir Fragen stellen und ich werde sie beantworten – Sie werden meine Symptome in Ordnung bringen und mich nach Hause schicken ... *und was werde ich dann haben?*‹

Die Ärztin sagte ruhig: ›Wenn du sie nicht wirklich loswerden wolltest, würdest du mir nichts darüber erzählen ... Komm, setz dich hin, du wirst nichts aufgeben müssen, bevor du dazu nicht bereit bist, und dann wird es etwas anderes geben, das an dessen Stelle tritt ... Weißt du, warum du hier bist?‹«[*]

---

[*] Hannah Green, *Ich hab dir nie einen Rosengarten versprochen; Bericht einer Heilung,* 3. Aufl., Radius-Verlag, Stuttgart 1975, S. 19 f.

Als Antwort stieß das Mädchen eine lange Liste von Eigenschaften hervor, mit denen sie sich selbst herabsetzte, und redete sich dabei in Wut darüber, daß ihre Beschwerden als eingebildet hingestellt worden waren. Der Patientin kam der Gedanke, daß sie zum erstenmal ihre wahren Gefühle ausgesprochen hatte.

»Die Ärztin sagte einfach: ›Na, das scheint ja eine ganz schöne Liste zu sein. Ich glaube, einige von den Dingen sind nicht so, aber wir haben noch ein ganzes Stück Arbeit vor uns.‹

›Ja, mich freundlich, süß, willig und glücklich zu machen bei all den Lügen, die ich erzähle.‹

›Dir zu helfen, gesund zu werden.‹

›Das Jammern zum Schweigen zu bringen.‹

›Ihm ein Ende zu machen, wo es der Ausdruck eines Wirrwarrs deiner Gefühle ist.‹

Die Schlinge zog sich zu. Wild strudelte die Angst in Deborahs Kopf, und sie sah nur Grauschleier. ›Sie sagen, was alle sagen – vorgetäuschte Beschwerden über nicht vorhandene Krankheiten.‹ ›Mir scheint, in Wahrheit habe ich gesagt, daß du sehr krank bist.‹

›So wie die andern hier?‹ . . .

›Meinst du mit deiner Frage, ob ich glaube, daß du hierher gehörst und daß deine Krankheit etwas ist, was man eine Geisteskrankheit nennt? Die Antwort heißt ja. Ich glaube, daß du in diesem Sinne krank bist, aber wenn du ernsthaft arbeitest und einen Arzt hast, der gründlich mit dir arbeitet, kannst du, glaube ich, gesund werden‹« (S. 20).

Sicherlich verrate ich kein Berufsgeheimnis, wenn ich erwähne, daß Dr. Fried, die Therapeutin der Geschichte, Dr. Frieda Fromm-Reichmann war. Da sie bis dahin noch nie eine so junge Patientin behandelt hatte, bat sie mich, ihr bei der Behandlung beratend zur Seite zu stehen und das junge Mädchen zu treffen. Jahre später, als die Behandlung sich dem erfolgreichen Ende näherte, besprach Dr. Fromm-Reichmann, wie es ihre Gewohnheit war, zusammen mit der Patientin rückblickend, was nach ihrer Meinung für die Heilung am förderlichsten und bedeutsamsten gewesen war. Ich gebe hier die Worte der Patientin so wieder, wie ich sie von Dr. Fromm-Reichmann gehört habe. Auf die entsprechende Frage hin erklärte das Mädchen: »Das wissen Sie doch selbst, Frau Doktor. Es war das *Wir*-Erlebnis . . . Erinnern Sie sich an den ersten Tag, als ich sagte, Sie werden meine Leibschmerzen wegschaffen, Sie werden meine Gefühlsverwirrungen wegschaffen und Sie werden meine Nahrung wegschaffen, und *was werde ich dann* haben? . . . Wissen Sie nicht mehr, was Sie gesagt haben . . . Sie haben *nicht* gesagt: ›Ich werde es nicht wegschaffen‹ . . . Sie sagten: ›Du kommst zu mir und erzählst mir von all dem – das heißt für mich, daß du es eigentlich nicht haben möchtest. Ich entnehme deinen Worten, du möchtest, daß wir zusammen dich davon befreien.‹ Wissen Sie, Frau Doktor, das ›wir zusammen‹ war der springende Punkt. Da war jemand, der nicht dachte, er könne mich heilen oder tue das für mich, sondern der erklärte: ›Wir werden es gemeinsam tun.‹«

Die Patientin erlebte das Erstinterview auch deshalb als ermutigend, weil die Ärztin ihr auf die Frage nach der Schwere ihrer Krankheit eine ehrliche Antwort gegeben hatte. Das erfüllte sie mit einem Gefühl der Erleichterung, denn es bedeutete einen Schlußpunkt hinter den Versicherungen, mit denen Ärzte sie zuvor abgespeist hatten: »Dir fehlt nichts, wenn du nur . . .« Hier endlich hatte sie auch eine Rechtfertigung für all die Gefühle von Zorn und Wut in jenen Sprechzimmern. In dem Bericht der Patientin bemerkt die Therapeutin diese Erleichterung, stellt eine entsprechende Frage und erhält eine schizophrene Antwort:

»Ich denke über den Unterschied zwischen einem Vergehen und einem Verbrechen nach.«

»Wieso?«

»Der Gefangene bekennt sich schuldig im Sinne der Anklage, überhaupt keine akute, x-beliebige Itis zu haben, und läßt sich wegen planvollen und vorsätzlichen Überschnappens verurteilen.«

»Vielleicht nur fahrlässig«, sagte die Ärztin und lächelte ein wenig, »weder ganz freiwillig noch ganz nach Plan.«

Anfänger sind häufig in Sorge, sie wüßten nicht genug, seien nicht in der Lage, alles sofort zu erklären. Der oben auszugsweise zitierte Bericht eines Erstinterviews beschreibt in aller Klarheit die entscheidenden Aufgaben: in aufrichtiger, aufgeschlossener Haltung zuzuhören, dem Patienten das Gefühl zu vermitteln, daß man bereit ist, an seiner Selbstentdeckungsreise teilzunehmen, wobei allerdings von Anfang an klar sein muß, daß dieses Unternehmen nur erfolgreich sein kann, wenn beide Seiten gemeinsam die Mühen der Reise auf sich nehmen.

2. Persönlichkeitsbildung

Als Richtschnur, die ihm angibt, wie er vorzugehen, wonach er Ausschau zu halten, wo und wann er zu intervenieren hat, braucht der Therapeut theoretische Orientierungshilfen, damit er die Faktoren, die zu den Schwierigkeiten seiner Patienten beigetragen haben, richtig einzuschätzen vermag. Psychotherapie geht von der Annahme aus, daß Probleme, die ihren Ursprung in schädigenden und verwirrenden frühen Lebenserfahrungen haben, der Korrektur zugänglich sind, und zwar auf dem Wege einer neuen, unterschiedlichen, auf Vertrauen gegründeten persönlichen Beziehung.

Hinter uns liegt eine schier endlose, immer wieder aufgeflammte Debatte über die Frage, ob psychische Krankheiten durch genetische oder andere organische Faktoren verursacht oder ob sie psychischen Belastungen zugeschrieben werden sollten. In der Vergangenheit stellte sich das Problem als Frage, die auf ein Entweder-Oder hinauslief, wobei stillschweigend unterstellt wurde, daß genetische Ausstattung und Lebenserfahrung sich gegenseitig ausschließen. Die moderne biologische Forschung hat uns zu der Erkenntnis verholfen, daß die charakteristischen Merkmale jedes bestimmten Menschen eine Grundlage in seiner genetischen Ausstattung besitzen; doch die Bildung der menschlichen Persönlichkeit hängt nicht ausschließlich von der Entfaltung der genannten angeborenen Merkmale ab, vielmehr sind für die Organisierung und Differenzierung dieser dem Menschen innewohnenden Möglichkeiten frühe Lebenserfahrungen von wesentlicher Bedeutung. Doch selbst heutzutage gibt es manche Leute, die das Zusammenspiel, die Interaktion organischer und psychischer Faktoren nicht wahrhaben wollen und die weiterhin zwischen organischer Ursache psychischer Störungen und psychodynamischem Ursprung einen unüberbrückbaren Gegensatz sehen. Wer dazu neigt, Vererbungsfaktoren für alles verantwortlich zu machen, wird sich schwerlich mit einem psychotherapeutischen Denkansatz befreunden; noch wird er Erfolg haben, wenn er es doch versucht, selbst dann nicht, wenn er einräumt, daß schwerwiegende Umweltfaktoren bei der Entstehung einer bestimmten Krankheit eine Rolle gespielt haben mögen.

Auf Schwierigkeiten muß sich auch gefaßt machen, wer ein ausgeprägtes Interesse für die psychologischen Aspekte psychischer Störungen aufbringt und wer die Persönlichkeit als Ergebnis des Zusammenspiels zwischen biologischen Gegebenheiten und fortwährenden Lebenserfahrungen begreift. Er mag es als verwirrend empfinden, daß er zwischen widerstreitenden theoretischen Konstrukten zu wählen hat, wenn er sich einen Ansatz zu eigen machen will, der seinem besonderen Denkstil entspricht. Ein Therapeut in der Ausbildung, der sich daranmacht, seine Beobachtungen und Erfahrungen zu ordnen, kann das Gefühl haben, er sei das Opfer endloser und augenscheinlich unlösbarer Kontroversen. Psychotherapeutische Gesichtspunkte und Einsichten lernt man am erfolgreichsten aus erster Hand, und keine noch so umfangreiche Unterweisung und Lektüre können die Erfahrungsfülle ersetzen, die dem angehenden Therapeuten zufällt, wenn er durch eigenes Handeln lernt. Jeder Therapeut muß die Mühen eines Patienten, Themen zum Vorschein zu bringen, denen er sich nur unter Schwierigkeiten oder Schmerzen stellen kann, gleichsam am eigenen Leibe, das heißt als Realität erleben, und er muß auch lernen, sich seiner eigenen Reaktionen im Verlauf dieses Prozesses klarzuwerden. Zur gleichen Zeit hat er eine intellektuelle Aufgabe zu erfüllen, nämlich die Aufgabe, allgemeinere Prinzipien zu erkennen, die sich unter Umständen aus den Beobachtungen einzelner Sitzungen ableiten lassen und die dazu beitragen können, die Reichweite seiner Wahrnehmungen zu vergrößern.

Es mag verblüffend sein, doch es entspricht den Tatsachen, daß der Auszubildende in vielen Lehrveranstaltungen über die kindliche Entwicklung und über die Persönlichkeitsbildung keineswegs in einer Weise informiert wird, die dem gegenwärtigen Wissensstand entspricht, und daß er vielfach nicht erfährt, wie Störungen im Verlauf dieses Entwicklungsprozesses zu emotionalen und psychischen Schwierigkeiten führen können. Statt dessen trichtert man ihm unverblümt die jeweils bevorzugte Theorie ein, wie sie von den verschiedenen psychotherapeutischen »Schulen« vertreten wird. Sehr häufig bringt man ihm hochkomplizierte, aber längst überholte psychoanalytische Prinzipien bei. Als Folge dieser Ausbildung ist er fortan ständig in Zweifel über die Wichtigkeit seiner eigenen Beobachtungen, mögen sie nun mit einer bestimmten Theorie übereinstimmen oder nicht, und ist nicht in der Lage, frei von Ballast, lediglich motiviert von dem Wunsch zu lernen, auf den Patienten zuzugehen.

Die dynamische Psychotherapie ist ein unmittelbarer Abkömmling der Psychoanalyse, und einige ihrer grundlegenden Auffassungen sind identisch mit denen, die als Psychoanalyse gelehrt und praktiziert werden. Seit ihrer ersten Formulierung haben die psychoanalytischen Prinzipien viele Veränderungen und Weiterentwicklungen durchgemacht; der gesamte Bereich der Psychoanalyse ist immer strengerer Prüfung unterzogen worden. Viele der Lehren Freuds haben dem Test der Zeit standgehalten. Seine wahrscheinlich größte Leistung ist die Erkenntnis, daß abnorme psychische Phänomene vielfältige symbolische Bedeutungen besitzen und sich verstehen und erklären lassen. Er vollbrachte diese Leistung zu einer Zeit, da man unter dem wissenschaftlichen Vorgehen des Psychiaters nur eins verstand, nämlich die Suche nach einer letztlich organischen Ursache. Freud vollbrachte eine revolutionäre Tat, als er dem einzelnen Patienten und seinen seelischen Problemen psychiatrisches Interesse zuwandte und auf der Grundlage dieses Verständnisses eine therapeutische Methode entwickelte. Allgemeine Zustimmung findet auch seine Formulierung des »genetischen Gesichtspunktes«, der besagt, daß das Maß an seelischer Gesundheit oder Krankheit in enger Beziehung zu den intimen Anteilen der frühen Lebenserfahrungen steht. Ferner verdanken wir Freud unser Wissen von den »Übertragungsphänomenen«, und es ist uns seither die Tatsache vertraut, daß die Arzt-Patient-Beziehung viele irrationale Elemente enthält, ungeprüfte Reste von Kindheitserfahrungen und -neigungen, und daß die Klärung dieser Übertragungen einen wichtigen Schritt auf dem Wege zur Konfliktlösung darstellt. Vor allem mit Freuds Namen ist unser Wissen verknüpft, daß die sich am verheerendsten auswirkenden Quellen psychischen Ungleichgewichts »unbewußt« sind, der Wahrnehmung entzogen, und daß diese verborgenen Elemente bewußt gemacht werden müssen, damit sie von neuem überprüft und auf diese Weise in Einklang mit den rationalen Denkweisen von Erwachsenen gebracht werden können.

Psychoanalytische Theorie

Diese grundlegenden Prinzipien werden jedoch im allgemeinen nicht in schlichter Alltagssprache und nicht in einer Weise gelehrt, die es dem Studierenden gestattet, seine eigenen Beobachtungen mit ihnen in Übereinstimmung zu bringen; sie sind vielmehr in einem undurchschaubaren Labyrinth gefangen, in einem Irrgarten aus all jenen Wandlungen und Fortentwicklungen, die über die psychoanalytische Theorie seit ihren ersten Formulierungen vor siebzig oder achtzig Jahren hinweggegangen sind. Es handelt sich schon fast um einen Grundsatz, der keines weiteren Beweises bedarf, wenn man behauptet, daß psychotherapeutische Praxis ein solides Wissen in »Psychodynamik« verlangt, das heißt Kenntnisse von Erklärungsmodellen, die auf psychoanalytischer Theorie beruhen. Und hier beginnen bereits etliche Schwierigkeiten. Um die Dinge zu vereinfachen, werden die hochkomplizierten theoretischen Abstraktionen nicht als das dargeboten, was sie sind, nämlich vorläufige Erklärungsversuche, die es ermöglichen, sich mit komplexen Themen zu beschäftigen, mit Themen, die häufig schwer zu definieren sind und in bildhafter, an Analogien reicher Sprache umschrieben werden. Sie werden vielmehr als »grundlegende wissenschaftliche Tatsachen« vorgeführt, wobei die unangenehme Neigung besteht, »die Psychodynamik« mit den physikalischen Gesetzen zu vergleichen, als wenn sie dadurch »wissenschaftlich« würde. Viele Begriffe und Ausdrücke gehören zum alltäglichen Denken und Sprechen gebildeter Menschen, und sie haben den traditionellen Glanz der Ehrwürdigkeit angenommen – doch das macht sie noch nicht zu Fakten.

Während der letzten Jahrzehnte haben die Psychoanalyse und ihre theoretischen Aussagen tiefgehende Wandlungen durchgemacht. Wir blicken auf einen endlosen Strom von Veröffentlichungen, die sich mit »Verbesserungen«, »Fortschritten« oder »Modifizierungen« der psychoanalytischen Technik beschäftigen. Nur wenige Arbeiten geben deutlich zu verstehen, daß solche Wandlungen und Änderungen ein Zeichen dafür sind, daß mit den früheren Konzepten unbefriedigende Behandlungsergebnisse verbunden waren. Nicht selten werden Freuds früheste Konzepte und Schlußfolgerungen als bewiesene Fakten hingestellt, und der Anfänger hält sich unter Umständen an die Richtlinien eines klassischen psychoanalytischen Modells, das erfahrene Praktiker in diesem Bereich längst aufgegeben haben.

Das Konzept der »Psychodynamik« ist mit einer gleichsam magischen Bedeutung umgeben worden, und ihre Komponenten werden häufig geradezu auswendig gelernt, da man hofft, auf diese Weise die verschiedenen klinischen Krankheitsbilder oder Symptomkomplexe besser verstehen zu können. In seinem Bemühen, »die Psychodynamik« oder »Abwehrmechanismen« auszumachen, sieht der Therapeut unter Umständen vor lauter psychologischen Bäumen den Wald nicht mehr und vermag dem Patienten nicht aufgeschlossen und in Mitgefühl für die Nöte eines bestimmten Einzelmenschen zu begegnen. Die Diskrepanz zwischen den komplizierten theoretischen Systemen, wie sie normalerweise gelehrt werden, und den tatsächlichen Erfahrungen des Anfängers läßt das »Lernen von Psychotherapie« als verwirrende, wenn nicht unmögliche Aufgabe erscheinen.

Die Annahmen, die der klassischen psychoanalytischen Theo-

rie zugrunde liegen, möchte ich hier in bewußt sehr verein-
fachter Form wiedergeben. Gemäß ihrer Struktur und ihrem
Vorstellungssystem versteht die Theorie das Kleinkind als ein
Wesen, das mit Trieben ausgestattet geboren wird, mit Trieben, die dem Individuum ein gesundes, nicht-neurotisches
Leben bescherten, sofern ihnen gestattet würde, sich zu entfalten, sofern sie also nicht durch die repressive Kultur defor-
miert würden. Vor allem der Sexualtrieb, die Libido, leidet
unter den schädlichen kulturellen Verboten und wird folglich
an verschiedene Phasen der psychosexuellen Entwicklung fi-
xiert. Die Triebunterdrückung hat unbewußte Konflikte zur
Folge, die als neurotische Symptome manifest werden. In
ihrem klassischen Modell besteht die psychoanalytische Therapie in der Aufdeckung der verdrängten Konflikte, die stets
sexueller Natur sind, und des psychischen Traumas, das sie
verursacht hat. Vom Bewußtmachen solcher Konflikte mittels
Durcharbeiten von Übertragung und Widerstand erwartet
man eine auf Libidobefreiung und Einsicht in die verdrängten
Erinnerungen beruhende Heilwirkung. Diese grundlegenden
Konzepte stellte Freud in metaphorischer Sprache als hochkomplizierte Triebtheorie dar, die auch Libidotheorie genannt
wird. Zeit seines Lebens bemühte er sich um eine Revision der
Theorie und blieb allen seinen Anstrengungen um Formulierung einer unumstößlichen Triebtheorie gegenüber kritisch
eingestellt; nichtsdestoweniger nahmen viele seiner ersten
Nachfolger diese theoretischen Annahmen als bewiesene Tatsachen hin – und gaben sie als solche an die nachfolgenden
Generationen weiter.

Das psychoanalytische Denken hat sich unterdessen erheblich
gewandelt; es hat die Vorstellung vom Organismus als einem
in sich geschlossenen, von machtvollen Trieben beherrschten
System zugunsten operationalerer, also nachprüfbarer Konzepte fallengelassen – nämlich zugunsten der Auffassung von
einem Individuum, das in funktionaler Interaktion mit Menschen seiner Umwelt steht. Mit der Modifizierung der theoretischen Konzepte entfernte sich die Behandlungstechnik vom
Modell des als leerer Spiegel verstandenen Therapeuten, der

die freien Assoziationen des Patienten reflektiert und ihnen durch seine Deutungen einen Sinn gibt. Im modernen psychoanalytischen Denken wird die Therapie als menschlich bedeutsame Interaktion zwischen Patient und Therapeut verstanden, als Interaktion, die letzten Endes zu Korrekturen in der Persönlichkeit des Patienten führt; diese Definition stimmt mit der Praxis der dynamischen Psychotherapie überein. Höchst wunderlich ist das zählebige Weiterbestehen eines überholten Modells, das allzu viele Anfänger dazu veranlaßt, dem Patienten die passive Haltung des »Sagen Sie alles, was Ihnen in den Sinn kommt« entgegenzubringen, ohne den Inhalt dessen, was der Patient ihnen sagt, anzuerkennen oder ihm durch angemessene Fragen zu größerer gedanklicher Klarheit zu verhelfen.

Mißbrauch der Terminologie

Dieses Verwirrung stiftende Festhalten an der Tradition läßt sich, jedenfalls zum Teil, mit der Tatsache erklären, daß das alte Vokabular, geschaffen zu dem Zweck, die Bedeutung der frühesten psychoanalytischen Vorstellungen zu vermitteln, nach wie vor in Gebrauch ist. Jede neue Generation von Studenten muß sich den Sinn, der diesen Begriffen zugrunde liegt, mühsam aneignen oder verteidigt ihr neues Wissen wie einen geheiligten Besitz. Nicht wenige würden sich in ihrer Berufsehre beeinträchtigt fühlen, wenn sie schlicht von »Säuglingsalter« sprechen sollten, anstatt dafür den Begriff »orale Phase« zu verwenden, oder wenn sie Schwierigkeiten im frühkindlichen Leben mittels einer genauen Beschreibung dessen, was sie rekonstruiert haben, erläutern sollten, ohne Wendungen wie »Probleme in Fragen der Oralität« zu benutzen. Es ließen sich zahllose Textbeispiele anführen, in denen statt gewöhnlicher Worte professionelle Klischees herhalten müssen. Viele würden es als unter ihrer Würde empfinden, wenn sie ein Kind im schulpflichtigen Alter nicht als »Kind in der Latenz« bezeichnen sollten. Ich habe viele Studenten gefragt, aus welchem Grunde sie von Menschen als »Objekten« sprechen; es war ihnen nicht klar, daß diese Bezeichnung ein Fossil aus den ersten Tagen der Psychoanalyse ist, als man die Interaktion zwischen Menschen noch so verstand, daß man sich vorstellte, die Libido suche sich an »ein Objekt« zu binden. Viele weitere Begriffe, die ursprünglich eine ziemlich klar umrissene Bedeutung besaßen, sind trotz der Tatsache, daß die ihnen zugrunde liegenden Konzepte sich gewandelt haben, weiterhin in Gebrauch. Erfahrene Analytiker sind sich der Bedeutungswandlungen durchaus bewußt; allerdings ist es mir noch nicht gelungen, zwei Analytikern zu begegnen, die sich über die genaue Bedeutung und über die Wichtigkeit der Änderungen einig wären.

Nicht selten werden aus Anfängern »Tiefgläubige«, die auf diese Weise ihren Zweifeln und Unsicherheiten zu entkommen trachten. Sie lehnen es ab, nach einem theoretischen Modell zu verfahren, das zwar weniger Ansehen genießt, ihnen aber mehr Hilfen bei der Organisierung ihrer Arbeit an die Hand gibt. Die traditionelle Methode, psychoanalytische Grundsätze zu lehren, oder die Art und Weise, wie der Anfänger diese Grundsätze versteht, können dazu führen, daß der Auszubildende völlig von »Theorie« in Anspruch genommen wird, und dies wiederum kann unvoreingenommenen Beobachtungen im Wege stehen. Junge Psychotherapeuten legen sich für gewöhnlich ein umfangreiches psychoanalytisches Vokabular zu, und dieser übermäßige Wortreichtum wirkt unter Umständen wie eine zwar prächtig anzusehende, aber den Blick verzerrende Brille, das heißt, der Anfänger nimmt das, was mit dem Patienten vor sich geht, falsch wahr und klassifiziert ihn entsprechend einer vorgefaßten Meinung über die »Psychodynamik« ein. Anstatt das Verhalten und die Äußerungen des Patienten mit einem Gefühl der Sympathie zu beobachten und zu erwidern, etikettiert der Anfänger ihn mit anklagenden, strafenden und letztlich entwürdigenden Wortstempeln wie »passiv-aggressiv«, »masochistisch«, »zwanghaft«, »latent homosexuell« und so weiter. Je unsicherer ein Therapeut ist, desto wahrscheinlicher wird er sich an stereotype Begriffe und an ein klischeedurchsetztes Vokabular klammern. Bei einigen angehenden Therapeuten überdauert das Streben nach Sicherheit und nach unumstößlichen Regeln die Ausbildungszeit, und sie halten weiterhin in rigider Weise an alten psychoanalytischen Konzepten wie an »grundlegenden Tatsachen« fest. Früher oder später muß sich der Ausbildungskandidat mit der schlichten, nicht zu ändernden Tatsache abfinden, daß sich bei keinem seiner Fälle genau beschreibbare Komplexe oder psychodynamische Prozesse feststellen lassen und daß es keine endgültigen Behandlungsregeln gibt, deren strikte Einhaltung ihn zu einem erfolgreichen Therapeuten machen würde.

Einige meiner Kollegen haben das Gefühl, meine Besorgnis über den unmäßigen Gebrauch psychotherapeutischer Klischees sei ungerechtfertigt; modern eingestellte Lehrer verzichteten darauf, ihre Studenten mit stereotypen Konzepten einzudecken. Dennoch geschieht dies immer noch, und ich möchte in diesem Zusammenhang eine Episode schildern, die sich kürzlich abgespielt hat. In einem psychotherapeutischen Seminar beklagte sich ein Medizinstudent gegenüber den anderen Teilnehmern darüber, er habe nicht verstanden, was sein Supervisor gemeint und von ihm gewollt habe, als er glaubte, ihm erklären zu müssen, wie es um seine Patientin bestellt sei und was er ihr sagen solle. Der Student fügte hinzu, es habe ihn sehr geärgert, auf derart autoritäre Weise belehrt worden zu sein. Seine Patientin war eine zweiundzwanzigjährige Frau, die unter Depressionen litt, weil ihre dritte Ehe in die Brüche zu gehen drohte. Sie zählte eine recht lange Liste von Beschwerden über die Unzulänglichkeiten ihrer verschiedenen Ehemänner auf. Ihre eigenen Eltern hatten sich scheiden lassen, als sie fünf Jahre alt war, und sie gab dafür stets ihrer Mutter und nicht ihrem Vater die Schuld. Sie wußte, daß ihre Reaktion nicht angemessen war, denn ihr war erzählt worden, der Vater habe sich mit einer anderen Frau eingelassen, und dies sei der Grund für die Scheidung gewesen. Als der Student den Fall mit seinem Ausbilder diskutierte, erklärte ihm dieser, bei der Patientin bestehe ein ungelöster Ödipuskomplex und er solle seine Patientin mit diesem Thema konfrontieren. Mehrere Studenten gaben zu verstehen, genau diese Art von Verhalten verleide ihnen die Psychotherapie; sie vermochten keinen Sinn darin zu erkennen. Ihnen war die übliche Definition des Ödipuskomplexes vertraut, eine Definition, die da lautet, ein kleiner Junge wolle seine Mutter heiraten und seinen Vater umbringen; doch sie bezweifelten, ob es sinnvoll sei, bei jedem Fall, sogar bei Frauen, nach dieser ödipalen Konstellation Ausschau zu halten.

Ich pflichtete den Studenten bei, ein derart hochkomplexer und umstrittener Begriff sei schwerlich geeignet, jemandem beizubringen, wie man vorzugehen habe, fügte jedoch hinzu, die Unzufriedenheit mit einem Begriff könne keineswegs bedeuten, daß es nicht wichtige psychologische Fragen zu klären gebe – Fragen, die sich beantworten lassen, wenn der Therapeut eine klare Vorstellung darüber besitzt, wonach es Ausschau zu halten gilt. Jedes Kleinkind entwickelt eine starke Gefühlsbindung gegenüber seinen Eltern, unabhängig von der objektiven Qualität ihrer Charaktere oder ihres Verhaltens. Nicht selten finden ein Vater und seine kleine Tochter ein besonders nachhaltiges Vergnügen aneinander, und wenn der Vater fortgeht, bedeutet dies einen schmerzlichen Verlust für seine Tochter. Im Alter von fünf Jahren erlebt das Kind die Welt noch in unrealistischer Weise, und das besagte kleine Mädchen hat sich wahrscheinlich eine übertriebene Vorstellung von der väterlichen Rolle bewahrt, nämlich die Vorstellung, der Vater könne und werde für sie, die Tochter, alles tun. Unter dem Eindruck der Tatsache, daß der Vater später überhaupt nicht mehr auftauchte, und da die Mutter ihr wahrscheinlich wenig Hilfe und Halt gewährte, hatte das genannte Mädchen niemals Gelegenheit, seine kindlichen Erwartungen hinsichtlich dessen, was ein Mann für sie tun solle, kritisch zu überprüfen. Die Studenten machten sich eifrig daran, Fragen zu formulieren, die zur Klärung der Situation beitragen sollten, damit der jungen Frau begreifbar gemacht werden konnte, daß der in der Kindheit erlittene Verlust unrealistische Erwartungen in ihr hinterlassen hatte. Die Studenten hatten das Gefühl, aufgrund der von mystischen Dingen freien, sachlich nüchternen Diskussion das Wesen der

Psychotherapie oder zumindest einen ihrer Aspekte besser verstanden zu haben.

Anschließend diskutierte ich den Vorfall mit einer Gruppe von Medizinalassistenten im ersten Jahr der psychiatrischen Fachausbildung. Sie stimmten mit mir darin überein, daß es didaktisch unklug sei und nicht gerade von pädagogischem Geschick zeuge, einen Medizinstudenten mit dem genannten psychoanalytischen Konzept zu konfrontieren, weil »er nicht weiß, was damit gemeint ist«. Doch als ich sie fragte, was der Begriff denn für sie an Bedeutung enthalte, vermochte niemand eine Definition zu geben, die für den fraglichen Sachverhalt von Belang war, wenn man von der Behauptung absieht, daß ein emotionales Trauma, das einem Kind im Alter von fünf Jahren widerfährt, besagt, daß es sich um ein »ödipales« handelt. Sie standen offensichtlich unter dem Eindruck des Gefühls, für sie als Psychiater sei es fachgerechter oder zünftiger, sich feststehender Redewendungen zu bedienen und das Einmalig-Besondere vom Allgemeinen her anzugehen, wie unzulänglich sie Verallgemeinerungen auch verstehen mögen.

Die Interpersonale Theorie der Psychotherapie

Ungeachtet der zahllosen Bemühungen, bestimmte Konzepte zu verbessern und zu erweitern, sind in der Psychoanalyse Auffassungen, die nicht in Einklang mit der anerkannten Theorie stehen, noch niemals mit Großmut behandelt worden. Heutzutage, da wir es mit derart weitgehenden Veränderungen zu tun haben, daß Freud selbst wahrscheinlich nicht auf den Gedanken gekommen wäre, sie hätten mit seiner Theorie zu tun, auch heutzutage ist die von der Psychoanalyse ausgeübte Zensur nicht minder repressiv. Nur anerkannten Autoritäten ist es gestattet, neue Ideen zu äußern, und die Beobachtungen und wissenschaftlichen Beiträge anderer Psychotherapeuten werden so lange unerbittlich ignoriert, bis schließlich von irgendwoher das Signal gegeben wird, das neue Wissen in die Theorie aufzunehmen. In den dreißiger Jahren dieses Jahrhunderts begannen viele europäische Psychoanalytiker in aller Offenheit ihr Unbehagen an den Unzulänglichkeiten der bestehenden Theorie zum Ausdruck zu bringen. Ihre neuen Ansätze hielten sich im wesentlichen an den Begriffsrahmen und an die Terminologie der frühen Theorie. Nur allmählich gelangten die neuen Überlegungen nach Amerika, und es dauerte noch länger, bis sie Eingang in die psychotherapeutische Ausbildung gefunden hatten. Da man das Vokabular, mit dessen Hilfe die Annahmen der ursprünglichen Theorie vermittelt worden waren, unverändert beibehielt, waren ziemlich komplizierte Überlegungen und sprachliche Manipulationen notwendig, um den neuen Ideen sprachliche Form zu geben und gleichzeitig den alten, anerkannten Ideen Reverenz zu erweisen.

Noch erheblich weitreichender waren die Neuerungen, die Harry Stack Sullivan in den dreißiger und vierziger Jahren formulierte; Sullivan war einer der frühen amerikanischen Psychoanalytiker, der aufgrund seiner psychotherapeutischen Arbeit mit schizophrenen Patienten zu der Überzeugung gekommen war, daß einige der frühen theoretischen Annahmen nicht zu halten seien. Später verzichtete er gänzlich auf die psychoanalytische Terminologie, da er sie für irreführende Neologismen hielt, für Wortneubildungen, die auf unbewiesenen und nach seinem Gefühl eine effektive Therapie womöglich störenden Annahmen beruhten. Seine entscheidende Neuerung beruht nicht auf der Billigung oder Mißbilligung dieses oder jenes theoretischen Aspekts, sondern auf der bewußten Verwendung eines der modernen Physik und ihren Entwicklungen entlehnten Begriffsrahmens. Die orthodoxe psychoanalytische Theorie stand unter dem Einfluß des deterministischen Denkens der älteren Physik. Nach der neuen Denkrichtung treten Phänomene nicht mehr innerhalb eines isolierten, in sich geschlossenen Organismus auf und lassen sich nicht mit deterministischen Vorstellungen erklären, die auf dem Gedanken basieren, daß eine Ursache notwendig eine Wirkung nach sich zieht. Sullivan forderte mit Nachdruck, die Wandlungen im wissenschaftlichen Denken, die sich zu jener Zeit als Feldtheorie niederschlugen, müßten auch auf das Gebiet der Psychiatrie ausgedehnt werden. So solle menschliches Verhalten nicht länger im Sinne isolierter Einzelereignisse verstanden werden, sondern als Abfolge von Prozessen, die sich aus der Interaktion vielfacher Kräfte innerhalb eines Wirkungsfeldes ergeben. Solche Wandlungen im begrifflichen Denken erfordern eine an operationalisierten Begriffen orientierte neue Betrachtungsweise des Gesamtbereichs psychiatrischer Forschung, der kindlichen Entwicklung und des therapeutischen Prozesses.

Das psychiatrische Denken Amerikas hat sich die Gedanken Sullivans so weitgehend einverleibt, daß durchaus jemand fragen könnte: »Was ist denn Besonderes an Sullivan? Er hat Gedanken geäußert, nach denen wir alle handeln und von denen wir alle wissen.« Auf Sullivan läßt sich vieles zurückführen, was heutzutage als originell und neu veröffentlicht wird, als radikale Abwendung von dem traditionellen »intrapsychischen« Modell der Psychoanalyse. Ob wir von Milieutherapie oder von Sozialpsychiatrie in allen ihren Zweigen sprechen, ob wir gründliche Familienuntersuchungen durchführen oder unter modernem psychoanalytischem Denken eine »Theorie der Objektbeziehungen« verstehen oder ob wir Interesse an Linguistik und der Bedeutung von Kommunikation bekunden – diese und viele andere Entwicklungen in der Psychiatrie und Psychotherapie lassen sich ohne weiteres zu den Lehren Sullivans zurückverfolgen.

Sullivan verstand unter »Persönlichkeit« nicht eine statische oder stabile Einheit, sondern eine Abstraktion, wenn er etwa hinwies auf die »relativ dauerhaften Muster immer wiederkehrender interpersonaler Situationen, die das menschliche Leben kennzeichnen«. Organisation und Integration solcher Muster beginnen im Augenblick der Geburt, und sie deuten an, daß das Neugeborene, dieser menschliche Organismus rein physiologischer Natur, von Sullivan als »Mensch, das Tier« (»man the animal«) bezeichnet, sich von nun an in eine Person verwandelt. Obwohl der Mensch von angeborenen biologischen Faktoren abhängt und von ihnen in seine Grenzen verwiesen wird, so werden doch die auffälligen und bedeutsamen Unterschiede in der menschlichen Persönlichkeit in erster Linie von individuellen interpersonalen Erfahrungen festgelegt. Einen einzelnen biologischen Trieb, ob den Sexualtrieb oder irgendeinen anderen, kann man sich schlechterdings nicht als einzige Ursache der zahllosen Varianten menschlicher Motivationen und Verhaltensweisen vorstellen. Statt solchen Vorstellungen nachzuhängen, beschäftigte sich Sullivan mit den Handlungen und Gefühlszuständen von Menschen, die mit dem sich entwickelnden Kleinkind in beständiger Interaktion stehen.

Sullivan ordnete seine Beobachtungen und theoretischen Schlußfolgerungen um das Konzept der *Erfahrung,* der *inneren* Komponente jedes Ereignisses und alles Erlebten, das nicht identisch ist mit dem *äußeren* Ereignis, an dem der Organismus teilhat. Die Integration von Erfahrungen vollzieht sich in *unterschiedlichen* begrifflichen Vorstellungsweisen, abhängig vom Reifezustand des jeweiligen Individuums und außerdem von der Qualität seiner interpersonalen Beziehungen im Verwandtenkreis. Ein großer Teil der Therapie besteht aus dem Erkennen und Korrigieren von Äußerungen unreifer, »parataxischer« Erfahrungen, die das realistische Einschätzen von Ereignissen sowie der eigenen Person in ihren Beziehungen zu anderen Menschen beeinträchtigen.

Sullivan unterschied zwischen Spannungszuständen im physikalisch-chemischen Organismus als Bedürfnis nach *Befriedigung* und Spannung aufgrund von Angst als Bedürfnis nach interpersonaler *Sicherheit.* Nach seinem Verständnis wird der Säugling mit beinahe vollständigen physiologischen Funktionen geboren, einschließlich der Fähigkeit zu emotionalen Reaktionen, ist aber zur Befriedigung seiner körperlichen Bedürfnisse in hilfloser Weise von anderen Menschen abhängig. Sullivan betonte, das Kleinkind könne zu keinem Zeitpunkt unabhängig von der Umwelt, dem Setting, in dem es lebt, betrachtet werden. Optimale kindliche Entwicklung setzt voraus, daß mit der erreichten Befriedigung die Billigung der jeweils wichtigen, der signifikanten Bezugsperson verbunden ist, daß diese Person die Befriedigung sozusagen gutheißt, eine Erfahrung, die ein Gefühl des Wohlbefindens und der Sicherheit vermittelt. Wenn die Bedürfnisse des Kindes keine angemessene Beachtung finden, wenn das Kind Spannungen, Frustration und Ablehnung erfährt, dann wird es aus dem Zustand des Wohlbefindens gerissen; dieser Vorgang wird als *Angst* erlebt, als ein tiefreichendes Gefühl der Verstimmung und des Unbehagens. Diese Angsterfahrung beziehungsweise das dringende Bedürfnis, ihr aus dem Wege zu gehen, kann man als die dynamische Kraft ansehen, die aus jedem Individuum eine endgültige Persönlichkeit formt. Nur jene Handlungen, jene Äußerungen von Motivationen, Gedanken und Wünschen, die auf die Billigung signifikanter Menschen stoßen und folglich keine desintegrierende Angsterfahrung auslösen, können sich im Bereich bewußter Wahrnehmung entfalten und in erwachsener, rationaler Weise eingesetzt werden. Sullivan nannte diesen Teil der Persönlichkeit, der als »Ich« oder »Ich selbst« erfahren wird, das Selbstsystem; es hat die Funktion, das Erlaubte und Gebilligte vor dem Verbotenen und Mißbilligten abzuschirmen. Wenn das Kind sich starker Ablehnung und Mißbilligung ausgesetzt sieht, dann verformen sich die dynamischen Selbstkräfte zu einem groben, starren Werkzeug, das, von Angst überzogen, alle korrigierenden, neuen Erfahrungen von der Wahrnehmung aussperrt, Erfahrungen also, die für das gesunde Wachstum der Persönlichkeit von entscheidender Bedeutung sind. Solch ein Mensch dürfte ein nur schwach entwickeltes Selbstwertgefühl besitzen und immer wieder Gelegenheit finden, an sich selbst und anderen etwas auszusetzen; insofern er die Realität falsch einschätzt, muß er als psychisch gestört angesehen werden.

Wenngleich Sullivan in großer Detailfülle die Bedeutung und das Schicksal der interpersonalen Erfahrungen während der Kleinkindzeit und der frühen Kindheit herausarbeitete, so versäumte er doch nicht, die Wichtigkeit der Jugend- und Vorreifezeit für korrigierende Erfahrungen hervorzuheben. Ein Kind, sofern es nicht zu stark beeinträchtigt ist, vermag sich selbst zu helfen, indem es die Familienbande abstreift und über das Erleben von menschlicher Nähe und Vertrautheit in einer bedeutsamen Freundschaftsbeziehung ein realistischeres und zutreffenderes Bild von sich selbst erwirbt.

Sullivan wies dem Therapeuten die Rolle eines teilnehmenden Beobachters zu, mithin eine Rolle, die im Gegensatz steht zu der des klassischen Psychoanalytikers, der sich dem Patienten gegenüber als Spiegelplatte geben soll, um einen Freudschen Ausdruck zu verwenden. Sullivan sah in der therapeutischen Situation eine besondere Art interpersonaler Beziehung, eine Beziehung mit klar umrissener Absicht, die darin besteht, die Lebenstüchtigkeit des Patienten zu stärken. Die spezielle Fähigkeit des Psychotherapeuten liegt in seinem wachen Gespür für Phänomene, welche die Lebensprozesse in ihrer Entfaltung beeinträchtigen. In seinen Vorlesungen erläuterte Sullivan zwar ausführlich, wie man Störungen aufhellen kann, die Lebenskonflikten zugrunde liegen, wie und was man beobachten sollte, doch er verzichtete darauf, auch nur in Umrissen anzugeben, was man bei solchem Vorgehen finden werde, denn er ging von der Erwartung aus, daß dies von Mensch zu Mensch unterschiedlich sei. Geringfügigere Angstäußerungen dienen als Hinweis und als Ansporn zu eingehenderen Nachforschungen, die das Ziel verfolgen, abgespaltene Elemente verzerrender Erfahrungen in Gegenwart und Vergangenheit aufzudecken. Wegen der Gefahr, auf diese Weise schwere Angstzustände heraufzubeschwören, warnte Sullivan davor, den Patienten vorschnell mit Gedanken zu konfrontieren, die sich der Therapeut über seine Probleme gemacht hat. Ärgerliche, irritierende oder feindselige Äußerungen sollten als Signale sich dahinter verbergender schwerer Angst oder des Überzeugtseins von der eigenen inneren Wertlosigkeit verstanden werden. Als grundlegende therapeutische Haltung bezeichnete Sullivan das Bedürfnis, einen Patienten unabhängig davon, wie schwer gestört er auch erscheinen mag, immer noch »mehr als Menschen denn als etwas anderes« zu betrachten.

Neuere Untersuchungen über die frühe Entwicklung

Die ersten Persönlichkeitstheorien beruhten auf Berichten von Patienten über ihre Kindheitserfahrungen. Moderne Konzepte stützen sich dagegen in zunehmendem Maße auf direkte Beobachtungen von Säuglingen und Kleinkindern, auf Beobachtungen, die der Frage nachgehen, wie die Kinder sich zu erwachsenen, reifen, wenngleich bis zu einem gewissen Ausmaß gestörten Individuen entwickeln und wie diese Wachstums- und Reifungsvorgänge sich im Rahmen der Interaktion mit der Mutter und anderen signifikanten Mitgliedern der Familie sowie mit dem größeren sozialen und kulturellen Setting, der Gesamtumwelt des Kindes abspielen. Manche direkten Beobachtungen früher Kindheitsverläufe blieben jedoch noch in ihrem Aussagewert eingeschränkt, weil sie dazu dienen sollten, psychoanalytische Konstrukte zu bestätigen. Solche Bemühungen hat man mittlerweile aufgegeben, und einige bedeutsame Neuformulierungen stammen von vormals »klassischen« Psychoanalytikern.

Das Streben nach Objektivität findet seinen Ausdruck vor allem darin, daß die Arbeiten Jean Piagets Eingang in das dynamische Denken der Psychiatrie gefunden haben. Analytiker der älteren Generation haben sein Werk mit der Begründung abgelehnt, es orientiere sich zu sehr an der Begriffswelt und nehme keine Rücksicht auf Gefühlserfahrungen. Sullivan hat mit seinem Konzept der zunehmend reifer werdenden »Erfahrungsweisen« vorweggenommen, was Piaget anschließend in großer Detailfülle nachweisen sollte. Heutzutage wird allgemein anerkannt, daß man das während der Kindheit zu beobachtende Denken und Verhalten ohne genaue Kenntnis der sich wandelnden geistigen Fähigkeiten von Säuglingen und Kindern nicht verstehen kann. Nach Piagets Auffassung werden die sich wandelnden begrifflichen Entwicklungsstufen auf zweifache Weise integriert: einmal durch »Akkommodation«, durch Umwandlung der Wahrnehmungsschemata und Verhaltensmuster unter dem Einfluß der Umwelt, und zum anderen durch »Assimilation«, also durch Übernahme von Umweltobjekten und -merkmalen in die Wahrnehmungs- und

Verhaltensmuster des Kindes. Piaget zufolge bemüht sich das Kind aktiv um Integration neuer geistiger Strukturen. Im frühen psychoanalytischen Denken wurde »Lust« als Befriedigung von Triebimpulsen angesehen; Piaget definiert sie im Sinne von Aktivität als »Ursache von etwas sein«.

Für gewöhnlich stelle ich Assistenzärzten in psychiatrischer Fachausbildung die Frage, welchen Lehrstoff sie als nützlich empfunden haben. Kürzlich antwortete jemand ohne Zögern: »Psychoanalytische Theorie«. Auf die weitere Frage, was denn besonders hilfreich gewesen sei, führte der Betreffende als Beispiel an, »was Piaget über das Lernen durch Handeln und Wiederholen gesagt hat« und über die Art und Weise, wie dies im begrifflichen Denken von Kindern zum Ausdruck komme. Er war ziemlich überrascht, als ich erklärte, Piaget würde wahrscheinlich erfreut sein zu hören, daß seine Lehre für einen jungen Psychiater von Nutzen gewesen sei, doch mit Sicherheit würde er es nicht als Kompliment auffassen, zu den Psychoanalytikern gezählt zu werden.

Neuere Untersuchungen und direkte Beobachtungen haben den Nachweis erbracht, daß noch viele andere Funktionen und Fähigkeiten des Neugeborenen längst nicht in dem Maße organisiert sind, wie man bis dahin angenommen hat, und daß es zu einer angemessenen Integrierung des Individuums in seine Umwelt bestätigender und verstärkender Reaktionen seitens der Mutter und anderer Menschen bedarf; ohne solche Reaktionen kommt es zu Defiziten in verschiedenen Funktionsbereichen. Extreme Defizite im Adaptions- und Verhaltensmuster hat man bei Affenjungen beobachtet, die man unmittelbar nach der Geburt von ihren Müttern getrennt und in vollständiger Isolierung aufgezogen hat. Diese frühen Defizite konnten auch nicht dadurch beseitigt werden, daß man die Affenjungen etwa ein Jahr nach ihrer Geburt mit gleichaltrigen Affen zusammensetzte. Ausgewachsen zeigten die isoliert aufgezogenen Affen ein auffallend abnormes Verhalten, das geprägt war von Apathie, stereotypen Reaktionen und sexuellen Fehlanpassungen, und dies, obwohl sie die normale körperliche Pubertät durchlaufen hatten. Sie legten auch viele bizarre Eßgewohnheiten an den Tag und zeigten sich in ihrer Fähigkeit beeinträchtigt, die Nahrungsaufnahme zu regulieren.

In der menschlichen Entwicklung sind solche Deprivationszustände selten, und dennoch lassen zahlreiche Beobachtungen erkennen, daß unangemessene Reaktionen in der Eltern-Kind-Interaktion nicht nur die psychischen Funktionen, sondern auch die Organisation körperlicher Funktionen und der Wahrnehmung von Körperempfindungen beeinträchtigen. Nach den älteren Erklärungsmodellen ist der Säugling zwar biologisch ziemlich gut organisiert, doch völlig unfähig, seine Bedürfnisse selbst zu befriedigen; er gilt als passiver Empfänger von Hilfen, die ihm Erwachsene gewähren. Diese traditionellen Vorstellungen übersehen die Tatsache, daß der Säugling, wenngleich im Zustand der Unreife, zu seinem Überleben auch aktiv beisteuert; er gibt Hinweise und Signale von sich, die Unbehagen und unbefriedigte Bedürfnisse erkennen lassen. Die Art der Reaktion auf diese Hinweise und Signale, das heißt die Frage, ob sie befriedigt oder übersehen werden, scheint das Bewußtsein des Kindes vom Charakter seiner Bedürfnisse entscheidend zu beeinflussen. Das Kleinkind beginnt sein Leben unter dem Eindruck biologischer Triebregungen, die für seine subjektive Erfahrung nicht mehr sind als unidentifizierte und unidentifizierbare Spannungszustände, die mit Unbehagen und Unwohlsein einhergehen, und es ist nicht in der Lage, zwischen sich und anderen zu unterscheiden. Das Gefühl der Trennung, des Eigenständigseins ergibt sich aus Interaktionsprozessen, die sein späteres Identitätsbewußtsein in entscheidender Weise vorprägen. Gesunde oder gestörte kindliche Entwicklung, diese Frage hängt weitgehend davon ab, ob die Mutter auf Bedürfnisäußerungen ihres Kindes, im psychischen wie im biologischen Bereich, in angemessener Weise zu reagieren versteht. Bei fehlender, widersprüchlicher oder falscher Bestätigung und Verstärkung seiner anfänglich ziemlich undifferenzierten Sinnesempfindungen wächst das Kind ohne das eigentliche Fundament zur Entwicklung einer »Körperidentität« auf, nämlich ohne Wahrnehmung und begriffliches Bewußtsein seiner eigenen Fähigkeiten und Funktionen, und das vor allem in einer Zeit, da es zwischen biologischen und emotionalen Störungen zu unterscheiden sucht. In solchen Fällen neigt das Kind dazu, für Verzerrungen und Defekte in seiner Vorstellung vom eigenen Körper selbst auf dem Wege von Fehldeutungen äußerliche Einflüsse verantwortlich zu machen. Die schwerste Form einer derartigen Fehlentwicklung begegnet uns bei Schizophrenen, die ihre Bedürfnisse nicht zu identifizieren oder nicht auf sie zu reagieren vermögen und die sich hilflos dem Einfluß äußerer Mächte ausgeliefert sehen.

Verschiedene Untersuchungen haben sich mit Störungen im Bereich dessen beschäftigt, was man als die »zirkulären und reziproken Rückkoppelungsmuster der Interaktion« bezeichnet hat, und sie haben sich mit verschiedenen Fehlentwicklungssträngen in den verschiedenen Kindheitsphasen eingehender befaßt. Traditionellerweise werden die Entwicklung von Autonomie und die Individuation in das späte Säuglings- und das Kleinkindalter verlegt. Nach meiner Beobachtung beginnen sich diese Persönlichkeitsmuster praktisch zum Zeitpunkt der Geburt zu bilden, und sie lassen sich unmittelbar bei der Fütterung des Säuglings beobachten. Unzulängliche Fütterung, wenn etwa die Mutter dem Kind ihre eigenen Vorstellungen über seine Bedürfnisse aufzuzwingen sucht, statt sich an die Signale zu halten, die das Kind ihr vermittelt, kann mit schwerwiegenden Defiziten in der Fähigkeit zur Initiative und Selbststeuerung einhergehen. Zwischen den Reaktionen eines Elternteils auf die wachsende Unabhängigkeit eines Kindes und seiner späteren Fehlentwicklung bestehen Zusammenhänge. Störungen können sich einstellen, wenn unreife oder unsichere Eltern zwanghaft versuchen, ein Kind dahingehend zu formen, daß es ihre eigenen Mängel und Unzulänglichkeiten ausgleicht oder ihre Vorstellungen von menschlicher »Richtigkeit« erfüllt. Jede Mutter sorgt sich, ihr Kind könne in Gefahr geraten, und muß ihm beibringen, wie es sich angesichts bedrohlicher Ereignisse in der Außenwelt zu verhalten hat. Eine zwanghafte Mutter versucht jedoch unter

Umständen, ihr Kind zu einem perfekten Menschen zu erziehen. Viele theoretische Erwägungen der Vergangenheit beschäftigen sich ausschließlich mit dem Bedürfnis des Kindes nach Freiheit von äußerer Einschränkung und Unterdrückung. Erst in jüngster Zeit ist man zu der Einsicht gelangt, daß Kinder innere Unabhängigkeit und Funktionstüchtigkeit entwickeln müssen, wenn der Prozeß ihrer Reifung in gesunde Bahnen gelenkt werden soll, daß aber andererseits die an das Kind gestellten Anforderungen seinem Reifegrad entsprechen und künftigen Entwicklungsschritten nicht vorgreifen sollten. Des weiteren ist mittlerweile der Einfluß einer störungsfreien, sinn- und bedeutungsvollen Interaktion auf die Entwicklung der Sprache und des begrifflichen Denkens genauer erforscht und bekannt. Ein beständig unangemessener Kommunikationsstil auf seiten der Eltern ist insofern gefährlich, als er dem Kind die Hilfe vorenthält, die es benötigt, um die verschiedenen Erfahrungen, die es macht, unter Kategorien zu ordnen und die Reaktionen anderer Menschen richtig zu interpretieren. Gründliche Untersuchungen der Familiengeschichte von Schizophrenen haben gezeigt, daß Mängel und Unzulänglichkeiten im Sprachgebrauch den Boden für mögliche schizophrene Reaktionen vorbereiten. Auf längere Sicht ist es von Bedeutung, ob ein Kind bei der Ausweitung seines Erfahrungshorizontes aus anderen Lebenszusammenhängen Hilfe und Stärkung zu erlangen und auf diese Weise frühe Fehldeutungen der Realität zu korrigieren vermag. Wird sein Leben allzu sehr eingeschränkt, kann es den Zustand der Verwirrung nicht überwinden und unterliegt weiterhin Irrtümern bei der Deutung des Verhaltens anderer Menschen wie auch bei seiner Selbsteinschätzung. Kommunikationsstörungen spielen bei allen psychischen Krankheitsbildern eine Rolle.

Gemäß diesen Konzepten muß eine Therapie, die erfolgreich sein will, dem Patienten Hilfestellung bei der »Selbst-Orientierung« anbieten. Sie muß behilflich sein bei der Entwicklung klarerer Vorstellungen über äußere und innere Geschehnisse und bei der Schärfung der Wahrnehmung von Triebimpulsen, Gedanken und Gefühlen, denn allein auf diese Weise wird der von Unsicherheit erfüllte Mensch in die Lage versetzt, die Lebensprobleme mit weniger Ängsten und größerem Selbstvertrauen anzugehen.

Theorie und Therapie

Ich habe mich bemüht, einige theoretische Prinzipien der frühen Persönlichkeitsentwicklung zu erläutern, und zwar in einer Weise, mit der ein Anfänger etwas anfangen kann, und ohne ihn auf Nebenwege zu locken, die zu den schwierigeren Streitpunkten der theoretischen Kontroversen führen. Nach meiner Erfahrung ist dieser theoretische Rahmen dehnbar und flexibel genug, um eine große Fülle von Beobachtungen aufnehmen zu können, und es hat sich gezeigt, daß er Therapeuten in der Ausbildung dazu verhelfen kann, empfindsamer zu beobachten, auf relevante Dinge zu achten und ein Gespür für die zahlreichen Formen angemessener wie auch eher individualistischer Verhaltensreaktionen zu erlangen. Wenn der Anfänger eine Ausbildung erhält, die ihrem Wesen nach dogmatisch ist, dann besteht die Gefahr, daß er sich bei seinem therapeutischen Vorgehen zu rigide und zu kurzsichtig verhält. Wer sich fragwürdige Lehrmeinungen zu eigen macht, der schränkt unter Umständen seinen Gesichtskreis ein, wogegen Aufgeschlossenheit für theoretische Möglichkeiten und deren Einsatz nur zur Ausweitung des Horizonts führen können. Der junge Therapeut versucht womöglich, sich an allzu einfache, verkürzte Vorstellungen von dynamischen Abläufen zu halten, an Vorstellungen, wie er sie versteht, und seine Beobachtungen einer endgültigen Theoriestruktur anzupassen, oder er verhält sich »eklektisch« und sucht das Heil in unterschiedlichen theoretischen Modellen. Nach enttäuschenden Behandlungsergebnissen gewinnt er unter Umständen die Überzeugung, Theorie zähle nicht, alles hänge von seinen persönlichen Fähigkeiten ab, von seiner Gefühlswärme und Freundlichkeit, oder aber er legt sich, im schlimmsten aller Fälle, einen therapeutischen Nihilismus zurecht.

Während meiner eigenen Facharztausbildung erlebte ich auf eindrucksvolle Weise, wie eine augenscheinlich unbehandelbare Patientin nach einer Änderung der therapeutischen Methode infolge neuer theoretischer Überlegungen eine dramatische Verbesserung ihres Zustandes zeigte. Zelda, eine Frau von sechsundzwanzig Jahren, litt seit mehr als fünf Jahren an zahlreichen, ihr Leben erheblich einschränkenden Zwangsvorstellungen und -handlungen, einschließlich zwanghaften Händewaschens; während der letzten zwei Jahre war sie in einer Klinik untergebracht. Die Patientin schien von dem Gedanken beherrscht, Sexualität und ihre Feindseligkeit seien verwerflich und sündhaft, und sie befürchtete ständig, anderen Menschen durch Weitergabe von »Bakterien« Schaden zuzufügen.

Nachdem sie meine Patientin geworden war, stellte ich ihre Krankengeschichte in einem Seminar Harry Stack Sullivan vor. In der Diskussion lenkte er die Aufmerksamkeit auf den bei der Patientin auffälligen zwanghaften Einsatz verbaler Manöver, die dem Zweck dienten, die Beschäftigung mit den ihren Symptomen zugrunde liegenden wirklichen Probleme zu verhindern. Sullivan schlug vor, die Patientin dazu anzuhalten, sich statt wie bisher mit ihren immer sinnloser werdenden Grübeleien mit den Vorgängen in ihrem täglichen Leben zu beschäftigen; alle Gespräche sollten darum kreisen, welche Gefühle sie den Menschen, mit denen sie zu tun hatte, entgegenbrachte, welche Erfahrungen sie mit ihnen und mit ihrer Familie machte. Zelda empfand es als schwierig, über solch unscheinbare Ereignisse zu reden, und sie äußerte ihre Besorgnis, wir könnten ihre tiefer reichenden Probleme außer acht lassen. Sie begann jedoch den Menschen um sie herum Aufmerksamkeit zu widmen und sprach schließlich über sie als Individuen. Auch begann sie sich ihrer eigenen Gefühle bewußt zu werden; bis dahin hatte sie erklärt, sehr viele Leute seien ihr zuwider, hatte sich kritisch über alle geäußert und war ohne sichtbaren Grund auf unbestimmte Weise gereizt gewesen. Eine Zeitlang war sie über ihre Gefühlsreaktionen ganz verwirrt, denn sie war häufig nicht in der Lage, zwischen Zuneigung und Abneigung, zwischen Liebe und Haß, zwischen Gereiztheit und freundlicher Zuwendung zu unterscheiden. Die diffusen Haßgefühle gegenüber jedermann klärten sich allmählich, und sie vermochte nach und nach deutlicher zu erkennen, wann es gerechtfertigt war, über bestimmte Ereignisse oder Mißgeschicke Zorn zu empfinden.

Nach einem Monat schien sie mehr aus sich herausgehen zu können, verhielt sich gegenüber mehreren anderen Patienten umgänglicher und freundlicher und ließ davon ab, über ihre Bakterien und Krankheitserreger sowie ihre anderen Symptome zu sprechen, mit denen sie sich zuvor so intensiv beschäftigt hatte. Nach Abklingen ihrer offen zutage liegenden Symptome vermochte sich Zelda ihrer Gesamtentwicklung in erheblich realistischerer Sprache zu widmen. Sie hatte sich fortwährend darüber gesorgt, was andere Menschen wohl von ihr denken könnten, und hatte sich stets gewissenhaft bemüht, alles, was sie tat, bis zur Perfektion zu treiben, doch bei alledem hatte sie nie ein gutes Gefühl gehabt oder sich jemals mit einem Gefühl der Zufriedenheit sagen können, nun sei alles in Ordnung. Anstatt weiterhin in allgemeinen Wendungen über Sexualität und über ihre Feindseligkeit zu sprechen, ging sie jetzt immer mehr in Einzelheiten, wandte sich realen Dingen zu und vermochte sogar beim Rückblick auf ihre Entwicklung und auf ihre Interaktion in der Familie bestimmte Ereignisse in einem kritischen Licht zu sehen. Die Zahl ihrer Aktivitäten nahm erheblich und ziemlich schnell zu, und sie begann im Verwaltungsbüro zu arbeiten, wo sie sich als sehr sachkundige Sekretärin erwies; schließlich übernahm sie auch eine aktivere Rolle im Bereich des Sozialen und des Sports. Fünf Monate nach Änderung der Behandlungsmethode konnte sie die Klinik verlassen, und nach einem weiteren Monat ambulanter Behandlung kehrte sie nach Hause zurück. Sie blieb noch eine Weile mit mir in Kontakt, um mich wissen zu lassen, daß ihre Besserung von Dauer war.

Zur Erklärung dieser dramatischen Wendung zum Besseren muß man sich mehrere Dinge vor Augen halten. Auf den ersten Blick könnte man versucht sein, den Schluß zu ziehen, die Änderung sei deshalb eingetreten, weil die Aufmerksamkeit von der Vergangenheit auf das Hier und Jetzt verlagert worden war. Obwohl dies tatsächlich geschah, handelt es sich dabei jedoch nur um einen Nebenaspekt des eigentlichen Geschehens. Zelda gewann bei der Betrachtung von Ereignissen ihres gegenwärtigen Lebens Klarheit über ihre eigenen Gefühle und Erfahrungen; sie ließ davon ab, Spekulationen über vermeintliche Gefühle von Feindseligkeit und über sexuelle Konflikte sowie über deren Beziehung zu sogenannten traumatischen Ereignissen in der Vergangenheit anzustellen. Im weiteren Verlauf der Therapie wurde sie sich ihrer psychischen Fähigkeiten deutlicher bewußt, und mit diesem neuen Wissen ging sie auch an ihre Kindheitserfahrungen heran. Außerdem entdeckte sie, daß sie innere Entfaltungsmöglichkeiten und Mut genug hatte, ein weniger von Schuldgefühlen belastetes und mehr von Selbstvertrauen getragenes Leben zu führen.

Bei der Supervisionstätigkeit habe ich immer wieder die Erfahrung gemacht, daß Therapeuten, die sich intensiv mit dem täglichen Leben ihrer Patienten sowie mit ihren Gefühlen und ihrem Verhalten gegenüber anderen Menschen beschäftigen, bessere Behandlungserfolge haben als Therapeuten, die angestrengt um Übersetzung dessen, was ein Patient auch immer äußern mag, in irgendeine Art professionellen Jargons bemüht sind, oder als Therapeuten, die alles, was ein Patient tut oder sagt, als Hervorbringungen des Unbewußten begreifen, als Hervorbringungen, denen er, der Therapeut, Sinn verleihen soll. Zur Aufdeckung und Korrektur von Störungsursachen trägt es wesentlich mehr bei, wenn man bei den unmittelbaren relevanten Elementen im Fehlverhalten eines Patienten ansetzt und sich erst dann an eine schrittweise erfolgende Rekonstruktion der zurückliegenden störenden Erfahrungen heranmacht. Wenn der Therapeut bei seinen Patienten echte Veränderungen erreichen will, muß er im Besitz von klaren Konzepten über die grundlegenden Aspekte der Entwicklung psychischer Störungen sein, aber er muß sich auch ständig vergegenwärtigen, daß Ausmaß und Inhalt einer individuellen Fehlentwicklung sich von einem Menschen zum anderen ganz erheblich unterscheiden.

3. Die Umwelt

Wer sich einer Psychotherapie unterzieht, lebt nicht in einem gesellschaftlichen Vakuum. Manche Menschen leben allein, und sie sind auf Hilfe angewiesen, um den Käfig ihrer Isolierung aufbrechen zu können. Andere leben mit ihren Eltern zusammen und fühlen sich von ihnen eingeengt und kontrolliert, und wieder andere haben Frau und Kinder oder wohnen bei einem befreundeten oder geliebten Menschen – in allen Fällen können persönliche Konflikte auftreten. Menschen mit schwereren Störungen sind vielleicht in einer Klinik untergebracht oder leben in einer von der Umwelt abgeschlossenen Anstalt, in der andere für sie sorgen. Nicht alle Beschwerden und Schwierigkeiten eines Patienten sind seinem Neurotizismus und seinen Fehleinschätzungen anzulasten. Nicht selten bringt eine realistische Überprüfung Probleme zum Vorschein, die beseitigt werden können und sollten. Viele Menschen machen sich, wenngleich in unterschiedlichem Ausmaß, die alten Vorurteile gegenüber der Psychiatrie zu eigen, und genau darauf ist zurückzuführen, daß es als peinlich oder anstößig empfunden wird, wenn sich jemand in psychiatrischer Behandlung befindet. Solche Einstellungen müssen früh genug abgeklärt werden, damit sie sich später nicht mit Problemen vermengen, die in der familiären Interaktion unweigerlich auftauchen, wenn sich ein Familienmitglied erst einmal einer Psychotherapie unterzieht.

Nach der traditionellen psychoanalytischen Methode werden Kontakte mit der Familie vermieden. Sollte es sich ergeben, daß andere Familienmitglieder Hilfe benötigen, dann werden sie an einen anderen Therapeuten überwiesen. Diese rigide Trennung von Patient und Mitgliedern seiner Familie beruht auf der Annahme, jeder Mensch habe seine eigenen innerpsy-

68

chischen Probleme, die gelöst werden müßten. Moderne Persönlichkeitstheorien verstehen den innerpsychischen Prozeß nicht mehr als losgelöst von der Interaktion mit anderen Menschen, auch wenn die intensive Beschäftigung mit dem Patienten selbst weiterhin als bevorzugte Methode der Einzeltherapie mit Erwachsenen gilt, die von sich aus Hilfe bei verschiedenen neurotischen Problemen und Schwierigkeiten suchen, die aber in anderen Bereichen ihr Leben durchaus unter Kontrolle haben. Wenn man die den Schwierigkeiten zugrunde liegenden Reaktionsstörungen versteht, dann ist man auch eher in der Lage, mit den verschiedenen Problemen fertig zu werden, einschließlich der gestörten Beziehungen zu anderen Menschen. Wenn man hingegen die Unruhe und Aufregung, die psychische Krankheit und ihre Behandlung in der jeweiligen Familie auslösen, auch wenn der Patient nicht mehr im selben Haushalt lebt, nicht zur Kenntnis nimmt, dann ist darin nicht selten der Grund dafür zu sehen, daß Eltern oder Ehepartner sich zum Nachteil des Patienten in die Behandlung einmischen. Die Wahrscheinlichkeit, daß es zu solchen Zwischenfällen kommt, nimmt zu, wenn man die Einstellungen der anderen Familienmitglieder nicht berücksichtigt oder sie beiseite geschoben hat.

Kontakte mit Verwandten und Bekannten
Auch wenn man sich nur mit dem Patienten beschäftigt, der in die Behandlung kommt, kann sich die Frage stellen, ob es nicht nützlich sei, ein anderes Familienmitglied kommen zu lassen. Wenn abnormes Verhalten beibehalten wird, obgleich die ihm zugrunde liegenden Faktoren aufgedeckt zu sein scheinen, dann muß man sich fragen, wer oder was dazu beiträgt. Für das Fortbestehen eines herrschsüchtigen, übermäßig kontrollierenden Verhaltens kann unter Umständen die unterwürfige oder unschlüssige Haltung eines Partners verantwortlich sein. Bisweilen zwingt die gesamte Familienstruktur ein Mitglied in die Rolle des Kranken.
Wann immer Kontakte mit anderen Menschen angezeigt scheinen, sollte der Patient informiert und um Zustimmung

gebeten werden. Es ist nicht ungewöhnlich, daß betroffene Verwandte den Therapeuten aufsuchen und ihm zu verstehen geben, sie seien im Besitz wichtiger geheimer Informationen. Eine solche Situation birgt Gefahren, und man sollte klarstellen, daß man sie mißbilligt. Nur unter außergewöhnlichen Umständen sollte man sich gestatten, ein Familienmitglied ohne Wissen des Patienten oder, noch schlimmer, gegen seinen ausdrücklichen Wunsch zu empfangen. Stimmt der Patient einer solchen Zusammenkunft zu, sollte er das Recht haben, die Probleme zu umreißen, die mit einem Verwandten besprochen werden können, und selbst zu entscheiden, was er als vertrauliche, an andere nicht weiterzugebende Mitteilung, als »Geheimnis« verstanden wissen möchte. Seine Wünsche sollten respektiert werden, ob man seine Gefühle nun teilt oder nicht. Wenn ein Patient zu viele und banale Themen als seine persönliche Angelegenheit bezeichnet, äußert sich darin unter Umständen eine übertrieben mißtrauische Haltung, ein Argwohn, der als wichtiges Thema in den Mittelpunkt der Behandlung gerückt werden sollte. Die Familie muß darüber informiert werden, daß mit Blick auf die therapeutischen Bedürfnisse des Patienten alles, was besprochen werden sollte, in späteren Therapiesitzungen herangezogen wird, damit der Patient sich zusammen mit dem Therapeuten Klarheit darüber verschaffen kann, wie er die von den Verwandten angesprochenen Ereignisse erfahren hat und wie sie ihn nach seinem Gefühl berührt haben.

Für Kontakte mit anderen Bekannten, seien sie Partner in einer Liebesbeziehung, Lehrer, Mitarbeiter oder Arbeitgeber, gilt gleichfalls als Regel, daß man sorgsam darauf achten sollte, nichts Persönliches über den Patienten preiszugeben, nicht einmal die Tatsache, daß er Patient ist. Viele in Therapie befindliche Menschen leisten produktive Arbeit, üben aktiv ihren Beruf aus, und unter diesen Umständen kann es geboten erscheinen, die Therapie geheimzuhalten. Manche Patienten nehmen große Entfernungen und Unannehmlichkeiten auf sich, nur um vor Leuten, die sie für voreingenommen halten, zu verbergen, daß sie sich einer Therapie unterziehen. Ich erinnere mich an eine junge Frau, die um eine Behandlung ersuchte, weil sie unter immer wiederkehrenden Depressionszuständen litt und sich nicht entscheiden konnte, ob sie ihre berufliche Karriere weiterverfolgen oder eine Ehe eingehen sollte. Sie war ein spätgeborenes Kind und lebte mit ihrer Mutter, einer Frau von großem gesellschaftlichem Ansehen, in einem Haushalt. Beide Frauen betätigten sich aktiv in gesellschaftlichen Angelegenheiten und hatten viele unterschiedliche Verpflichtungen übernommen. Es bedurfte großer Mühen und Täuschungsmanöver, um vor der Mutter zu verbergen, daß die Tochter regelmäßig therapeutische Sitzungen aufsuchte. Während eines heftigen Streits schleuderte die Tochter ihrer Mutter eines Tages ins Gesicht, sie gehe zu einer Psychotherapeutin. Überraschend rief die alte Dame aus: »Gott sei Dank! Ich hatte immer das Gefühl, du brauchst das. Ich wußte nur nicht, wie ich dir das sagen sollte.«

Nicht selten sind Arbeitshemmungen oder vollständige Unfähigkeit, einen Beruf weiter auszuüben, der eigentliche Grund für eine Therapie. Andere Patienten fühlen sich beunruhigt, weil sie sich nicht entscheiden können, einen Beruf einzuschlagen, und auf der anderen Seite können Apathie oder Gleichgültigkeit, »Nichtstun«, als hauptsächliche Beschwerden angegeben werden. Es können sich Fragen oder Situationen ergeben, bei denen der Therapeut am besten in der Lage ist, bei einer Entscheidungsfindung behilflich zu sein, oder über die notwendige Autorität verfügt, um Eltern, Erzieher oder andere signifikante Personen zu motivieren, dem Patienten bei seinem Bemühen unter die Arme zu greifen, einen unabhängigeren Lebensweg einzuschlagen, ohne daß die Abneigungsgefühle und Fehleinschätzungen verstärkt werden, die seinen Schwierigkeiten zugrunde liegen.

Nach einer alten Konvention wird dem Patienten davon abgeraten, Entscheidungen über wichtige Lebensfragen zu treffen, etwa eine Ehe einzugehen, sich scheiden zu lassen oder größere berufliche Änderungen einzuleiten, solange die seine Wahrnehmung verzerrenden neurotischen Störungen nicht aufgedeckt sind. Tatsächlich muß man jedoch nur sicher sein, daß es sich um rationale Entscheidung handelt und nicht um ein Davonlaufen vor alten Verwicklungen oder um eine Flucht in Neuauflagen alter Schwierigkeiten. Diese Regel hat die Bewährungsprobe bestanden, doch die jungen Patienten von heute halten sich nur widerstrebend oder gar nicht an sie. Unter welchen Bedingungen und Umständen der Patient auch den größten Teil seines Tages verbringen mag, im Zusammenhang mit diesen praktischen Lebensaspekten tauchen für gewöhnlich zahllose Fragen auf, denen gegenüber der Therapeut das Gefühl haben kann, er sei aufgerufen, aktiv Stellung zu nehmen, oder er müsse sich zurückhalten. Anfänger stellen sich unter Umständen besorgt die Frage, ob ein derart direkter Eingriff in die Lebensrealitäten eines Patienten mit dem therapeutischen Prozeß verträglich ist. Sie klammern sich womöglich an das aus dem Elfenbeinturm stammende Konzept der Psychoanalyse, nach dem Therapie einzig und allein im Aufspüren unbewußter Prozesse und der Übertragungsphänomene besteht und nach dem Hilfestellung in realen Lebenssituationen als »unanalytisch« gilt.

Hineinziehen der Familie in die Therapie
Im Laufe der Zeit hat man zunehmend von der Tatsache Kenntnis genommen, daß emotionale Probleme mindestens im gleichen Maße Ergebnis von Vorgängen, die zwischen Menschen ablaufen, wie Folge innerpsychischer Prozesse sind und daß die Korrektur häufig eklatanter, schadenstiftender Umwelteinflüsse ein wesentlicher Aspekt der Therapie sein muß. Wenngleich dieser Sachverhalt besonders auffällig wird, wenn wir es mit Kindern, jungen Menschen oder mit schwer gestörten, hospitalisierten Patienten zu tun haben, mit Patienten also, die nicht imstande sind, über ihr Leben selbst zu entscheiden, so kann der Kontakt mit den Eltern oder mit einem Freund auch bei Menschen, die weniger hilflos erscheinen, durchaus notwendig sein, wenn man sich über immer wieder auftauchende Konflikte und Verwicklungen Klarheit verschaffen will.
Ob es sich mit dem psychotherapeutischen Prozeß verträgt,

wenn man derart unvermittelt auf die Lebensrealitäten eines Patienten eingeht, hängt von vielerlei individuellen Umständen ab. Der Therapeut muß sicher sein, daß er die Situation objektiv einzuschätzen vermag, das heißt gemäß den Bedürfnissen des Patienten und seiner Familie und nicht unter dem Einfluß seiner eigenen Vorlieben. Ferner muß er sicher sein, daß er eine solche Entscheidungsfindung nicht dazu benutzt, sein Prestige zu stärken. Im Leben anderer Menschen »Gott Vater spielen« steht im Gegensatz zur eigentlichen therapeutischen Aufgabe.

Obgleich noch viele Probleme ungelöst sind, so läßt sich doch sagen, daß sich die Art und Weise, in der man die Familienarbeit in den therapeutischen Prozeß einbezieht und integriert, in bemerkenswerter Weise verändert hat. Im Gegensatz zur Vermeidung jeglicher Kontakte mit Verwandten neigt man heutzutage mehr und mehr dazu, die Familie als Einheit zu behandeln, und zwar in gemeinsamen Therapiesitzungen. Die Berichte darüber verbreiten Optimismus und Enthusiasmus, und sie sprechen von beinahe an Wunder grenzenden Veränderungen mancher seit Jahren bestehender Interaktionsmuster. Solch positive Ergebnisse zu erzielen, mag erfahrenen Familientherapeuten gelingen, die sich in Aufschwungs- und in Krisenzeiten, die im Verlauf der Therapie eintreten, ihrer Verantwortung bewußt bleiben und die auch die Gefahrensignale erkennen, sobald zuviel schmerzliches Material in zu kurzer Zeit zum Vorschein kommt. Bei solchen Sitzungen mit der ganzen Familie besteht Gefahr, daß die Teilnehmer, sobald es dem Therapeuten gelingt, eine dramatische Wende herbeizuführen, das Gefühl haben, sie seien mit Hilfe von Tricks dazu gebracht worden, pathologische, mit Schuldgefühlen besetzte Gedanken zu offenbaren. Sie sind dann auf individuelle Hilfe angewiesen, um den Schwierigkeiten der neuen Situation begegnen zu können, nachdem verborgene Konflikte gewaltsam ans Licht gebracht worden sind. Ich habe erlebt, wie schizophrene Patienten nach solchen Familienkonferenzen einer Regression anheimfielen, weil sie sich von den aufgedeckten, nicht länger zu verbergenden Haßgefühlen und tiefgehenden Mißverständnissen sowie durch ihre Überzeugung, all diesem hilflos ausgeliefert zu sein, überwältigt fühlten.

Geschickt und taktvoll gehandhabt, ist therapeutische Arbeit mit der Familie des Patienten wichtig und überaus nützlich. Die Praxis, Patienten in der Klinik zu behandeln und anschließend in Familien zurückzuschicken, in denen alles beim alten geblieben ist, darf als nicht mehr zeitgemäßes Verfahren gelten, das gewöhnlich zu Rückschlägen führt. Wenn man die Familie nicht in den therapeutischen Prozeß einbezieht, wird die Behandlung häufig vorzeitig abgebrochen, nicht selten an einem Punkt, an dem der Patient gerade beginnt, innere Wandlungen zu erfahren, und dies dadurch zum Ausdruck bringt, daß er selbstsicherer wird. Von der Behandlung ausgeschlossene Verwandte geraten in wachsende Spannungen, verspüren zunehmende Unzufriedenheit, wenn das heikle Gleichgewicht verlorengeht, das vor Ausbruch der Krankheit des Patienten bestanden hatte und Voraussetzung ihrer Funktionstüchtigkeit gewesen war.

Ich erinnere mich an den Fall des Patienten Karl, eines jungen Mannes, der im ersten Jahr am College psychotisch geworden war. Seine Familie hatte auf die Erkrankung mit aufopfernder, jedoch hoffnungsloser Verzweiflung reagiert. Als Karl so weit wiederhergestellt war, daß er zum College zurückkehren konnte, erging sich die Familie in überschwenglichen Dankbarkeitsbezeugungen. Die Behandlung wurde ambulant fortgesetzt, doch nach einer Weile häuften sich Beschwerden seitens der Familie über die Länge der Behandlung und über mangelnden Respekt Karls ihr gegenüber. Karl ging auf, daß er niemals in der Lage gewesen war, offen mit seinem Vater zu sprechen, der von seiner gutgehenden Anwaltspraxis völlig in Anspruch genommen wurde. Vater und Sohn entfremdeten sich noch mehr, weil Karl nicht daran dachte, eine rechtswissenschaftliche Karriere einzuschlagen, und sich weigerte, Lehrfächer zu studieren, die sein Vater für wichtig hielt. Es schien Anlaß für Hoffnung zu bestehen, als Karls Vater den Wunsch äußerte, gemeinsam mit seinem Sohn den Therapeuten aufzusuchen. Karl hegte die Hoffnung, sein Vater habe endlich erkannt, daß es notwendig sei, einander näherzukommen. Doch der Vater erschien nur, um den Patienten und den Therapeuten darüber zu informieren, daß er sich nicht länger rechtlich verpflichtet fühle, für die Therapie seines Sohnes aufzukommen, da der Therapeut die Berufspläne seines Sohnes unterstütze, Pläne, die er seinerseits mißbillige, und da Karl nunmehr einundzwanzig Jahre alt werde.

Diese unangenehme Auseinandersetzung hätte bei konstruktiverem Kontakt zur Familie des Patienten vermieden werden können. Nach einer klärenden Aussprache über die Bedürfnisse seines Sohnes nach echter Unabhängigkeit änderte der Vater seinen Standpunkt, und die Behandlung konnte fortgesetzt werden. Der Zwischenfall erwies sich als wichtiger Wendepunkt im Verlauf der Therapie: Er ließ erkennen, welche Fortschritte Karl bereits erzielt hatte, und zeigte deutlich, daß Karl begann, Zutrauen zu seiner wachsenden inneren Reife zu fassen, und von seinem Vater nicht länger abhängig war.

Bei der Behandlung von Kindern stellte sich zuerst heraus, daß es notwendig ist, das Arbeiten mit der Familie in das therapeutische Vorgehen einzubeziehen. Die Beschäftigung mit der Familie des Patienten ist in zunehmendem Maße auch auf die Behandlung von Jugendlichen und jüngeren Erwachsenen ausgedehnt worden. Doch es wäre falsch anzunehmen, es gäbe nur einen *einzigen*, einen für alle Familien gleichermaßen gültigen Weg, auf dem sich die familiären Interaktionen und das häusliche emotionale Klima am besten ändern ließen. Interviews mit der Familie sollten so geführt werden, daß für jedes Familienmitglied etwas Konstruktives dabei herauskommt; sie sollten sich nicht in Anklagen ergehen und Schuldgefühle provozieren. Das ist von besonderer Wichtigkeit im Umgang mit Familien, deren Interaktionen bislang vorwiegend durch wechselseitige Zuschiebung von Schuld und Verantwortung geprägt waren. Auch wenn sich die Krankheit eines Patienten eindeutig auf unzulängliche, schadenstiftende Beziehungen innerhalb der Familie zurückführen läßt, so sollte man sich dennoch stets vor Augen halten, daß die anderen Familienmitglieder nur selten in bewußt böswilliger Absicht gehandelt haben. Für gewöhnlich standen die anderen Familienmitglieder ebenfalls unter dem Eindruck ungelöster und nicht erkannter Konflikte und Belastungen. Wichtig ist, den Verwandten gegenüber, die sich unter Umständen unglücklich und unsicher fühlen, Rücksicht und Respekt zu zeigen, wie schrecklich und unvernünftig der Patient nach unserem Empfinden auch behandelt worden sein mag. In der Kinderpsychiatrie betrachten die Eltern den Therapeuten häufig als Feind. Angesichts der Tatsache, daß ihr Kind in Behandlung ist, geraten Eltern unweigerlich in Abwehrgefühle, die ein Schuldeingeständnis bedeuten. Doch feindselige Einstellung auf beiden Seiten, auf seiten des Therapeuten wie der Eltern, kann damit zu tun haben, daß der Therapeut sich mit dem Kind, seinem Patienten, überidentifiziert und den Eltern gegenüber eine kritische, vorwurfsvolle Haltung einnimmt.

Konfrontiert mit psychischer Krankheit in ihrer Mitte, haben Familien häufig das Gefühl, sie würden angegriffen. Sie projizieren auf den Psychotherapeuten ihr Gefühl, versagt zu haben, sowie ihre Verbitterung darüber, daß unumgängliche psychiatrische Behandlung ihr vermeintliches Versagen der Öffentlichkeit preisgibt. Solche Familien entwickeln großes Geschick darin, alle Probleme zu leugnen, und geben eine verzerrte, überoptimistische Darstellung dessen, was sich in der Vergangenheit abgespielt hat. Sie bestreiten das Vorhandensein selbst schwerwiegender Krankheiten bei ihren Mitgliedern und leiden unter der Vorstellung, man könne in ihrem Keller einen Toten entdecken; die gesamte Struktur der familiären Interaktion dient dem Zweck, die Dinge anders erscheinen zu lassen, als sie in Wirklichkeit sind. Die Tatsache einer offenkundigen psychischen Krankheit wird auf die Liste dessen gesetzt, was geheimgehalten werden muß. Man kann zwar in der Hoffnung, ein realistischeres Bild zu erhalten, eine Zusammenkunft mit der Familie arrangieren, doch man sollte sich stets vergegenwärtigen, daß eine solche Zusammenkunft unter Umständen nicht zu der erwarteten Aufklärung verhilft und daß die Fehldarstellungen der Familie die Verwirrung noch verstärken können.

Einmischungen der Familie

Doch selbst Mißverständnisse und als unnötig erscheinende »Einmischungen« können bisweilen zur Klärung zurückliegender Vorgänge führen. Angela, eine junge verheiratete Frau, war Anfang Dezember in eine schwere Depression gefallen, und ihr Zustand war so gravierend, daß sich eine Hospitalisierung nicht vermeiden ließ. Nachdem sich ihre extremen inneren Spannungen ein wenig gelegt hatten, begann sie um die Erlaubnis nachzusuchen, die bevorstehenden Feiertage bei ihren Eltern zu verbringen, die in einem anderen Landesteil wohnten. Da über sie und ihre Lebensgeschichte so wenig bekannt war, riet man ihr und ihrem Ehemann, den Besuch bei den Eltern zu verschieben, bis er etwas therapeutisch Sinnvolles erwarten lasse. Den Eltern gab man die gleiche Erklärung, doch sie mochten sie nicht zu akzeptieren, und in der Folgezeit kam es zu zahllosen Briefen und Telefonanrufen. Als die Aufregung ihren Höhepunkt erreicht hatte, erklärte Angela plötzlich, ein Besuch bei ihren Eltern wäre zu diesem Zeitpunkt nicht richtig. Sie hatte geträumt, ihre alte Katze habe sie bei dem Versuch, ihr Elternhaus zu betreten, wild angefaucht, um sie am Eintreten zu hindern. Der Traum hatte für sie die Bedeutung, ihr Platz sei nunmehr an der Seite ihres Mannes, nicht mehr an der Seite ihrer Eltern. Man erklärte ihr, der Traum deute auch an, daß in ihrem Elternhaus nicht alles eitel Sonnenschein sei, wie sie behauptet hatte. Sie gab zu, es beständen da ungelöste Konflikte, doch sie wollte sich auf das Thema nicht weiter einlassen.

Ein, zwei Wochen später war ihr Vater höchst ungehalten, als er den Therapeuten telefonisch nicht erreichen konnte, um mit ihm über einen anderen Besuchstermin zu sprechen. Der Vater ließ sich mit mehreren Vorgesetzten verbinden, bis er schließlich beim Leiter des Krankenhauses anlangte und sich bei ihm darüber beschwerte, daß man sich über ihn hinwegge-

setzt habe. Als dieser Zwischenfall, im besonderen die verär-
gerte Beschwerde ihres Vaters bei den Vorgesetzten, in der
Therapie aufgegriffen wurde, ging Angela plötzlich aus sich
heraus und erklärte, dies sei immer die eigentliche Schwierigkeit mit ihrem Vater gewesen, nämlich daß er sich in seinen
Gefühlen so schnell verletzt fühle. Selbst als Kind habe sie
immer gedacht, sie müsse ihr ganzes Leben darangeben, ihn
vor allem zu schützen und zu bewahren, was er als leidvoll
empfinden könnte. Sie hatte sich vor allem verpflichtet gefühlt, »perfekt« zu sein, um ihrem Vater jeden Kummer und
jede Enttäuschung zu ersparen.

Der Vater fand noch eine Menge weiterer Gründe, die ihn
nach seiner Meinung berechtigten, besondere Beachtung zu
fordern. Schließlich schrieb Angela ihm, er möge doch einen
Besuch verschieben, bis sie besser verstehen könne, was sie in
verzweifelte Depression und Panik getrieben hatte. Der Umstand, daß der Vater den Therapeuten wiederholt in die Lage
brachte, »nein« sagen zu müssen, wurde im Verlauf der
Behandlung zu einem wichtigen Thema; die Patientin erlebte
dabei wieder, daß sie stets unter dem Eindruck des Gefühls
gestanden hatte, sie sei zu vollständiger Unterwerfung genö-
tigt. Während ihre Brüder gelegentlich aufbegehrt und rebel-
liert hatten, vermochte sie nicht den Mut zu fassen, ihrem
Vater irgend etwas abzuschlagen. (Wie sich Angela von dieser
bedingungslosen Unterwürfigkeit befreite, werde ich in Kapitel 7 behandeln.)

Reserviertheit gegenüber der Familie

Sich von einer Familie gänzlich fernzuhalten, besonders wenn
unverkennbar abnormes Verhalten zum Vorschein kommt,
kann die Therapie zum Stillstand bringen und sich immer
verheerender auf das ganze Leben des Patienten auswirken.
Das geschieht besonders leicht, wenn die Symptome des Patienten bei anderen Menschen große Angst hervorrufen,
Angst, die sich im Verlauf der Zeit für gewöhnlich in Ablehnung und Wut verwandelt. Die Familien haben jedoch nicht
den Mut, ihre Gefühle zu äußern und nach ihnen zu handeln,

weil der Patient seine weit größere Wut dazu verwendet, die Familie unter Druck zu setzen und zu zwingen, sich seinen Wünschen zu beugen, indem er mit Selbstmord droht oder dramatische Angstzustände erkennen läßt. Welche psychische Konstellation auch immer eine Erkrankung heraufbeschworen hat, wenn die verursachenden Bedingungen andauern, dann verlieren die Symptome ihre dynamische Bedeutung, erhalten jedoch eine interpersonelle Bedeutung und werden als Druckmittel eingesetzt. Phobische Zustände können in derartige Sackgassen führen, und in solchen Fällen schildert der Patient immer eingehender seine schreckliche Angst und Panik, dabei drohend auf schlimme Folgen hinweisend. Ein solcher Patient kommt mit seinem Leben so lange gut zurecht, wie der ausgewählte »Mitarbeiter« genau das tut, was ihm gesagt wird. Symptome können sich über Jahre erhalten, auch wenn die ihnen zugrunde liegende psychische Dynamik gründlich aufgedeckt ist. Wenn man die Gesamtsituation in einem Beratungsgespräch aufzuhellen versucht, dann stellt man unter Umständen fest, daß der Therapeut und ein Verwandter des Patienten darin wetteifern, herauszufinden, wer von beiden die Angst des Kranken besser zu lindern vermag. Ist der gordische Knoten erst zerschlagen, das heißt, sind die interpersonellen Vorgänge ans Licht gebracht, dann löst sich die Phobie häufig auf, auch wenn sie bereits seit längerem besteht.

Auch unter anderen Umständen, wenn etwa die Drohungen eines Patienten und seine Forderungen nach sofortiger Wunschbefriedigung sich lähmend auf das Familienleben auswirken, können ähnliche interpersonelle Verwicklungen alle therapeutischen Bemühungen scheitern lassen. Ein fettsüchtiges Mädchen hielt »Diät«, indem es seine Eltern zwang, dreimal täglich einzukaufen, weil es zwischen den Mahlzeiten keinerlei Lebensmittel zu Hause duldete. Überreste von Mahlzeiten mußten sofort beseitigt werden, weil das Mädchen befürchtete, es könnte dadurch von seinem Eßzwang überwältigt werden. Es griff zur körperlichen Gewalt und vollführte wilde Szenen, wenn es auch nur 30 Gramm zunahm. Die

Eltern schickten sich darein, weil der Psychiater, bei dem ihre Tochter in Behandlung war, sie gebeten hatte, mit dem Mädchen Geduld zu haben. Der Psychiater selbst kam der Forderung des Mädchens nach, niemals das Wort *Essen* zu erwähnen, und bedrängte die Eltern, ihrer Tochter zu gehorchen und niemals über Essen zu reden. In einem anderen Fall gestand der Vater eines magersüchtigen Mädchens, ein weithin bekannter Geschäftsmagnat: »Wir sind völlig hilflos, doch der Arzt hat uns erklärt, wir sollten uns weiter nach ihren Wünschen richten« – er hatte sein Haus umbauen und seiner Tochter eine Spezialküche einrichten lassen, in der sie die ganze Nacht kochte. Überflüssig zu sagen, daß die Magersucht sich nicht gebessert hatte, obwohl das Mädchen bereits über fünf Jahre in Behandlung war, mehr noch: es gab Anzeichen wachsender Angst, Depression und zunehmender Rückzugsneigung.

Hospitalisierung
Die orthodoxe analytische Regel, die Therapie und die übrigen Lebensumstände zu trennen, wird auch auf hospitalisierte Patienten angewendet. In psychiatrischen Kliniken und Krankenhäusern, die diesem Lehrsatz anhängen, teilen sich zwei Therapeuten in die Versorgung eines Patienten: der eine übernimmt die psychotherapeutische Arbeit, der andere trifft als eine Art Verwalter die tagtäglichen Entscheidungen über die praktischen Lebensaspekte des Patienten. In anderen Krankenhäusern, und dies ist die üblichere Regelung, ist der Psychotherapeut auch für den Umfang der »Privilegien« und Aktivitäten seiner Patienten verantwortlich. Obwohl auf diese Weise gewisse Probleme vermieden werden können, ist die Aufteilung in eine psychotherapeutische und eine verwaltungsmäßige Komponente doch geeignet, neue Schwierigkeiten heraufzubeschwören, die den therapeutischen Fortschritt beeinträchtigen können, sofern sie verborgen bleiben und nicht erkannt werden. Zwischen Therapeut und Verwalter können Unstimmigkeiten auftreten, und der eine kann den anderen als »zu nachgiebig« oder »zu bestrafend« ansehen.

Patienten reagieren auf Spannungen zwischen Menschen, auf die sie angewiesen sind, für gewöhnlich mit Rückfällen oder mit der Bildung neuer Symptome. Die Absonderung der therapeutischen Beziehung von den anderen Lebensrealitäten des Patienten birgt auch, sonderlich bei extrem abhängigen oder schizophrenen Patienten, die Gefahr, daß die Therapeut-Patient-Beziehung allzu exklusiv und kostbar wird; sie kann folglich Störungen der frühen Mutter-Kind-Beziehung wiederbeleben, Störungen, auf die sich ein Großteil der Fehlentwicklung zurückführen läßt.

Therapeuten in der Ausbildung neigen dazu, sich mit dem Patienten gegen alle als zu willkürlich oder zu restriktiv betrachteten Formen der Krankenhausroutine zu verbünden. Heutzutage weist man dem Patienten eine weitaus aktivere Rolle zu. Einschränkungen sind in erheblichem Maße abgebaut worden. In einem derart verbesserten und liberaleren Therapieklima treten Situationen auf, in denen ein einzelner Patient besonderer Überwachung und Aktivitätseinschränkung bedarf. Doch wesentliche Aufgabe der Psychotherapie ist weiterhin die Entwirrung der den Symptomen zugrunde liegenden Konfliktknoten und Störungen, und in vielen Fällen ist der Therapeut aufgrund seiner Vertrautheit mit solchen innerseelischen Problemen in der Lage, dem Patienten auch bei den praktischen Aufgaben seines täglichen Lebens behilflich zu sein. Bisweilen muß er einfach direkte Ratschläge geben. Selbst hochintelligente Patienten zeigen zuweilen eine verblüffende Unkenntnis in bestimmten Fragen des täglichen Lebens, und in solchen Fällen hat der Therapeut unter Umständen die Aufgaben eines Erziehers zu übernehmen.

Weit davon entfernt, den therapeutischen Fortschritt zu hindern, liefert die Beachtung der unmittelbaren Lebensaspekte, körperlicher Beschwerden, Schwierigkeiten mit der Krankenhausroutine, Streitigkeiten auf der Krankenstation und so weiter, wichtiges Rohmaterial für weitergehende psychotherapeutische Erkundungen. Wenn die Therapie unter solchen Umständen zu einem Machtkampf zwischen Patient und Therapeut verkommt, bin ich geneigt, mir die Probleme des

Arztes näher anzuschauen, der entweder nicht damit umgehen kann oder der angesichts derart komplizierter Vorgänge nicht objektiv zu bleiben vermag. Es gibt natürlich Ausnahmen, in denen es nicht angebracht ist, die gesamte Versorgung eines Patienten in die Hand zu nehmen, etwa psychosomatische Störungen, bei denen die Sorge um die körperliche Verfassung des Patienten einem medizinischen Spezialisten überlassen bleiben sollte. Doch die Probleme, die im Zusammenhang damit auftauchen, sind echtes Material für die psychotherapeutische Untersuchung.

Die größere Zahl von Handlungsmöglichkeiten, die ein modernes Krankenhaus dem Patienten bietet, und die Interaktion mit anderen Patienten, zu der er ermuntert wird, liefern wertvolles Material, das in therapeutischen Einzelsitzungen besprochen und näher untersucht werden sollte. Nach der Einführung neuer Behandlungsmodalitäten war man anfangs unterschiedlicher Meinung darüber, ob ein Patient in Einzelpsychotherapie auch an Gruppensitzungen teilnehmen oder in Gruppentherapie genommen werden sollte. Heute, nachdem sich der Sturm der Auseinandersetzungen gelegt hat, will uns scheinen, daß das Zusammensein des Patienten mit vielen anderen Menschen das in den Einzelsitzungen auftauchende Material belebt und vertieft und die Heilungschancen des Patienten erheblich vergrößert.

Was die Interaktionen des Krankenhauspersonals angeht, so sind Patienten feinfühlig gegenüber Spannungen und Meinungsverschiedenheiten unter den verschiedenen Mitarbeitern des Krankenhauses, und sie können mit neuen Symptomen reagieren oder gar um ihre Entlassung bitten, wenn sie das Gefühl haben, zwischen widerstreitenden Einstellungen und widersprüchlichen Botschaften zu stehen, oder wenn offene Rivalität dazu führt, daß der Standpunkt des anderen nicht mehr respektiert wird. Fred, ein junger Mann von 19 Jahren, bat um ein Beratungsgespräch, um sich bestätigen zu lassen, daß er seine Heilungschance nicht vertan hatte, als er gegen ärztlichen Rat ein Behandlungszentrum verlassen hatte. Vor seiner Hospitalisierung hatte er ein völlig unberechenbares

Verhalten an den Tag gelegt, ein Verhalten geprägt von unkontrollierten Wutanfällen und gewalttätigen, häufig bizarren Angriffen auf verschiedene Mitglieder seiner Familie. Im Verlauf eines Jahres im Krankenhaus hatte er gute Fortschritte gemacht, war dann jedoch in Aufregung und Verwirrung geraten, als sein erster Therapeut, den er sehr bewunderte, das Krankenhaus verließ und eine Mitpatientin, eine junge Frau, zu der er starke Zuneigung gefaßt hatte, aus dem Krankenhaus entlassen wurde. Persönliche Verluste hatte er niemals ertragen können, ohne in eine akute Depression oder in kompensatorische Wut zu verfallen. Der neue Therapeut begann, statt Fred bei seiner Trauerreaktion zu helfen, seinen Vorgänger zu attackieren, weil er es zugelassen habe, daß sich eine zu enge Beziehung entwickelte, und weil er den Symbolgehalt bestimmter Symptome nicht näher untersucht habe; auf diese Weise sei »ein ganzes Jahr Behandlung vertan worden«.

Fred beschloß, das Krankenhaus zu verlassen, weil er das Gefühl hatte, daß die herabsetzende Kritik an seinem früheren Therapeuten etwas für ihn Wertvolles untergrub. Seine impulsive Reaktion legte jedoch nahe, daß in seiner früheren therapeutischen Beziehung nicht alles zum besten gestanden hatte. Doch wie nötig es auch gewesen sein mag, eine Korrektur vorzunehmen, sie wurde auf eine Weise in Angriff genommen, daß der Patient sie als destruktiv erleben mußte, so als ob der neue Therapeut sich als »analytischer« und seinem Vorgänger im methodischen Ansatz überlegener darstellte.

Die Patienten sind sich auch über Status und Prestige der verschiedenen Therapeuten ziemlich im klaren, und sie suchen zu prüfen, ob ein niedriger Rang in der Hackordnung sich nachteilig auf die Tätigkeit eines Therapeuten auswirkt. Dies wurde mir gleich zu Anfang meiner Ausbildung in aller Deutlichkeit vor Augen geführt. Meine erste Patientin war eine sechsunddreißigjährige Frau und frühere Nonne namens Anna. Sie war seit acht Jahren krank und arbeitsunfähig und litt unter einer solchen Fülle von Symptomen, daß sie erklärte, sie seien »zu zahlreich, um sie alle aufzuzählen, und bereits so häufig wie Kinderreime hergesagt worden«. Sie war fast ununterbrochen in medizinischer und psychiatrischer Behandlung gewesen, hatte mehrere Hospitalisierungen hinter sich und fühlte sich dem Psychiater, der sie überwiesen hatte, zutiefst verbunden. Mir gegenüber war sie überfreundlich, allerdings in herablassender Weise, da es ganz offenkundig war, daß sie weit mehr Sachverstand besaß, als ich jemals hoffen konnte zu erwerben. In ihrer Überweisung an den jüngsten Neuling spiegelte sich für sie ihr eigener niedriger Status und der Umstand wider, daß man sie ihrer Meinung nach nicht für wert erachtete, von einem erfahrenen Therapeuten behandelt zu werden. Sie paßte sich der Krankenstation gut an, denn als frühere Patientin fühlte sie sich in der Klinik zu Hause, und oberflächlich betrachtet, schien sie kooperativ zu sein. Doch trotz ihres »Wunsches mitzuarbeiten« lehnte sie die Teilnahme an irgendwelchen Aktivitäten oder das Befolgen anderer Routineregelungen als zu aufregend und zu erschöpfend ab. Obwohl keinerlei Druck ausgeübt wurde, um sie zu veranlassen, sich den üblichen Gepflogenheiten anzupassen, geriet sie in höchst agitierte Zustände und entwickelte einen starken Tremor, der bisweilen so heftig war, daß sie nicht in der Lage war, aufzustehen. Auch wenn sie sich selbst dazu zwang, an Aktivitäten der Klinik teilzunehmen, zeigte sie ähnliche Störungen.

Während der zweiten Woche ihres Aufenthalts in der Klinik kam es zu einem Zwischenfall, der zu der Sanftheit und Zurückhaltung, die sie zur Schau trug, nicht so recht passen wollte. Anna lehnte es glattweg ab, von einem Medizinstudenten interviewt zu werden, eine Routineangelegenheit in einem Lehrkrankenhaus; sie hielt energisch an ihrem Beschluß fest und benahm sich ziemlich unverschämt. Ihre Ablehnung, erklärte sie, habe nichts mit dem Medizinstudenten als Person zu tun, ihr Entschluß sei vielmehr bereits gefallen, ehe sie ihn überhaupt kennengelernt hätte. Als wir uns mit den Gründen für ihr Verhalten beschäftigten, äußerte sie Überraschung darüber, daß disziplinarische Konsequenzen ausgeblieben waren. Die Nachsicht gegenüber ihrer Nichtbeteiligung an den Aktivitäten des Krankenhauses war ihr nicht geheuer; sie hatte in der ständigen Furcht gelebt, bestraft zu werden, weil sie die Regeln des Krankenhauses nicht einhielt. Sie wollte nachweisen, daß sie *nicht* gezwungen werden konnte, etwas zu tun, das nicht zu tun sie sich einmal in den Kopf gesetzt hatte, und sie wollte die »Courage« ihrer neuen Therapeutin auf die Probe stellen. Es abzulehnen, von einem Medizinstudenten interviewt zu werden, hieß, mehrere Leute in der Klinikhierarchie vor den Kopf zu stoßen; sie wollte herausfinden, wie weit ihre unerfahrene Therapeutin hinter ihr stehen würde, auch wenn sie sich selbst damit Ärger zuzog. Anschließend kam viel Material über die destruktive Bedeutung von »Gehorsam« in ihrem Leben zum Vorschein. Der Zwang zu gehorchen hatte bei der Entwicklung ihrer Krankheit eine wichtige Rolle gespielt, und sie hatte das Gefühl, sie sei es nicht wert, daß man sich ihretwegen besondere Mühe gebe. Annas Behandlung führte zu einem überraschend guten Erfolg; einige der bedeutsamen Heilungsschritte sollen später erörtert werden (Kapitel 7).

Andere Patienten setzen einen neuen Therapeuten unter Umständen noch direkter, ja sogar unverhohlen feindselig herab, gewöhnlich, indem sie ihn mit einem früheren Therapeuten vergleichen, ein Vergleich, der nicht zugunsten des neuen Therapeuten ausfällt. Meistens geschieht dies, wenn eine therapeutische Beziehung sich vertieft und gute Fortschritte erzielt werden, Fortschritte, die plötzlich unterbrochen werden, weil der Therapeut nach Beendigung seiner Ausbildung das Krankenhaus verläßt. Solch ein Wechsel der Therapeuten, wenngleich im allgemeinen nicht wünschenswert, kann durchaus konstruktiv eingesetzt werden, sofern er, als bedauerliches, doch unvermeidbares Lebensereignis, geschickt gehandhabt wird und mit einer aufgeschlossenen, konstruktiven Bewertung dessen einhergeht, was bislang erreicht worden und was an Problemen noch nicht behandelt ist. Nicht selten bietet ein solcher Wechsel Gelegenheit, Aspekte der therapeutischen Interaktion zutage zu fördern, die dem Patienten bis dahin verborgen geblieben sind, zuweilen auch dem früheren Therapeuten. Dabei können viele andere Verwaltungsprobleme und Mißverständnisse zum Vorschein kommen und Material mit sich bringen, das der psychotherapeutischen Untersuchung dienlich ist.

Medikation

Die Einführung von Tranquilizern und anderen Medikamenten hat das Feld der Psychotherapie vergrößert, allerdings auch neue Komplikationen im Gefolge gehabt, die im Kontext jedes Einzelfalles bedacht sein wollen. Vor Entwicklung der Psychopharmaka war die Psychotherapie eine wirksame Behandlungsmethode zur Linderung verheerender, desintegrierender Folgen panischer, alles erfassender Angst. Die frühen Therapeuten fühlten sich imstande, Angst durch geschickte Intervention zu mildern. Auch heute noch lehnen manche Therapeuten es ab, Medikamente zu verabreichen, die Einfluß auf die psychische Verfassung nehmen, und begründen ihre Haltung mit der Überzeugung, daß der Patient die Quellen seiner Angst verstehen, den auslösenden Konfliktstoff durcharbeiten und seine Fähigkeit zur Belastbarkeit erkennen muß, wenn er sich zu einem wahrhaft integrierten Menschen mit voller Einsicht in seine Probleme entwickeln soll. Einige Therapeuten hegen Zweifel, ob »Lernen«, Bestandteil jeder Psychotherapie, effektiv sein und Bestand haben kann, wenn der Patient während des Lernvorganges unter dem Einfluß von Psychopharmaka steht. Als anderes Extrem erweckt überschwengliche Werbung für Psychopharmaka den Anschein, als hätten die neuen Medikamente die Probleme psychischer Störungen gelöst und die Psychiatrie in den Rang eines »medizinischen« Spezialfachs erhoben. Keine der beiden Ansichten ist vollkommen richtig.

Vorausgesetzt, die Mittel werden nicht in Dosierungen verabreicht, die den Betreffenden seine Probleme völlig vergessen lassen und ihn zum Schwachkopf degradieren, sind Psychopharmaka wertvolle Zusatz- und Hilfsmittel der Psychotherapie, denn sie ermöglichen es zuvor unzugänglichen Patienten, etwa einem desorganisierten Schizophrenen, sich leichter auf eine hilfreiche therapeutische Beziehung einzulassen. Vor allem gewinnt mit ihrer Hilfe die Behandlung eine zeitliche Perspektive, die innerhalb der gesamten Lebensspanne des Patienten realistischer anmutet als die schier endlose therapeutische Zuwendung, die sich in frühen Berichten über die Psychotherapie der Schizophrenie widerspiegelt.

Manche junge Psychiater fühlen sich so abhängig von psychotropen Drogen, daß sie für sich den Schluß gezogen haben, Behandlung ohne derartige Mittel sei unmöglich oder mit unerträglicher Belastung für den Patienten verbunden. Die wenigen hier skizzierten Falldarstellungen von Behandlungen während meiner Ausbildung, zu einer Zeit also, da es noch keine psychotropen Drogen gab, sollen zeigen, daß sich wirksame Therapie nur mittels psychotherapeutischer Intervention durchführen läßt, ohne daß Geduld und Standfestigkeit des Patienten auf eine allzu harte Probe gestellt würden. In Zuständen der Agitiertheit oder Erregung erhielten die Patienten lediglich die traditionellen Sedativa. Zu jener Zeit hatte man gerade begonnen, Elektroschocks zu verabfolgen. Man propagierte sie als Allheilmittel bei Schizophrenie und allen anderen psychischen Störungen, pries sie mit der gleichen unkritischen Begeisterung an, mit der man heute für psychotrope Präparate wirbt.

Insgesamt beginnt sich zwischen Gebrauch von Psychopharmaka und dem Einsatz von Psychotherapie ein vernünftiges Gleichgewicht einzupendeln, auch wenn manche junge Ärzte von heute Psychopharmaka mit solcher Phantasielosigkeit verabreichen oder jedesmal, wenn die Behandlung schwierig wird, ihre Zuflucht zu solchen Mitteln nehmen, daß ihnen überhaupt nicht aufgeht, wie sehr sie mit dieser Handlungsweise ihre Überzeugung verraten, daß Psychotherapie wirksam sein kann. Auf der anderen Seite glauben einige hartnäckig konservativen Psychotherapeuten, man beeinträchtige die therapeutische Beziehung, verstärke die Abhängigkeit des Patienten oder verfälsche gar das Bild des Therapeuten in das eines Zauberers, wenn man dem Patienten irgend etwas »gebe«. Es kann gar kein Zweifel daran bestehen, daß Tranquilizer bei schweren Angstzuständen, Depressionen und

Desorganisationsphasen nützlich und sinnvoll sind, doch auf der anderen Seite kommt man auch nicht um die Tatsache herum, daß manche Patienten die Verabreichung eines Medikaments als magische Handlung interpretieren. Das kann zum Problem werden, wenn der Therapeut sich dieser Tatsache nicht bewußt ist oder sich tatsächlich wie ein Magier verhält. Tranquilizer oder Antidepressiva zu verschreiben, ohne sich darüber im klaren zu sein, daß damit neue Parameter in das therapeutische Feld eingeführt werden, kann schwere Störungen der therapeutischen Interaktion zur Folge haben, während klares Erfassen der Situation die Verwendung psychotroper Mittel als nützlich erweisen und die Behandlungszeit unter Umständen abkürzen kann. Der springende Punkt ist, daß solche Medikamente nicht als Ersatz für eine sinnvolle therapeutische Beziehung angeboten werden sollten. Auch wenn Psychopharmaka einen lindernden Einfluß auf die schlimmsten und destruktivsten Symptome ausüben, sie können die den Symptomen zugrunde liegenden symbolischen Defizite und gestörten Lebenserfahrungen nicht verbessern oder korrigieren.

Auch für den Fall, daß der Therapeut diese Gedanken gegenwärtig hat, kann der Patient dennoch den Empfang von Medikamenten auf höchst unterschiedliche Art und Weise erleben, und den jeweils anfallenden Problemen und ihren Ursachen muß in der Therapie offen und unverhohlen nachgegangen werden. Der Patient kann das Gefühl haben, der Arzt »kontrolliert« ihn durch die Pillen, und genau das kann dem ängstlichen Therapeuten unterlaufen, das heißt, er kann glauben, seine Leistung und Funktionstüchtigkeit hingen von den Pillen ab. Andere Patienten haben das Gefühl, all das Sprechen, Erzählen von Phantasien und Träumen und dergleichen, all das sei nichts als leere Worte, der Preis, den man für ein Rezept zu zahlen habe – denn die Pillen seien die wirkliche Therapie. Das Verschreiben von Medikamenten kann auch als Eingeständnis der Niederlage erfahren werden, als Eingeständnis des Therapeuten, daß er in Wahrheit nicht an die Wirksamkeit der therapeutischen Interaktion glaubt. Solche

Interpretationen seitens der Patienten sind nicht in jedem Fall unrichtig. Manche Therapeuten empfinden es als ein Art Verlust, wenn sie nichts verschreiben können, und Patienten bemerken dies unter Umständen, wenn der Therapeut sich nicht sicher ist, eine Beziehung herstellen oder aufrechterhalten zu können.

Je unreifer und abhängiger ein Patient ist, desto eher wird er dazu neigen, in der Verschreibung von Medikamenten einen symbolischen Ersatz für psychologische Geschenke zu sehen. Er hat die Therapie in der Erwartung aufgenommen, der Therapeut werde ihm etwas Besonderes geben und ihm Fähigkeiten vermitteln, die über eine Zunahme an Selbstvertrauen und Macht, an Reife und Unabhängigkeit seine Heilung bewirken werden. Solche Phantasien und Fehleinschätzungen müssen aufgedeckt werden, und es ist notwendig, daß der Patient verstehen lernt, daß er zwar all die erwünschten Fähigkeiten erwerben kann, dies aber nur zu leisten imstande ist, wenn er aktiv an der Therapie teilnimmt und von sich aus einen Wachstums- und Entwicklungsprozeß durchmacht.

4. Der Patient spricht

Man hat die Psychoanalyse auch »talking cure« genannt, »Heilung durch Sprechen«, und in der Tat ist das Sprechen, der Austausch von Worten, auch heute noch die augenfälligste Kommunikationsform der Psychotherapie. Doch die Realität der therapeutischen Beziehung und Auseinandersetzung ist nicht einfach nur verbaler Natur, und in der Psychotherapie vollzieht sich doch erheblich mehr als nur ein Austausch von Worten und Informationen.

Befürchtungen und Erwartungen

Psychotherapeutische Patienten unterscheiden sich nicht nur beträchtlich hinsichtlich der Beschwerden, mit denen sie in die Sprechstunde kommen, sondern auch hinsichtlich ihrer Erziehung, ihres kulturellen Hintergrundes und ihrer Vorstellungen über Sinn und Zweck der Psychotherapie. Alte Befürchtungen und Vorurteile leben fort, Befürchtungen und Vorurteile der Art, Psychiatrie und Psychotherapie befaßten sich mit Irren, mit Verrückten. Hartnäckig halten sich Vorstellungen wie solche, es sei unwürdig und unanständig, sich und anderen einzugestehen, daß man Hilfe bei der Bewältigung von persönlichen Problemen braucht, und die Krankheit, unter der man leide, sei nichts Reales, sondern offenbare lediglich eine Schwäche, für die man ganz allein verantwortlich sei.

Eine negative Einstellung zur Psychotherapie und unverhohlen geäußerte Zweifel über die Notwendigkeit psychotherapeutischer Hilfe oder über den Wert von Psychiatrie und Psychotherapie schließen einen guten Behandlungserfolg keineswegs aus. Tatsächlich habe ich sogar festgestellt, daß eine solche Einstellung ansprechbarer ist auf therapeutische Interventionen als überenthusiastische Äußerungen von Vertrauen in die Psychotherapie oder in den Therapeuten. Natürlich machen eine durch nichts zu erschütternde Unfähigkeit zur Introspektion und deren sprachliche Darstellung oder die strikte Ablehnung eines solchen Verhaltens die Klärung psychischer Grundkonflikte schwierig, wenn nicht unmöglich. Diese Form extremen Negativismus wird zum Behandlungsproblem bei Patienten, die gegen ihren Willen in eine therapeutische Institution eingewiesen worden sind, oder in Fällen, in denen Patienten ihre Symptome tatsächlich als wünschenswert ansehen. Patienten mit einer Anorexia nervosa (starke Abmagerung aufgrund psychischer Ursachen; Anm. d. Übers.) behaupten für gewöhnlich, mit ihnen sei alles in Ordnung, sie seien »nicht zu dünn«; im Gegenteil, sie befürchten sogar, sie würden zu dick. Andere Patienten protestieren unter Umständen nachdrücklich gegen eine psychotherapeutische Behandlung, auch wenn sie sich ihr in Märtyrerhaltung unterwerfen.

Jeder Patient kommt mit einer Einstellung in die Therapie, die neben realistischen Erwartungen auch irrationale Elemente enthält. Psychotherapie hat die spezifische Aufgabe, irrationale Faktoren ans Licht zu bringen und zu korrigieren, selbst solche Faktoren, die zur allgemeinen kulturellen Einstellung gehören, denn unaufgedeckt können solche Faktoren den Behandlungsverlauf erschweren. Auch wenn den Patienten klar ist, daß Psychotherapie etwas anderes ist als gewöhnliche medizinische Behandlung, so statten sie den Therapeuten dennoch mit den gleichen Merkmalen aus, die unsere Kultur dem Arzt zuschreibt, nämlich mit Spezialwissen, Prestige, Autorität und der Fähigkeit zu helfen. Die Menschen erwarten von der Psychotherapie Hilfe bei Lebensproblemen, mit denen sie nicht allein fertig werden können. Man sucht einen Therapeuten auf und kommt auch weiterhin zu ihm, weil man den Wunsch verspürt, sich von Unsicherheiten, Hilflosigkeit und Alleinsein zu befreien, das heißt, weil man so etwas wie Gesundheit anstrebt. Diese Hoffnung auf Hilfe und dieser Wunsch nach Hilfe sind wichtig für die Bindung, die sich zwischen Therapeut und Patient entwickelt, eine Bindung, die sich auf jeden Fall entwickeln wird, unabhängig von den Berufsjahren und dem Lebensalter des Therapeuten.

Der Patient muß herausfinden, daß ihm nichts »gegeben« wird, daß Therapie ein Prozeß ist, zu dem das aktive Bemühen gehört, sich selbst zu verstehen. Um dies zu erreichen, muß er seine eigenen Energiequellen mobilisieren und seine Möglichkeiten und Fähigkeiten entfalten. Es ist wichtig, gleich zu Beginn der Behandlung die Vorstellungen des Patienten von »psychotherapeutischer Hilfe« zu klären, und dazu ist es unter Umständen notwendig, die Vorstellungen wiederholt durchzuarbeiten, bis der Patient begreift, daß er tatsächlich in aktiver Weise am therapeutischen Prozeß teilzunehmen vermag, auch wenn er weiterhin die Hoffnung hegt, all die gewünschten Eigenschaften – Selbstvertrauen, Beliebtheit, sexuelle Potenz, Attraktivität und so weiter – vom Therapeuten zu bekommen.

Besondere Probleme sind bei der Behandlung von Patienten zu gewärtigen, die geistig gewandt und intellektuell erscheinen und die sich sprachlich ziemlich gekonnt darüber verbreiten können, daß ihnen klar ist, worum es sich bei der Psychotherapie handelt, Patienten also, die für gewöhnlich als gut motiviert, kooperativ und als aussichtsreiche Anwärter auf eine erfolgreiche Therapie eingestuft werden. Ein solcher Patient mag sich nichtsdestoweniger der Phantasie hingeben, für sein Problem gebe es das richtige Rezept, die richtige Antwort, und eines schönen Tages werde ihm der Therapeut als Belohnung für gutes Verhalten dieses Rezept mitteilen und ihn auf diese Weise heilen. Selbst Menschen, von denen man aufgrund ihrer beruflichen Stellung oder ihrer Bildung erwartet, daß sie Bescheid wissen, gehen an die Psychotherapie mit der Einstellung heran, die sich in die Worte kleiden läßt: »Ich erzähle Ihnen alles, und dann wissen Sie, was mit mir los ist, und können mir sagen, was zu geschehen hat.« Wenn diese Frage nicht geklärt ist, dann führt Enttäuschung nicht selten zu wachsender Abneigung und zu finsterer, kaum verhüllter Feindseligkeit, die aus dem Gefühl erwächst: »Sie geben mir nicht, was ich erwarte und was mir zusteht« oder: »Sie enthalten mir vor, was Sie wissen.« Die anscheinende Vertrautheit des Patienten mit der psychoanalytischen Terminologie sollte nicht zu der Annahme verleiten, der Patient brauche eine solche Klärung und grundlegende Festlegung von Behandlungszielen nicht. Gleichgültig, was der Therapeut versteht oder schließlich in einem anderen Licht sieht, der Patient wird allein durch die Aufdeckung all der Verästelungen seiner Beschwerden und Leiden sein Leben unter einem ganz anderen Blickwinkel zu sehen lernen. Auf diese Weise wird er auch die psychischen Fähigkeiten ausbilden, um konkret etwas gegen seine Schwierigkeiten tun zu können.

Zur therapeutischen Exploration gehört eingehende Erörterung der privatesten Lebensaspekte eines Patienten. Die meisten Patienten, wenngleich keineswegs alle, sind bis zu einem gewissen Maße darauf vorbereitet, doch sie empfinden unter Umständen Selbstenthüllungen nichtsdestoweniger als schmerzlich quälenden, unbarmherzigen Einbruch in ihre Privatsphäre. Die Bemerkung eines jugendlichen Patienten gegenüber einem Freund, ein Psychiater sei ein Mensch, »der einen dazu bringt, sich selbst zu verraten«, bringt kurz und bündig zum Ausdruck, was viele andere Patienten empfinden. Die meisten sind informiert genug, um akzeptieren zu können, daß sie über ihre sexuellen Praktiken und Phantasien zu sprechen haben, und sie tun es mit einer gewissen mutigen Entschlossenheit, »alles zu erzählen«. Viele Patienten empfinden es als viel schwieriger, sich über offensichtlich triviale Themen auszulassen, über anscheinende Banalitäten wie über die Verlegenheit angesichts des eigenen Körpers und seines Mangels an Vollkommenheit, das Eingeständnis kleinlicher Eifersüchteleien, Mißgunst oder Unehrlichkeiten, snobistische Einstellungen gegenüber der eigenen gesellschaftlichen Stellung oder peinliche Empfindungen angesichts der von Kultur wenig geprägten eigenen Lebensgeschichte. Was als Widerstand erscheint, ist häufig zum großen Teil bewußte Besorgnis darüber, in weniger günstigem Licht dazustehen, als man sich anfangs dargestellt hat, ist Angst davor, auch nur einen flüchtigen Blick hinter die sorgfältig aufgerichtete Fassade zu erlauben, die ein basales Minderwertigkeitsgefühl verbergen soll.

Einem solchen Patienten fällt es am schwersten, jene Regel zu befolgen, die da lautet, schlicht und einfach ehrlich zu sein. Manche Zwangskranke unternehmen große Anstrengungen, die eigentlichen Tatsachen zu verschleiern, nicht anzurühren, was nach ihrer Meinung Belanglosigkeiten sind, im nächsten Satz anders darzustellen, was sie gerade gesagt haben, oder ihre Äußerungen von einer Sitzung zur anderen völlig zu verändern – alles in dem übertriebenen Bemühen, den Schein zu wahren. Für solche Patienten ist der Behandlungsprozeß kein gewöhnliches Unternehmen, kein Arbeitsbündnis, sondern eine feindselige Auseinandersetzung, deren wichtigstes Ziel darin besteht, »zu gewinnen«, den Therapeuten, den »Gegner«, zu überlisten und auszutricksen. Das ist natürlich keine bewußte Einstellung mehr, sondern das Ergebnis eines seit der Kindheit sich abspielenden Prozesses, ein Ergebnis, das in die therapeutische Beziehung eingebracht wird.

Die Erwartungen von Patienten sind geprägt von dem, was sie gehört oder gelesen haben, und schließlich auch von Erfahrungen in früheren Behandlungen. Wer als »Experte« über seine Komplexe, über den »Ödipuskram« oder das »anale Zeug« spricht oder wer sich ständig darüber verbreitet, er habe Ärger und Schwierigkeiten mit »Autoritätspersonen«, der dürfte kaum seine wahren Gefühle offenbaren, Gefühle, wie er sie mit Menschen im täglichen Leben oder mit dem Therapeuten erfährt. Andere Patienten äußern Mißtrauen oder Feindseligkeit unvermittelter und behaupten, frühere Kontakte zu Therapeuten hätten sie dazu gebracht.

Frühere Therapien

In diesem Zusammenhang möchte ich das Beispiel eines Patienten anführen, der seine früheren therapeutischen Erfahrungen unverarbeitet in die neue Beziehung einbrachte. Jim, ein Mann von achtundzwanzig Jahren, der zehn Jahre zuvor einen psychotischen Einbruch erlitten hatte, suchte mich wegen einer Nachbehandlung auf, nachdem er aus einer anderen

Stadt nach New York umgezogen war. Er fühlte sich unfähig, echte Anstrengung auf seine Arbeit zu verwenden, hatte Schwierigkeiten mit seinen Kollegen wie auch in seiner Ehe. Seine frühere Behandlung beschrieb er als erfreulich; nach seinen Worten hatte er mit seinem Analytiker in einem freundschaftlichen Wettbewerb darüber gestanden, wer als erster die symbolische Bedeutung der langen Träume Jims und seiner weitläufigen Gedankenassoziationen entdeckte. Auch jetzt noch verwandte er viele Stunden darauf, über seine Träume nachzudenken, hatte allerdings das Gefühl, dadurch werde er daran gehindert, seine Doktorarbeit fertigzustellen. Seinem Empfinden nach war die damalige therapeutische Beziehung warmherzig und freundschaftlich gewesen, ohne unverhüllte Äußerungen von Wutgefühlen, und dies, obwohl er ständig zu spät zu den Sitzungen erschienen war und meinte, dies sei seine Art und Weise, Feindseligkeit zu bekunden. Ich gab der Hoffnung Ausdruck, er werde nun uneingeschränkten Gebrauch von seiner Behandlungszeit machen und seine Gefühle unvermittelter äußern können. Zu seiner eigenen Überraschung erschien Jim pünktlich zu den angesetzten Stunden. Eines Tages, es war zwanzig Minuten nach der ausgemachten Zeit, klingelte die Türglocke wie wild. Jim glühte im Gesicht und erklärte, den Blick auf seine Armbanduhr gerichtet, in anklagendem Ton: »Sie haben mich zwanzig Minuten warten lassen. Die Uhrzeit stimmt.« In der Vergangenheit hätte er seine Wut nicht ertragen können, sondern wäre sich in Ausflüchte über die Zeit ergangen, hätte womöglich erklärt, es könne sein, daß er sich in der Uhrzeit geirrt hätte. Jetzt nahm er auch eine Entschuldigung dafür an, daß ich ihn hatte warten lassen. Anschließend gab er zu, er sei bereits bei seiner Ankunft aufgeregt gewesen, weil er zu spät gekommen sei, wenn auch unbeabsichtigt; da er sicher war, dies würde als »feindselig« gedeutet, betätigte er die Türklingel zu Anfang ganz sacht. Die Tür zu meinem Sprechzimmer war nur angelehnt, und Jim konnte mich sprechen hören; das Sprechen hörte dann auf, was er ganz richtig als Beendigung eines Telefongesprächs interpretierte. Als er nicht sofort in das Sprechzimmer gebeten wurde, geriet er in schreckliche Wut, weil er das Gefühl hatte, er solle für seine feindseligen Regungen bestraft werden.

Für Jim war es eine regelrechte Offenbarung, als er sich klarmachen mußte, daß Pannen und Mißgeschicke eintreten können, ohne daß damit eine finstere Bedeutung verbunden ist, und daß eine Abfolge von Ereignissen ganz einfach dadurch erklärt werden kann, daß man sich vor Augen hält, was tatsächlich geschehen ist. Ich hatte bereits vorher bemerkt, daß Jim dazu neigte, sofort, allerdings häufig unberechtigt, Schlüsse über Motivationen zu ziehen, doch bis zu jenem Ereignis hatten auch wiederholte Erörterungen keinerlei Wirkung gezeigt. Es stellte sich heraus, daß seine fast automatische Besetzung auch der geringfügigsten Mißgeschicke mit emotionaler Bedeutung etwas mit seiner Mutter zu tun hatte, die ständig psychologisierte und eine Tatsache niemals als Tatsache hinnehmen konnte, sondern ihr stets eine geheimnisvolle, für gewöhnlich feindselige Bedeutung unterlegte. In geringerem Maße hatte seine Einstellung auch mit seinen Erfahrungen in der früheren Therapie zu tun, doch dort war seiner Neigung nicht nachgegangen worden. Nun erkannte er zum erstenmal, daß seine Motivations-»Deutungen« seine Fähigkeit zu wirksamen Handlungen untergraben und ihn immer wieder zu Streitigkeiten mit seinen Mitarbeitern verleitet hatten. Er hatte nie verstanden, wie andere Menschen den Unterschied zwischen absichtsvollem Verhalten und zufälligen Ereignissen erkennen. Während der sorgfältigen Durcharbeitung dieses Themas hatte Jim zum erstenmal das Gefühl, daß er aktiv am Behandlungsprozeß teilnahm, daß er begriff, was da ablief, und daß seine Rolle sich nicht darauf beschränkte, abzuwarten, bis ihm plötzlich die Offenbarung zuteil wurde, daß er inkompetent oder feindselig sei.

Kommunikationsstil
Darauf zu achten, in welchem Sprachstil ein Patient über sich spricht, kann dazu führen, daß sich für das Verständnis seiner Probleme gleichsam eine neue Erfahrungsdimension auftut.

Bart, ein Patient, der immer eng mit seiner Mutter zusammengelebt hatte, war zu der Erkenntnis gekommen, daß er es verabscheute, wie sehr seine Mutter sich in all seine Lebensbereiche drängte. Obwohl er über seinen Zorn und seine Wut viel sprach, wobei anscheinend angemessene Emotionen zum Vorschein kamen, ließ seine Symptomatik keine wirkliche Änderung erkennen. Wenn er über Erinnerungen berichtete, die ihn aufbrachten, oder von aktuellen Streitigkeiten mit seiner Mutter erzählte, dann erklärte er gewöhnlich mit weinerlicher Stimme: »Dann passierte mir etwas« und ging dazu über, seine Reaktionen zu schildern. Als ihm dieser manieristische Gebrauch passivischer Wortformen deutlich gemacht wurde, ohne daß damit Erörterungen über den Inhalt des »etwas« verbunden gewesen wären, begann ihm allmählich aufzugehen, daß er auf diese Weise indirekt die Verantwortung für die von ihm so lebhaft, häufig übertrieben geschilderten Gefühle von sich gewiesen hatte, denn so konnte er sich an die Illusion klammern, ein süßer hilfloser Junge zu sein, der in Wirklichkeit derart vulgäre Emotionen überhaupt nicht verspüren kann. Erst als Bart solche Gefühle als seine eigenen akzeptierte, machte er wirkliche Fortschritte und trat in einen Prozeß innerer Reifung ein.

Ein anderes Fallbeispiel ist Greta, die im Alter von fünfzehn Jahren eine Anorexia nervosa entwickelt hatte, von der sie später meinte: »Das war die einzige Gegenwaffe.« Ihre Lebensgeschichte faßte sie in dem Satz zusammen: »Meine Mutter verhielt sich mir gegenüber psychologisch überbeschützend, und mein Vater verwöhnte mich materiell.« Bei guter medizinischer Versorgung und stützender psychotherapeutischer Behandlung nahm sie wieder an Gewicht zu und konnte die höhere Schule beenden. Greta wollte Schauspielerin werden, doch jedesmal, wenn sie Gelegenheit hatte, in einem Theaterstück aufzutreten, geriet sie in Episoden depressiver Verstimmungen und zwanghaften Essens. Schauspielerin sein war für sie die Erfüllung exhibitionistischer Phantasien, hieß für sie, ein hübsches kleines Mädchen zu sein, das auf der Bühne steht, von allen bewundert und mit

Beifall bedacht, in erster Linie allerdings von seinen Eltern. Sie erkannte, daß sie eine Ausbildung brauchte, und nahm Schauspielunterricht, als es ihr einigermaßen gut ging. Doch bei der geringsten Kritik flüchtete sie sich in Freßorgien und jammerte: »Obwohl ich so schwer arbeite wie nur irgend jemand, habe ich doch keinen Nutzen davon.« Eines Tages bot ich ihr diesen Satz in einer anderen Formulierung an: »Mit anderen Worten, Sie können nicht so gut schauspielern, wie Sie erwarten.« Greta schwieg eine Weile und fragte dann: »Sie meinen, wir können meine Eltern nicht für alles verantwortlich machen?« Sie begann einzusehen, daß ihr Selbstbild, die Vorstellung, die sie von sich hatte, das völlig passive Produkt des Verhaltens ihrer Eltern war und daß sie sich nach Bewunderung und Lob sehnte, um sich auf diese Weise ihres Erfolges zu vergewissern.

Wenn der Therapeut den Sprachgebrauch des Patienten aufmerksam beobachtet, kann er ihm in der tagtäglichen Interaktion auf indirekte Weise vermitteln, daß er ein Mensch ist, der zu eigenen Gedanken, Gefühlen und Eindrücken fähig ist, daß er kein Sprachrohr ist, das lediglich all das wiederholt, was andere ihm zu denken und zu fühlen befohlen haben. Das läuft hinaus auf eine mit dem Patienten gemeinsam unternommene eingehende Prüfung seiner psychischen Energiequellen und seiner Entwicklungsmöglichkeiten. Die Tatsache, daß ihm *zugehört wird,* daß ihm nicht *von irgend jemandem gesagt wird,* was er eigentlich denken und fühlen soll, dies allein ist schon eine wichtige neue Erfahrung – die Erfahrung, daß er und das, was von ihm kommt, beachtenswert sind.

Bisweilen nimmt es dramatische Formen an, wenn der Patient erkennen muß, daß der Therapeut ein richtiges Gespür für seine Probleme hat. Tanja, ein Mädchen von achtzehn Jahren, brauchte Hilfe bei ihrem tiefgehenden Gefühl, isoliert zu sein, doch in ihren Äußerungen über sich selbst war sie ausnehmend vage und mochte sich in keiner Weise festlegen. Über andere hingegen äußerte sie sich unverblümt, setzte sie herab und zog in sarkastischer Weise über sie her; ihre bevorzugten Angriffsziele waren Psychotherapeuten und Geistliche, denen sie übelnahm, daß sie offensichtlich selbst Probleme haben, obwohl ihnen nachgesagt wird, sie verstünden alles: »Wenn sie nicht perfekt sind, welches Recht haben sie dann, anderen ihre Ansichten aufzuzwingen?« Eines Tages, als Tanja sich wieder einmal weitschweifig in Klatsch über einige Psychiater erging, machte ich sie auf gewisse Widersprüche in ihren Worten aufmerksam. Da brach sie in Tränen aus, eine Gefühlsreaktion, die in keinem Verhältnis stand zu der anscheinenden Oberflächlichkeit ihrer spaßigen Bemerkungen. Als ich sie fragte, was an meiner Äußerung einen empfindlichen Punkt bei ihr getroffen habe, erklärte sie:»Sie haben doch zugehört, Sie haben zugehört!« Sie weinte vor Erleichterung, daß sich etwas Neues ereignet hatte; ich hatte sogar ihre trivialen und boshaften Bemerkungen aufmerksam verfolgt.

Das Gefühl des Alleinseins, unter dem Tanja sogar als Kind gelitten hatte, war darauf zurückzuführen, daß sie niemals das Gefühl gehabt hatte, ihre Eltern hörten ihr wirklich zu. Ihr Vater war zu beschäftigt und eine zu wichtige Person; er interessierte sich nur für große Dinge. Ihre Mutter erklärte ihr zwar, sie wolle alles wissen, was sich im Leben ihrer Tochter abspiele, doch sie bemerkte überhaupt nicht, wenn Tanja etwas Unsinniges oder Widersprüchliches erzählte. Aufgrund dieser Erfahrungen, zumindest aufgrund dessen, wofür sie standen, war Tanja zu der Überzeugung gekommen, daß Erwachsene sich in Wirklichkeit überhaupt nicht für Kinder interessieren und daß Kinder dazu veranlaßt werden, sich in ihrem Verhalten den Launen der Erwachsenen zu fügen, ohne daß die Erwachsenen einen Gedanken darauf verschwenden, welche Bedürfnisse die Kinder tatsächlich haben. So war sie zeit ihres Lebens überzeugt gewesen, daß ihr alles, was sie tat oder was man von ihr erwartete, aufgezwungen wurde und daß ihre Handlungen auch nicht das geringste mit ihrem Leben zu tun hatten.

Im Anschluß an diesen Zwischenfall gab Tanja Stück für Stück einige der Phantasien preis, die sie völlig in Anspruch nahmen, Phantasien, mit denen sie ihre Zeit vertrieb und die sie der Gesellschaft junger Leute vorzog, wodurch sie den

Anschein erweckte, als sei sie völlig in sich zurückgezogen. »Ich habe zwei Welten, und die bessere Welt ist meine Traumwelt. Ich bin immer ein wenig in dieser Welt und hasse es, wenn man mich da herausholen will; doch man kann sich ja immer verstellen. Als Sie mir zuhörten, war ich völlig aus meiner Traumwelt gerissen, von der niemand Kenntnis nehmen wollte. Die reale Welt ist etwas Festes, die Dinge bleiben an Ort und Stelle, doch die beiden Welten zusammen sind etwas Fließendes, die Dinge verändern sich.«

Nicht-verbale Kommunikation

Wie bei jedem menschlichen Kontakt wird auch in der Psychotherapie mehr als nur mit Worten kommuniziert. Die einfache Tatsache, daß man regelmäßig zusammenkommt und seine Zeit in dem selben Raum verbringt, dürfte mindestens genauso, wenn nicht mehr, Ausdruck einer klaren Bindung und Verpflichtung sein, als wenn der Patient spricht, schweigsam oder mürrisch ist, Fragen stellt, lächelt oder weint.

Bisweilen benutzen sprachgewandte Patienten Worte, um etwas zu verbergen – oder den Therapeuten davon abzuhalten, die verborgenen Bedeutungen zu erkunden und herauszufinden. Schweigen kann kommunikativer sein; häufig ist es eine Bitte um Verständnis. *Wie* etwas gesagt wird, kann die Bedeutung dessen, *was* gesagt wird, verändern; unser ganzes Leben lang ist uns bewußt, daß wir zwischen den Zeilen lesen müssen, wenn wir eine Botschaft verstehen wollen. Auf bedeutungsvolle Gesten und Äußerungen zu achten ist genauso wichtig wie auf Worte zu lauschen, wenn wir einem Patienten zuhören. Sigmund Freud hat einmal bemerkt, wer Augen habe zu sehen und Ohren zu hören, der könne sich davon überzeugen, daß kein Sterblicher ein Geheimnis zu bewahren vermöge. Wenn seine Lippen schweigen, rede er mit den Fingerspitzen, und »Verrat« dringe ihm aus allen Poren.

In den letzten Jahren ist die Sinnfälligkeit nicht-verbaler Kommunikation zum Gegenstand eingehender wissenschaftlicher Untersuchungen geworden, und uns allen ist inzwischen klarer zu Bewußtsein gekommen, daß sie für den Ausdruck wichtiger Aspekte interpersonaler Beziehungen von großer Bedeutung ist. Hoffnungslosigkeit und Verzweiflung können sich in Körperhaltung, Gestik oder Tonfall klarer mitteilen als in noch so genauen Worten; oder jemand spricht eine zustimmende Äußerung in herausfordernd trotzigem Ton oder hat dabei die Fäuste geballt. Die Mitteilung eines Menschen kann man nur vollständig verstehen, wenn man die sich ändernden Gesten, Heiserkeit oder Klangfülle seiner Stimme, Erröten oder leichte Versteifung seines Körpers mitbeachtet, also die seine Worte begleitenden Ausdrucksweisen. Diese indirekten Botschaften können wichtige Hinweise über die zu erkundenden bedeutsamen Bereiche enthalten. Überdies zeigt wahrscheinlich nichts überzeugender, daß die therapeutische Kommunikation ein Zwei-Weg-Prozeß ist, als die nicht-verbalen Hinweise des Therapeuten selbst, die der Patient auf seine Weise interpretiert und die ihm anzeigen, ob sein Arzt entspannt und aufmerksam ist oder angespannt, verwirrt oder gar gelangweilt.

Bisweilen macht der Patient selbst auf die Bedeutung seiner Gesten aufmerksam. Peter, ein gescheiter, intelligenter Student, nahm eine Behandlung auf, weil er große Schwierigkeiten hatte, seine Diplomarbeit fertigzustellen, und er äußerte heftigen Unmut, daß er sich auf so viele unnötige Forderungen einlassen mußte. Es widerstrebte ihm, Gefühle über die Therapie zu äußern oder auch nur zuzugeben, daß er besondere Gefühle hatte, bis ihm eines Tages auffiel, daß er die Angewohnheit hatte, die Beine übereinanderzuschlagen, wenn er weniger redete oder das Reden ganz einstellte. Als Bedeutung dieses Verhaltens erkannte er den Wunsch, alles »bei sich zu behalten«, den Dingen nicht freien Lauf zu lassen, weil er befürchtete, er könne dem »Gegner« damit »Munition« liefern. Peter hatte sich angewöhnt, aus gegenwärtigen Ereignissen »Geschichte« zu machen, über sein Tun und Lassen Notizen anzulegen und selbst mitten in der Nacht aufzustehen, um in ein Tonbandgerät zu diktieren, was er damit begründete, er könne seinem Gedächtnis nicht trauen. Er hatte wirklich das peinigende Gefühl, etwas könne »ihn bloßstellen«, wenn er spontan redete. Als ich ihn vor der besagten Erkenntnis auf seine intellektualisierten Schilderungen hinwies, fühlte er sich angegriffen. Nachdem er die Bedeutung seiner Beinhaltung erkannt hatte, begann er, Gedanken und Gefühle, so wie sie ihm gerade einfielen, auszusprechen, unbeschadet der Folgen.

Therapeut und Patient haben viele indirekte Möglichkeiten, darüber zu kommunizieren, welche Gedanken und Gefühle sie voneinander haben. Selbst die Tatsache, zur Therapie angenommen zu werden, kann eine entmutigende Mitteilung enthalten, bestätigt sie doch die Befürchtung, daß »mit mir etwas nicht stimmt«, und macht die Hoffnung zunichte, für normal erklärt zu werden, als keiner Behandlung bedürftig. Andere Patienten haben das genau entgegengesetzte Gefühl, nämlich daß der Therapeut nicht erkennt, wie krank sie in Wahrheit sind, und sie nicht häufig genug empfängt. Und wieder andere sind enttäuscht, daß sie nicht auf die Couch sollen – denn nur das wäre für sie richtige Behandlung –, oder aber es tritt das Gegenteil ein, der Patient verspürt heftige Angst, wenn sich die Möglichkeit abzeichnet, daß er auf die Couch soll.

Dem Patienten stehen noch weitere Wege offen, um auf versteckte Weise mitzuteilen, was ihn beunruhigt, auch wenn dies in den therapeutischen Sitzungen nicht unmittelbar zur Sprache kommt. Dave, ein graduierter Student, kam zur Behandlung, weil er abwechselnd auf zwanghafte, verzehrende Weise in seiner Arbeit aufging und dann wieder in vollständige Gleichgültigkeit verfiel. Die Berufslaufbahn, die er eingeschlagen hatte, bereitete ihm Konflikte, denn er hatte das Gefühl, er verfolge sie nur, um seinen Vater zufriedenzustellen, der genau zu dem Zeitpunkt, als die Entscheidung gefallen war, daß er zur Universität gehen sollte, verstorben war. Er empfand es als Pflicht, die Laufbahn seines Vaters einzuschlagen, obwohl ihn ernste Zweifel plagten und es ihm auch an Motivation fehlte. Finanziell war er wohl versorgt, so daß sich ihm nicht einmal die Aufgabe stellte, für seinen Lebensunterhalt zu arbeiten.

Obwohl Dave offensichtlich auf die Behandlung einging und begierig nach Fortschritten war, kam er wiederholt zu spät zu den Sitzungen und entschuldigte sich vage und gereizt mit Parkschwierigkeiten. Einige Tage nachdem er sich schließlich doch entschlossen hatte, eine Laufbahn seiner eigenen Wahl einzuschlagen, erschien er pünktlich, fühlte sich locker und entspannt und sah wie erlöst aus. Er gestand, er habe auch ein anderes Dilemma gelöst. Dave hatte unter anderem von seinem Vater eine große schwarze Limousine geerbt und empfand es als geradezu peinlich, daß er als Student einen solch auffälligen Wagen fuhr, doch er konnte sich nicht von ihm trennen, da er ihm von seinem Vater hinterlassen worden war. Nachdem er das unvernünftige Maß an Bindung gegenüber seinem toten Vater durchschaut hatte, verkaufte er schließlich das große Monster von Auto und legte sich einen kleineren Wagen zu, der seinem Status als Student angemessen war und nicht jedermann zu erkennen gab, daß er ein »Erbe« war.

Träume
Anfänger in der Therapie lehnen es häufig ab, sich mit den Träumen von Patienten zu beschäftigen, weil dies bedeuten könnte, daß sie »Psychoanalyse betreiben«. Die meisten von ihnen haben einige unbestimmte Kenntnisse davon, daß der manifeste Trauminhalt nicht zählt, daß nur »Analyse« die wahre Bedeutung enthüllen könne, die verborgenen unbewußten Inhalte von Träumen, und daß der Patient zu jedem Wort »assoziieren« müsse, wenn man an den latenten Trauminhalt herankommen wolle. Nach dem klassischen Modell gelten Träume als »Königsweg (via regia) zum Unbewußten«. Wie alles in der Psychoanalyse, so haben auch Stellung und Deutung von Träumen erhebliche Wandlungen durchgemacht.
Unabhängig von den jeweiligen theoretischen Konzepten leisten Träume einen wichtigen Beitrag zum Verständnis dessen, was Leute bedrückt, vor allem bei Patienten, die sich nur zögernd offenbaren oder bei der Erforschung der ihren Symptomen zugrunde liegenden Gedanken und Gefühle ander-

weitig gehemmt sind. Träume sind als unbewußte Kommunikation Hinweise zu verborgenen Problemen, die einen Menschen beschäftigen, denen er aus dem Wege gegangen ist oder die nicht unmittelbar zugänglich sind. Träume sind ganz besonders nützlich bei der Arbeit mit Patienten, die unter dem Eindruck des Gefühls stehen, daß ihnen alles von außen aufgezwungen werde, daß ihre eigenen Gefühle und Gedanken nicht zählen; in solchen Fällen kann man darauf hinweisen, daß Träume im Patienten selbst entstehen und daß er durch sie in seiner eigenen Bildersprache erkennen läßt, wie er sich selbst oder seine Umwelt erlebt.

Eine junge Frau mit Namen Sharon leugnete trotz vieler ernster Schwierigkeiten, ihren Problemen lägen irgendwelche Unstimmigkeiten oder Konflikte mit ihrer Familie zugrunde. Sie hatte das Gefühl, sie benötige in Wahrheit keine intensive Behandlung, bis sie eines Nachts über das Sommerhaus der Familie träumte, von dem sie stets nur angenehme Erinnerungen berichtet hatte. Das Haus hat im dritten Stock einen Balkon mit Geländer, von dem aus man, in ziemlicher Höhe, den Garten überschauen konnte. Doch im Traum lag unten kein Garten, sondern eine Wasserfläche. Am Geländer hing ein Mann, der sich mit einer Hand festhielt, und die Patientin wußte instinktiv, daß er »schlecht« war. Sie hatte den Gedanken, ihn zu beseitigen, indem sie ihn vom Balkon ins Wasser drunten fallen ließ. Jemand zog den schlechten Mann an einem Bein, und eine starke, gesichtslose Person stieß mit einem Eimer gegen seine Hand, bis er schließlich hinunterfiel. Anschließend hatte sich Sharon der gleichen Prozedur zu unterziehen und hing vom Balkon herab, fiel dann vom Geländer und tauchte ins Wasser. Plötzlich ging ihr auf, daß sie nicht atmen konnte, und sie wachte in einem Anfall von Panik auf.

Der erschreckende Traum gab Sharon in gewisser Hinsicht die Erlaubnis, über die weniger vollkommenen Seiten ihres Lebens zu sprechen, über die Unsicherheit ihrer eigenen Stellung und über ihre vergeblichen Anstrengungen, ein fiktives Bild von Perfektion aufrechtzuerhalten, über ihre Hilflosigkeit in

Beziehung zu anderen. Träume kann man natürlich auf die unterschiedlichste Weise deuten; ich möchte hier verschiedene Aspekte darstellen, um die Nützlichkeit des *Prozesses* zu zeigen, der darin besteht, daß der Patient in offenerer Weise mit Lebensproblemen umgeht, die ihn in Angst und Schrecken versetzen.

Bisweilen enthüllt ein Traum den vergeblichen Kampf des Patienten gegen seine verworrenen Triebregungen in einem bestürzenden Bild. So träumte ein graduierter Student, der daran dachte, seine akademische Laufbahn aufzugeben, weil sie ihn unzufrieden ließ und in keiner Weise anzog, daß er durstig sei, zum Kühlschrank gehe und etwas Milch trinke. Da sein Durst noch nicht gelöscht war, trank er mehr, blieb jedoch durstig, wieviel Milch er auch zu sich nahm. Dann wachte er auf, verspürte Durst, wagte jedoch nicht zu trinken, weil er das Gefühl hatte, er könne noch soviel trinken, ohne daß sein Durst dadurch gestillt werde. Nach diesem Traum begann er sein Gefühlsleben zu erforschen, die emotionalen Aspekte seines Lebens, die seine Fähigkeit beeinträchtigten, Befriedigung zu erleben, statt weiterhin über seinen künftigen Beruf nachzugrübeln, sich Gedanken darüber zu machen, ob er sich dabei wohl fühlen werde oder nicht.

Zuweilen kann ein Traum die Gedanken eines Patienten über die Vorgänge in der Behandlung zum Vorschein bringen. So stellte sich heraus, daß die ständigen Äußerungen eines schwer depressiven achtzehnjährigen Mädchens, alles sei sinnlos, in Beziehung standen zu der kritischen Einstellung ihrer Eltern gegenüber seinem Bedürfnis nach Therapie. Sie träumte, sie habe eine Verletzung erlitten und ihr Bein läge in einem Gipsverband, der plötzlich in viele Stücke zerspringe, vertrocknete Haut und Muskeln mit sich reiße und den Knochen bloßlege. Niemand schien sich darum zu kümmern, sondern alle drängten sie vielmehr: »Mach schon, mach schon!«, und so hatte sie ihren Aufgaben nachzugehen, ob sie dazu in der Lage war oder nicht. Nach einem Monat wurde die Behandlung von der Familie als »nicht mehr notwendig« unterbrochen. Überflüssig zu sagen, daß die Patientin einen

Rückfall erlitt und von Selbsttötungsgedanken heimgesucht wurde.

Doch ein Traum kann auch das Gegenteil zum Ausdruck bringen und die Möglichkeit eines zufriedenstellenderen Lebens ahnen lassen. Eine junge Frau zeigte nach vielen Jahren erfolgloser Behandlung die ersten Zeichen von Besserung. Sie träumte, in einem Alpental zu leben, ein Kind auf den Armen zu tragen und an Hütten vorbeizugehen, wobei sie mit den Bergbewohnern freundliche Worte wechselte. Sie hatte jedoch noch so starke Zweifel, daß sie den Traum als lächerlich abtun wollte, und war ziemlich verärgert, als sie darauf hingewiesen wurde, sie scheine sich trotz aller gegenteiligen Behauptungen über ihre Fähigkeiten, ein glücklicheres Leben zu führen, innerlich im klaren zu sein. Jahre später, sie hatte sich gut erholt, war verheiratet und hatte Kinder, gestand sie ein, daß trotz aller negativen Äußerungen dieser Traum ihr in Erinnerung geblieben sei und ihr in Zeiten der Verzweiflung weitergeholfen habe.

Bisweilen tauchen bestimmte Traumbilder immer wieder auf, allerdings in Abwandlungen, die Änderungen im Ablauf der Behandlung widerspiegeln. Claire, die mit vierundzwanzig Jahren die Universität absolviert und trotz der Schwere ihrer Probleme während der Behandlung ihren Dr. phil. erworben hatte, träumte immer wieder, sie befinde sich in einem Aufzug. Zunächst war sie allein im Aufzug, und der Aufzug geriet außer Kontrolle und explodierte, brach durch das Dach des Hauses oder geriet in irgendeine andere Katastrophe. Als ihr Zustand sich besserte, hatte sie zwar weiter Träume, in denen ein Aufzug vorkam, doch sie war nicht mehr allein, Menschen kamen herein und stiegen in den verschiedenen Stockwerken wieder aus, und schließlich erreichte auch sie das gesuchte Stockwerk und ihr Ziel.

Obwohl Claire ambulant behandelt wurde und in bestimmten Bereichen durchaus funktionstüchtig war, äußerte es sich jedesmal in alarmierenden Symbolen, wenn ihr Denken sich verwirrte. Sie kam zur Behandlung mit Beschwerden darüber, sie sei deprimiert, schlafe kaum und könne sich nicht konzentrieren; das auffälligste Symptom war ständige Müdigkeit und Erschöpfung. Sie war ein Jahr lang verheiratet gewesen, hatte aber eine Enttäuschung erlebt, weil ihre Ehe nicht vollkommen gewesen sei, und quälte sich mit dem Gedanken, sie sei unerwünscht und ungeliebt. Es schien, daß sie an einem Punkt angelangt war, wo sich Zustände von Desorganisation bemerkbar machten, und so wurden ihr Tranquilizer verschrieben. Das war für sie ein Zeichen, daß der Arzt die Angelegenheit »unter Kontrolle« hatte und daß die Pillen sie aufrechterhielten. Sie suchte den Therapeuten in die Lage dessen zu bringen, der die Angelegenheit unter Kontrolle hat, indem sie darauf wartete, daß er Fragen stellte, dabei zu verstehen gebend, »Sie zeigen es mir schon«, und darauf beharrte, sie selbst habe nichts zu sagen. Wenn der Therapeut eine Bemerkung machte, die relevant erschien, besonders wenn sie andere Menschen betraf, dann schloß die Patientin daraus, er besitze eine besondere Magie oder sei Gedankenleser.

Nach und nach erwähnte Claire einige ihrer eigentümlichen psychischen Verfassungen. Noch ehe sie in Behandlung gekommen war, hatte sie in Zeiten des Umbruchs oder notwendiger Entscheidungen unter episodenhaft auftretenden Zuständen gelitten, die sie als »psychokrank« bezeichnete. Einmal hatte sie den Gedanken, sie sei tot, liege auf dem Boden und könne sich nicht bewegen. Ein andermal hatte sie das starke Bedürfnis, sich zu verbergen, ging ins Badezimmer und zwängte sich zwischen Toilette und Wand oder kroch unter den Schreibtisch ihres Mannes. In solch räumlicher Beengung verbrachte sie eine Stunde und mehr. Sie erklärte, um denken zu können, müsse sie sich »außerhalb offener Räume« befinden und suche daher ein beengtes Versteck auf. All dies schilderte sie in sachlich nüchterner Weise als natürliches Verhalten.

Wenn sie aufgeregt war, und das konnte nach jeder Auseinandersetzung geschehen, ob in der Vorlesung, im Laboratorium, selbst beim Fernsehen, und ob es sie betraf oder nicht, dann verspürte Claire das Gefühl, als werde sie herumgewirbelt und ihr Kopf drehe sich im Kreise. Es überkam sie das Gefühl, ihr

Mann könne ihre Gedanken lesen und Leute, die in ihrem Wagen vorbeifuhren, wüßten, was sie gerade dachte. Ihr Haar wurde für sie zum Symbol ihrer selbst. Wenn jemand die Art, wie sie ihr Haar trug, kritisierte, dann fühlte sie sich scharf getadelt, als wenn es sich dabei um einen persönlichen Angriff handelte. »Wenn mein Haar unordentlich ist, ist auch mein Geist unordentlich.«

In der Therapie galt das Hauptaugenmerk ihrer Angst davor, keine Autonomie und Kontrolle über sich selbst zu besitzen, eine Angst, die darin zum Ausdruck kam, daß sie überzeugt war, jeder Mensch, mit dem sie zu tun hatte, kontrolliere sie. Dies erlebte sie bei der Arbeit, an der Universität, in der Ehe und auch in der Therapie. In der Therapie wurde ständig versucht, zwischen solchen Episoden der »Psychokrankheit« und den tatsächlichen Vorgängen eine Verbindung herzustellen. Allmählich erkannte Claire, daß viele ihrer Symptome sich auf die Beziehung zu ihrer Mutter zurückführen ließen; ihre Mutter hatte sie in verführerischer und zugleich launisch unsteter Weise beherrscht, und Claire hatte versucht, sich vor ihren wütenden, verletzenden Worten in Sicherheit zu bringen. Als die Behandlung Fortschritte machte, vermochte sie ihre jeweils auftretenden Gefühle besser wahrzunehmen. Nach einer Behandlungssitzung, die sie als »schlecht« empfand, weil sie ihre wahren Gefühle nicht geäußert hätte, schloß sie sich völlig ein, zog sich nicht nur in ihr verschwiegenes Plätzchen unter dem Schreibtisch zurück, die Öffnungen mit Kartonpappe verschließend, sondern verriegelte auch alle Türen doppelt. Sie kleidete ihr Gefühl in die Worte: »Mein Kopf hätte explodieren können, und dann wäre er in Stücke zerplatzt.« Statt in einen Prozeß der Dissoziation zu geraten, wie das früher in ähnlichen Situationen der Fall gewesen war, begann Claire darüber nachzudenken, was sie beunruhigte und quälte, und stellte eine Liste von Problemen zusammen, die ihr zuviel wurden. Sie kam dabei – in gleicher Reihenfolge – zum Therapeuten, der Situation im Laboratorium und zu dem, was mit ihr nicht in Ordnung sein mochte. Damit fing sie an, solche Episoden unter dem Blickwinkel zu betrachten, inwieweit sie Beziehung zu früheren Lebensereignissen hatten, und die Gefühle und emotionalen Reaktionen zu beobachten, die sie bis dahin niemals klar erkannt hatte. Nach und nach verstand sie, daß sie sich nicht damit abgrenzen konnte, indem sie kleine Räume aufsuchte, und daß sie das Gefühl von Autonomie von innen heraus erleben mußte und nicht als etwas von äußeren Begrenzungen Aufgezwungenes.

Künstlerische Tätigkeit
Der Patient hat viele andere Ausdrucksformen. Die Untersuchung von künstlerischen Tätigkeiten kann lohnend und aufschlußreich sein, vor allem wenn man die Atmosphäre und die Gefühlsstimmung von Kindheitserfahrungen, die in Worte zu fassen vielen Menschen schwerfällt, rekonstruieren möchte. Gegenwärtig läßt sich die bedauerliche Tendenz beobachten, Therapie in kleinere Unterspezialgebiete zu unterteilen und zum Beispiel »Kunsttherapie« als eigenes Fachgebiet zu betrachten. Ich halte es für sinnvoller, die Betrachtung künstlerischer Tätigkeiten in den allgemeinen therapeutischen Rahmen der Untersuchung miteinzubeziehen. Bei der Arbeit mit Kindern gilt es als ausgemacht, daß Spieltherapie, das Benutzen von Spielzeugen oder Zeichnen und Malen, das Äußern von Konflikten und Gefühlen fördert.
Angela, eine in Kapitel 3 erwähnte junge Frau, deren Vater sich ständig in die Behandlung eingemischt hatte, stellte mir zu Anfang die ein wenig naive Frage: »Wollen Sie mir beibringen, wie man Entscheidungen trifft?« Sie wollte nicht glauben, daß ihr Unvermögen, für sich selbst zu denken, mit ihren Erfahrungen als Kind zu tun haben könnte. In einer Sitzung schien sich eine Art Durchbruch zu vollziehen, als nämlich eine Anekdote aus ihrer Kindheit, die sie wenige Tage zuvor ziemlich zufällig erwähnt hatte, in dem Sinne analysiert wurde, daß sich darin die grundlegende Tragödie ihres Lebens erkennen ließ, das heißt, daß sie damals das Gefühl gehabt hatte, eine Enttäuschung für ihren Vater zu sein. Als sie noch ziemlich jung gewesen war, hatte er, während seiner Tätigkeit in der Armee (im Zweiten Weltkrieg), Fotographien des

kleinen Mädchens erhalten, das blonde lockige Haare zu besitzen schien; als er sie dann im Alter von drei Jahren sah, da hatte sie dunkle glatte Haare. Wenngleich über seine Reaktion niemals etwas gesagt wurde, so erzählte man sich die Geschichte doch so häufig, freilich in spaßiger Weise, daß Angela die Überzeugung gewann, sie sei für ihren Vater eine Enttäuschung gewesen und seiner Liebe nicht wert. Sie versuchte eine superperfekte Tochter zu sein und widmete ihr ganzes Leben der Aufgabe, die Erwartungen ihres Vaters zu erfüllen. Bereits früh lernte sie, ihre Gefühle zu beherrschen und nur ein Verhalten an den Tag zu legen, das von ihm gebilligt wurde. Nachdem Einzelheiten ihres zurückliegenden Lebens zum Vorschein kamen, vermochte sie ihre Gefühle in bezug zu den verschiedenen Menschen auf der Krankenstation ein wenig genauer wahrzunehmen; bis dahin hatte sie auf alle nur mit ausdrucksloser Verachtung oder Pseudo-Freundlichkeit reagiert.

Etwa um diese Zeit griff Angela eine bei ihrer Einweisung geäußerte Anregung auf, nämlich ihre Gefühle durch künstlerische Tätigkeiten zum Ausdruck zu bringen. Sie benutzte eine Malweise, an der sie bereits als Kind ihre Freude gehabt hatte und die darin besteht, daß man verschiedene Kreideschichten aufträgt und dann mit einem Nagel eine Zeichnung anfertigt, indem man die tieferliegenden Farben aufdeckt. Die Darstellungsweise bedeutete nun für sie, daß die lebhaften, heftige Emotionen zum Ausdruck bringenden Farben unter der dunklen, alles beherrschenden Oberflächenfarbe verborgen liegen und daß sie auf diese Weise ihre Gefühle erkennen konnte, indem sie die verborgenen Farben zum Vorschein brachte. Durch unterschiedliches Aufdrücken bei der Umrißzeichnung von Figuren deutete sie die Stärke der jeweiligen Person an und durch verschiedene Farben ihren Gefühlszustand und ihre Bereitschaft zu emotionalem Rapport oder Kontakt.

Leitthema der Zeichenserien waren Änderungen in den familiären Beziehungen. Der Vater erschien als großer Mann, mit schwachen Umrissen und konfusen Emotionen (Farben) im

Innern der Figur. Er lehnte sich mit seiner ganzen Schwere auf die Mutter, die als starke Frau mit weit klareren Emotionen dargestellt war, und auf seine Tochter, die Patientin. Auf einer Zeichnung sah man Angela in einem dunklen, engen Weg gefangen, »nach Perfektion strebend«. Nach und nach vermochte sie sich mit veränderter emotionaler Wahrnehmung zu sehen und darzustellen. Auf einem Bild hatte sie ihr früheres Selbst zu zeichnen versucht, ein Selbst voller großer Gefühle, die von einem starken Umriß eingeschlossen waren, ein Selbst mit schwachen Emotionen gegenüber seiner Umwelt. Auf der anderen Hälfte desselben Bildes war die Wand, die sie gegen die Welt abschirmte, weniger stark konturiert als sonst; die Farben als Kennzeichen innerer Emotionen erschienen weniger unklar, genauer organisiert und geeignet, die Wand zu durchdringen. An dem Tag, als sie diese Zeichnung anfertigte, hatte der Psychiater der Station zum erstenmal das Gefühl, daß er mit ihr einen Kontakt herstellen konnte, daß sie gefühlsmäßig reagierte. Auf der letzten Zeichnung dieser Serie stellte sie sich selbst dar, wie sie gerade einen neuen, einen anderen Weg als früher einschlug. Auf einem zuvor angefertigten Bild stand sie unentschlossen an einer Ecke. Nun hatte sie einen offenen Weg betreten, der es ihr erlaubte, sich unabhängig zu entwickeln, und den sie den Weg der Hoffnung nannte, einen Weg mit angebbaren und erreichbaren Zielen. Angela hatte ihren dunklen, wie in Felsen gehauenen Weg verlassen, den sie einst in ihrem Bemühen um Perfektion verfolgt hatte und der kein Ende nahm.

Unter dem Eindruck des Gefühls, es sei ihr gelungen, mit den Zeichnungen das auszudrücken, was sie beabsichtigt hatte, wollte sich Angela einer anderen Tätigkeit im Rahmen der Beschäftigungstherapie zuwenden. Mit einer gewissen Belustigung berichtete sie, der für die Beschäftigungstherapie zuständige Mitarbeiter habe sie gefragt: »Sollen Sie nicht für Ihren Arzt weitere Zeichnungen anfertigen?«, worauf sie geantwortet habe: »Mein Arzt sagt mir nicht, was ich tun soll. Er ermuntert mich, das zu tun, was ich möchte.«

Nachdem Angela in ihrer bildnerischen Tätigkeit ihre Vorstellungen von der Beziehung zu ihren Eltern rekonstruiert hatte, begann sie allmählich auch eine aktivere Haltung gegen deren Einmischung einzunehmen. Schließlich erklärte sie ihnen in einem Brief, daß sie gute Fortschritte mache, daß aber ein Zusammentreffen mit ihnen zu diesem Zeitpunkt nicht dienlich sei, ja daß es dadurch sogar zu einer Störung oder Unterbrechung des Behandlungsverlaufs kommen könne. Der Vater antwortete ihr nicht direkt, sondern schrieb statt dessen dem Therapeuten. Als die Patientin diesen Brief las, wurde sie aufrichtig wütend und ungehalten, weil der Vater geschrieben hatte, der Therapeut solle dafür sorgen, daß sie »völlig geheilt« und »ganz normal« werde. Diese Worte enthielten für sie die Quintessenz ihrer ganzen abnormen Entwicklung, eine Quintessenz, die besagte, daß für *seine* Tochter das Beste gerade gut genug sei. Sie äußerte auch echte Wut und Gekränktheit darüber, daß sie auf ihren Brief keine direkte Antwort erhalten hatte.

Um diese Zeit schilderte Angela auch einen Traum, an den sie sich deutlich erinnerte: Ihr Hund war gestorben, und sie vergoß viele Tränen darüber. Das hieß für sie, daß sie nunmehr unmittelbaren Zugang zu ihren Gefühlen hatte und sie auch offener äußern konnte. Der Hund, den sie sehr ins Herz geschlossen hatte, war gestorben, als sie fünfzehn Jahre alt war, doch damals hatte sie nicht geweint oder jedenfalls nicht genug geweint. Das war ein weiterer Beweis dafür, daß ihr niemals erlaubt worden war, ihre wahren Gefühle zu äußern. Anschließend erklärte Angela, daß ihre ständige, in nörgelndem Ton vorgetragene Forderung, so kurz nach der Einweisung wieder nach Hause entlassen zu werden, mit der ersten inneren Wahrnehmung echten Gefühls einhergegangen war und daß sie Angst davor gehabt habe, die Behandlung fortzusetzen, weil dabei weitere Gefühle auftauchen könnten.

Schizophrene Kommunikation
Von besonderer Wichtigkeit ist die Aufmerksamkeit auf die vielfältigen Kommunikationsformen bei der Psychotherapie schizophrener Patienten. Voraussetzung wirksamer Therapie

sind gehaltvolle interpersonale Kommunikation sowie Verstehen und Erkennen der insgeheimen Bedeutung dessen, was der Patient sagt und was er nicht sagt. Alles therapeutische Bemühen ist hoffnungslos, solange der Psychotherapeut in dem verzerrten Sprachstil des Patienten, in seinem bizarren Verhalten und seinen ständig wechselnden Einstellungen keinen Sinn und keine Bedeutung entdeckt und dies seinerseits dem Patienten nicht vermittelt. In der Psychiatrie alten Stils verstand man unzusammenhängende Äußerungen und Kommunikationsweisen als Zufallsprodukt eines kranken Geistes, das vermeintlich von einer organischen Hirnschädigung herrührte. Es bedeutete eine revolutionäre Umwälzung im psychiatrischen Denken, als man erkannte, daß sich schizophrene Krankheiten unabhängig von Erbkomponenten unter dem Einfluß gestörter interpersonaler Erfahrungen entwickeln, Erfahrungen, die zu abwegigen Symbolprozessen mit Störungen der Wahrnehmung, der Sinngehalte und der Logik führen. »Schizophrenese« heißt Kommunikation auf einem anderen Abstraktionsniveau, eine gewöhnlich konkretere Kommunikationsweise als die normale Sprache, häufig reich an Wortspielen, ungewöhnlichen Analogien und nicht sofort erkenntlichen Metaphern. Während der Genesungszeit, wenn der Patient lernt, unabhängigere Funktionsweisen zu übernehmen, wenn er sein eigenes Selbst realistischer wahrnimmt und größere Fähigkeit erwirbt, sich des Lebens zu freuen und es zu genießen – während dieser Zeit normalisieren sich auch seine Sprachmuster.

Aufgeschlossenheit, schnelle Auffassungsgabe und der Wunsch nach Verstehen erweisen sich als hilfreich bei der Entzifferung der häufig bedrückenden und erschütternden Botschaften des Patienten. Dazu muß sich der Therapeut seines Allgemeinwissens und der ganzen Fülle eigener Erfahrungen bedienen. Um zu zeigen, daß auch ein Anfänger in eine tragfähige Kommunikation mit einem schizophrenen Patienten treten kann, möchte ich über ein Fallbeispiel aus meiner Ausbildungszeit berichten. Es handelt sich um Paul, einen jungen Mann von zwanzig Jahren, der zur Psychotherapie in die Klinik eingewiesen worden war. Seine Krankheit war im Jahr zuvor ausgebrochen, als er eine militärische Tätigkeit (während des Zweiten Weltkrieges) versah, während der er auch Kurse in Ingenieurwesen und Mathematik zu durchlaufen hatte. Er war in Depressionen verfallen, konnte sich nicht konzentrieren und sprach von der Angst, den Verstand zu verlieren – »Das Rechnen macht mich krank.« Er wurde zunächst an ein örtliches Krankenhaus verwiesen, und dort widersetzte er sich einer Elektroschocktherapie, die jedoch über einen Zeitraum von vier Monaten fortgesetzt wurde, obwohl er immer agitierter und verwirrter wurde; schließlich weigerte er sich zu essen, mußte daraufhin künstlich ernährt werden, und sprach nicht mehr.

Als ich ihn zum erstenmal zu Gesicht bekam, war Paul ruhig (unter dem Einfluß von Sedativa), doch er schien zuzuhören, als ich mit ihm sprach und ihm versicherte, daß wir uns in diesem Krankenhaus mit seinen Lebensproblemen beschäftigen und ihm nicht Elektroschläge verabreichen wollten, damit er sich zusammennehme. Er antwortete langsam, mit langen Pausen zwischen seinen Bemerkungen – und wiederholte mehrmals »Das ist es, was ich meine«, dabei hinzufügend, die Frage sei, ob man ein altmodisches Haus, eine Frau und zwei Söhne (er war der jüngere von zwei Brüdern) haben oder besser in einer modern ausgestatteten Wohnung leben und einen Sohn und eine Tochter haben solle. Dies wiederholte er mehrere Male. Er entspannte sich sichtbar, als ich meinte, ein junger moderner Mann habe das Recht, ein anderes Leben zu führen als seine Eltern, und könne sich auch eine moderne Wohnung suchen. Sein Gesicht hellte sich auf: »Ja, das ist es, eine gesunde und freundliche Familie.«

Paul hüllte sich die meiste Zeit in Schweigen; er stand nackt in seinem Zimmer und erklärte, er wolle »die Vergangenheit abtöten, um in die Gegenwart einzutreten«. Er lehnte jegliche Kleidung ab, weil sie zu seinem alten Leben gehöre, und begründete seine Weigerung zu essen damit, durch die Aufnahme von Nahrung werde nur die Vergangenheit gemästet. Auch müsse er aufrecht stehen, um damit zu zeigen, daß er auf seinen eigenen Füßen stehen könne. An anderen Tagen suchte er sein Ziel, »die Vergangenheit abzutöten«, dadurch zu erreichen, daß er seine Zeigefinger in die Ohren steckte und dabei die Daumen gegen die Kehle drückte und die zweiten und dritten Finger an die Nasenflügel preßte. Seinen Mund hielt er fest geschlossen und war ganz verzweifelt darüber, daß er nach einer Weile einen tiefen Atemzug nehmen mußte. Um diese Zeit wußte ich genug über seine Lebensgeschichte, um ihm erklären zu können, daß er seine Vergangenheit nicht dadurch ungeschehen machen könne, indem er sich selbst der Atemluft beraube, seine Ohren vor dem ständigen Schreien und Nörgeln seiner Mutter verschließe oder sie am Atmen hindere, damit sie nicht länger in sein Leben eingreifen könne.

Im Mittelpunkt der verschiedenen Äußerungen und symbolischen Akte Pauls standen für gewöhnlich die sorgenvolle Beschäftigung mit seiner Familie und die Frage nach einem Weg zur Unabhängigkeit und zur eigenen Individualität. Gelegentlich schlug er um sich und wurde dann mit feuchten Umschlägen beruhigt. Bei dem Wort »Pack« begannen seine Äußerungen eine andere Richtung einzuschlagen; allerdings benutzte er das Wort im Sinne von »ein Packen Spielkarten« (pack of cards). Von seiner Mutter sprach er als von der »Pikkönigin, was sie sagt, wird gemacht«. Sein Vater war »die Zwei, die niedrigste Karte im Spiel«. Der ältere Bruder, den er bewunderte, weil er den Mut gehabt habe, sich von seiner Familie zu emanzipieren, war der »Junge, aber in einer niedrigeren Farbe als die von Mutter«. Als Bube in derselben Spielfarbe wie die Pikkönigin war er seiner Mutter zwar am nächsten, stand dafür aber auch unter ihrer ständigen Herrschaft. In diesem wahnhaften Spiel mühte er sich ab, von ihr loszukommen, eine eigene Identität zu gewinnen; als König wäre er der Königin gleichgestellt; als As wäre er noch mächtiger, doch das hieß auch Gefahr; die Königin könnte das As in eine Eins verwandeln, was »ihn noch unter die Zwei stellen würde«.

Die Reaktionen auf diese verschiedenen Konstellationen wurden ihm in realistischen Begriffen erläutert. Als Paul zum Beispiel von seinem Vater als der Zwei sprach, erklärte ich, es sei schwierig für den Sohn eines solch unbedeutenden Menschen, mit einem Gefühl für Stolz aufzuwachsen; jeder Sohn wolle stolz auf seinen Vater sein. Daraufhin meinte er: »Und ein Vater möchte stolz auf seinen Sohn sein«, und ging dann dazu über, von seiner Mutter in realistischer Weise zu sprechen: »Sie läßt mich meinen Verstand benutzen, doch nur in ganz engen Grenzen. Ich *soll* Klavier spielen, schrie sie, und schrie, bis ich es tat; doch dann konnte ich *meinen* Verstand benutzen und selbst die Stücke auswählen, die ich spielen wollte.«

Als er freier über seine Lebensgeschichte zu sprechen begann, stellte sich heraus, daß die wirklichen Interaktionen in seiner Familie in verblüffender Weise denen ähnelten, die er in der Phase akuter Störungen zum Ausdruck gebracht hatte. Die Mutter war in den letzten elf Jahren aufgrund einer Arthritis immer wieder bettlägerig gewesen, hatte die ganze Familie mit ihrer Schreierei tyrannisiert und in allen Schuldgefühle wegen ihres Leidens geweckt. Den Vater hatten die Spannungen und Krankheiten in seiner Familie ausgelaugt. Der ältere Bruder war stets der Anführer der beiden Jungen gewesen, und es war ihm gelungen, sich bis zu einem gewissen Maß aus der Familie zu lösen. Paul betrachtete ihn als den einzigen Menschen, mit dem er seine Gefühle teilen konnte, doch der Bruder war ausgerechnet dann in die Armee eingetreten, als er, kurz vor dem Zusammenbruch, in heftige Besorgnis über seine berufliche Laufbahn geraten war.

Genau einen Monat nach seiner Einweisung unterbrach er sich plötzlich in seiner üblichen schizophrenen Sprechweise und meinte: »Ich habe genug Quatsch erzählt. Sagen Sie mir die volle Wahrheit: Werden Menschen, die so krank sind wie ich, wieder gesund? . . . Ich habe mir so viele Hirngespinste ausgedacht . . . Ich bin es leid, an weitere Hirngespinste zu denken. Ich möchte gesund werden und in die Welt zurückkehren.« Mit dieser Äußerung hörte er keineswegs auf, in bestürzenden Metaphern zu sprechen, doch damit artikulierte er zum erstenmal in realistischer Weise seinen Wunsch, gesund zu werden.

Vor der Verwendung psychotroper Drogen kommunizierten Patienten unter Umständen eine Weile in einem solchen Sprachstil und fielen jedesmal in ihn zurück, wenn sie den Eindruck hatten, sie seien den Problemen nicht gewachsen. Heutzutage, bei der Verwendung von Tranquilizern, welche die Dauer eines psychotischen Schubs abkürzen, besteht die Gefahr, daß die kryptischen Botschaften der Patienten nicht genügend berücksichtigt werden. Wir halten es für entscheidend, daß der Therapeut mit den psychotischen Äußerungen seiner Patienten vertraut ist, weil sie wichtige Informationen und wertvolle Hinweise auf die ihren Symptomen zugrunde liegenden Schwierigkeiten enthalten können. Es ist viel mühsamer und zeitraubender, und bisweilen unmöglich, ein tieferes Verständnis für die Probleme zu gewinnen, wenn solche dramatischen Äußerungen vollständig unterdrückt werden oder wenn dem Patienten nicht gestattet wird, mitzuteilen, wie krank er ist, und über das zu sprechen, was ihn wirklich bedrückt; und das kann er während der akuten Erkrankung nur auf die genannte indirekte Weise.

Die Patienten scheinen sich der Bedeutung ihrer wiederholten, anscheinend sinnlosen Äußerungen durchaus bewußt zu sein. Alice, eine junge Frau, deren Lebensgeschichte von akademischem Geist und vom protestantischen Glauben geprägt war und die als begabte Musikerin galt, war kurz vor Beendigung ihres Studiums psychotisch geworden. Als sie ins Krankenhaus eingewiesen wurde, bewegte sie sich nur langsam fort, war fast stumm, sprach jedoch leise murmelnd vor sich hin, über den Papst, die Russen und Polizeipferde. Nachdem ihr Psychopharmaka verabreicht worden waren, lösten sich zwar ihre Symptome auf, doch sie wurde völlig apathisch. Sie gab ihrem Therapeuten und dem Krankenhauspersonal Rätsel auf; sie hatte nur wenig oder gar keinen tiefergehenden Kontakt zu anderen Menschen.

Als sich ein anderer Therapeut ihrer annahm und sein Interesse an ihr deutlich zum Ausdruck brachte, ging Alice allmählich aus sich heraus und beschäftigte sich wieder mit ihren früheren Gedanken und Vorstellungen, die man nicht beachtet hatte. Während ihrer Krankheit mied sie jeden Kontakt zur Musik. Mit wachsendem Vertrauen zu sich selbst begann sie wieder Schallplatten zu hören. Als sie bei dem Gedanken, wieder auf ihrem Instrument zu spielen, angenehme Gefühle verspürte, da erinnerte sie sich wieder des schmerzlichen, jedoch drängenden Verlangens, das sie während der akuten Psychose empfunden hatte. Sie hatte sich nach einem Briefpartner hinter dem Eisernen Vorhang gesehnt; denn nur jemand, der wie sie ein Sklavendasein führte, konnte ihre hoffnungslose Lage verstehen und sich in sie einfühlen. Obgleich begabt, hatte sie stets das Gefühl, ihr solle eine Musikerlaufbahn aufgezwungen werden. Als jugendliches Mitglied eines Familienquartetts fühlte sie sich als Gefangene einer Rolle, die ihre Familie von ihr erwartete. Ihre Hoffnung auf Erlösung kreiste um den Gedanken, daß Papst Johannes sich als »gütiger Diktator über die ganze Welt« aufschwingen und damit die unerbittlichen Forderungen und Ambitionen ihrer Eltern aufheben werde. Sie verspürte den erschreckenden Drang, ein Polizeipferd auf das Hinterteil zu schlagen, worauf das Pferd »wild« würde, durchgehe und sein Leben genieße, indem es ungezügelt dahineile. Mit fortschreitender Psychotherapie wurde sich Alice darüber klar, daß ihre Vorstellung von Freiheit als einem wilden Dahinrasen unrealistisch war. Befreiung nahm für sie allmählich die Bedeutung an, kompetent zu sein in dem, was sie tat, so daß sie ihre beträchtlichen Talente zu ihrer *eigenen* Verwirklichung einsetzen konnte und sich nicht länger als Prunkstück ihrer Eltern ausbeuten ließ.

Bei der Bearbeitung solchen Materials ist es wichtig, sich nicht in den symbolischen Phantasien des Patienten zu verlieren, sondern sie dazu zu verwenden, dem Patienten dabei behilflich zu sein, ein neues und klareres Verständnis für die verwirrende Realität seines Lebens zu gewinnen. Solches Bemühen darum, hinter seinen kryptischen und widersprüchlichen Botschaften Sinn zu entdecken, vermittelt dem schizophrenen Patienten das Gefühl, daß das, was er sagt, wichtig und unter

Umständen sogar zu verstehen ist. Mit dieser Erfahrung entfernt sich der Patient häufig um einen ersten Schritt von dem haßerfüllten Mißtrauen, das ihn wie eine Mauer von seinen Mitmenschen trennt. Patienten, die den Eindruck angemessener Orientierung und innerer Kohärenz erwecken, kommunizieren unter Umständen weiterhin auf schizophrene Weise oder fallen in diese Sprache zurück, wenn sie das Gefühl haben, ihre anfälligen Sicherheitsmaßnahmen würden bedroht, oder wenn sie sich erneut ihren noch ungelösten Konflikten konfrontiert sehen. Dem Therapeuten stellt sich die Aufgabe, die auf der Hand liegenden Probleme des Patienten zu erkennen, ohne daß er sich dabei durch die symbolische Bedeutung seiner bizarren Äußerungen auf Nebenwege locken läßt.

Zum Schluß möchte ich noch einmal eine Passage aus dem Buch *Ich habe dir nie einen Rosengarten versprochen* zitieren, diesmal, um damit zu zeigen, wie der Therapeut auf die schizophrenen Kürzel des Patienten in sinnvoller Weise reagieren kann.

»›Morgen zur gleichen Zeit‹, sagte die Ärztin zur Schwester und zur Patientin.

›Sie kann Sie nicht verstehen‹, sagte Deborah, ›Charon sprach griechisch.‹

Frau Dr. Fried lachte ein wenig, und dann wurde ihr Gesicht ernst. ›Ich hoffe, daß ich dir eines Tages helfen kann, in dieser Welt etwas anderes zu sehen als eine Hölle des Styx‹« (S. 21 f.).

5. Vom Reden und Zuhören

Der Beitrag des Therapeuten zur Kommunikation innerhalb der Behandlung besteht in seiner Fähigkeit, zuhörend auf sich wirken zu lassen, was der Patient sagt und durch Worte und Verhalten vermittelt – und was er ausläßt und nicht äußert. Dies therapeutische Zuhören ist nichts Passives, sondern es erfordert waches, einfühlsames Eingehen auf das, was den Patienten bedrückt. Der Therapeut muß in einem gewissen Umfang »verständlich« machen, was der Patient in seiner konfusen Art und Weise erlebt, und das erreicht er durch Kommentare, Fragen und Antworten. Sachkenntnis und sinnvolles Tun des Therapeuten äußern sich nicht darin, daß er seine Kenntnisse über psychodynamische Prozesse zur Schau stellt, sondern liegen in seiner Fähigkeit, sich voll auf den Patienten einzustimmen und ihm auf diese Weise dabei zu helfen, die Wurzeln seiner Leiden aufzudecken.

Zu diesem Zweck muß er sorgfältig darauf achten, was der Patient sagt, einschließlich der Unstimmigkeit in seinen Erinnerungen an die Vergangenheit, in der Art und Weise, wie er das, was zwischen ihm und anderen geschieht, fehlinterpretiert oder wie er auf das Verhalten anderer oder auf gegenwärtige Ereignisse reagiert. Im besonderen muß der Therapeut auf geringfügige Angstäußerungen achten, wie Zögern, Senken der Stimme, verneinende Gesten, Wechseln des Themas und Schweigen. Welche Symptome der Patient auch zeigt, gründliche Prüfung der Umstände, unter denen sie zum Vorschein kommen, der auslösenden Faktoren oder ihres zeitlich ersten Auftretens führt gewöhnlich zu einem klareren Verständnis seiner Probleme als die sofortige intensive Beschäftigung mit dieser oder jener unbewußten symbolischen Bedeutung. Es gehört zum Beruf des Therapeuten, den Patienten hinsichtlich einer bestimmten Angst oder Unfähigkeit zu einer gründlichen Prüfung des Wann, Wo, Wie und Wer anzuhalten und anzuregen.

Das Dilemma des Anfängers

Anfänger sind häufig ängstlich darauf bedacht, dem Patienten durch korrekte »Deutungen« Einsicht in seine Konflikte zu vermitteln. Ich bin immer wieder beeindruckt davon, wie unbekümmert sie diesen Spezialausdruck verwenden. Ob sie eine Frage stellen, ein Geschehen abklären, einen Gefühlston bestimmen – alles beschreiben sie mit dem Satz:»Ich gab ihm eine Deutung.« Der Anfänger begegnet seinen ersten Patienten mit einer Mischung von Gefühlen: mit Ungeduld, endlich Psychotherapie auszuüben, jenes medizinische Spezialgebiet, das sich mit der Psyche, dem Innenleben von Menschen, befaßt, und mit Sorge, er könne unfähig sein, seine Patienten zu verstehen oder ihnen bei der Suche nach konstruktiven Änderungen von Ansichten und Funktionsweisen behilflich zu sein. Nicht selten nimmt er seine Zuflucht zu der Vorstellung, er müsse sich ein spezifisches Wissen und Verständnis dessen erwerben, was den Problemen und verbalen Hervorbringungen eines Patienten zugrunde liegt.

Angehende Therapeuten unterscheiden sich erheblich in ihren Lebenserfahrungen und Persönlichkeiten, in ihrem Selbstvertrauen, ihrer Intelligenz, Integrität, Objektivität sowie in ihren faktischen Kenntnissen und Fähigkeiten. Alle diese Faktoren nehmen Einfluß auf die Art und Weise, wie sie sich als Therapeuten verhalten. In gewisser Beziehung ist die Ausübung von Therapie kreativer und künstlerischer Tätigkeit ähnlicher als genau umrissener wissenschaftlicher »Technik«, ein gemeinhin verwandter, allerdings unglücklicher Begriff. Psychotherapie heißt persönliche Suche nach Verständnis, das nicht für jeden Therapeuten oder jeden Patienten gleich ist. Es ist eine ernüchternde Entdeckung, wenn man feststellt: Es gibt nicht die eine »heilende Einsicht« oder »Deutung«, die, sofern korrekt eingesetzt, die Probleme eines Patienten lösen würde. Die therapeutische Begegnung ist wie eine Initiation.

Mit dem genauen Kennenlernen der inneren Probleme seiner Patienten, der Bedeutung ihrer Schwierigkeiten, wird sich der Therapeut auch, in neuer Weise, seiner eigenen psychischen Reaktionen bewußt, seiner Fähigkeiten zu Gefühlswärme und Mitleid, freilich auch seiner Unsicherheiten, Vorurteile und blinden Flecken. Psychotherapeut zu werden ist auf komplexe Weise verbunden mit der Entwicklung einer beruflichen Identität und heißt zugleich Erweiterung der eigenen Individualität und persönliches inneres Reifen.

Teilnahme an einem Ausbildungsprogramm bringt von vornherein gewisse Probleme mit sich. Psychotherapie ist im Grunde eine private Angelegenheit, doch während der Ausbildungszeit wird ein großer Teil des inneren Geschehens von anderen peinlich genau beobachtet und ständig überprüft. Studenten unterscheiden sich in ihrem Ehrgeiz, in ihrem Bedürfnis nach Prestige und Anerkennung, und in der Ausbildung spielt das Konkurrenzdenken eine große Rolle. Dies ist hilfreich und konstruktiv, sofern es zu umfassenderem Studium und größerem Arbeitseifer anregt. Doch es besteht die Gefahr, daß ein junger Therapeut einen Patienten zu sehr bedrängt, bestimmtes psychisches Material und entsprechende Informationen zu liefern, und sich dabei nicht von den Bedürfnissen des Patienten leiten läßt, sondern von seinem eigenen Wunsch, sich in einer Fallkonferenz brillant über psychodynamische Zusammenhänge auszulassen oder aber sich von einem Patienten abzuwenden, der ihn in den Augen von seinesgleichen »im Stich läßt«.

Theoretische Konzepte

Der Kommunikationsstil des Therapeuten läßt seine theoretischen Konzepte über die Persönlichkeitsbildung sowie über die im Krankheitsbild des Patienten sich widerspiegelnde Fehlentwicklung erkennen. Der Therapeut, der sich als teilnehmender Beobachter versteht, hat ein Gespür dafür, wenn ein Patient angesichts quälender, verwirrender Realitäten seines Lebens Hilfe benötigt, um seine Fähigkeiten zu autonomem, selbstbestimmtem Verhalten zu entdecken, in wie engen

Grenzen dies auch möglich sein mag. Er wird in Zusammenarbeit mit dem Patienten das Schicksal seiner frühen Entwicklung zu erforschen, jene Zeiten ans Licht zu heben suchen, in denen der Patient Angsterlebnisse hatte und daher die Welt und die Geschehnisse um ihn herum in verzerrter Weise deutete. Ist der Therapeut, auf der anderen Seite, davon überzeugt, daß den Symptomen des Patienten irgendein genau umrissener »unbewußter« Konflikt zugrunde liegt, ein Konflikt, der auf ein frühes Trauma oder eine Fixierung verweist, dann wird er sich darauf werfen, aufzudecken oder zu mutmaßen, um was es sich dabei handelte, alles in der Hoffnung, eine gute Deutung geben zu können. In diesem Krankheitsmodell wird der Patient in eine eher passive Rolle, in die Rolle des Empfängers von therapeutischen Diensten gedrängt.

Meine bereits geäußerte Besorgnis über den allzu festgelegten Umgang des Anfängers mit psychotherapeutischen Fachbegriffen gilt der Tatsache, daß damit Erfolg und Wirksamkeit des Therapeuten beeinträchtigt werden können. Wer sich bestimmte Theorien und therapeutische Techniken, seien es psychoanalytische oder sonstige, auf dem Wege des Lernens aneignet, kann sich in der trügerischen Sicherheit wiegen, er habe Zutritt zu irgendeinem Geheimwissen; anderen kann solches Lernen dabei helfen, ihre Beobachtungen zu organisieren. Doch der Anfänger muß sich klarmachen, daß derartiges Wissen keinerlei Hilfe bedeutet, wenn er mit einem Patienten zusammensitzt. Es sagt einem nicht, was man dem Patienten sagen oder auf was man beim Zuhören achten muß; es kann einen sogar dazu verleiten, sich auf etwas zu konzentrieren, was der Theorie zufolge vorhanden sein sollte, und damit hinderlich dabei sein, wenn es auf das zu achten gilt, was der Patient zu sagen versucht.

Viele Therapeuten beginnen ihre Tätigkeit in der Überzeugung, daß es unprofessionell sei, in Übereinstimmung mit dem zu sprechen, was sie tatsächlich beobachten, und daß es notwendig sei, alles sogleich in den Fachjargon zu übersetzen. Statt daran zu denken, was den Patienten quält und beunruhigt, und mit ihm in sinnvoll hilfreicher Weise zurechtzukommen, beschäftigen sie sich mit »Abwehrmechanismen« oder »Psychodynamik« und halten sich zögernd zurück, wenn es ihnen nicht gelingt, solche Dinge zu identifizieren. Oberflächlich betrachtet, mag es belanglos erscheinen, ob es von Patient X heißt, er tue oder sage dies oder jenes, oder ob man von ihm sagt, er habe starke oder schwache Ichfunktionen. Der entscheidende Unterschied besteht darin, daß der Patient in der einen Vorstellung als Mensch begriffen wird, der sein eigenes Leben führt, wenn auch ineffizient und von allen möglichen Problemen bedrängt; in der anderen Vorstellung wird der betreffende Mensch als eine Art Behälter angesehen, der die verschiedenen »Mechanismen« oder »Ichfunktionen« enthält, die sein Handeln bestimmen.

Voreilige Formulierungen können hinderlich dabei sein, sich die wirklich relevanten Fakten zu vergegenwärtigen. Ein Therapeut, der von sich glaubt, er verstehe bereits die Psychodynamik der Probleme eines Patienten, ist unter Umständen nicht ganz so aufmerksam und neugierig darauf, die unklaren, konfusen Phasen im Leben des Patienten zu entwirren. Er kann versucht sein, dem Patienten seine vorgefaßten Ansichten aufzuzwingen, und aus einem Gefühl der Hilflosigkeit heraus oder um dem Therapeuten zu gefallen oder auch um sich sagen zu können, die Behandlung sei für ihn von Nutzen, kann der Patient nur zu begierig sein, der Auffassung des Therapeuten zuzustimmen.

Erfahrene Therapeuten haben seit einiger Zeit erkannt, daß ein Patient nur dann Selbstwertgefühl entwickeln kann, wenn er die Erfahrung macht, daß das, was er beizusteuern hat, von Belang ist. Daher ist es von besonderer Wichtigkeit, den Patienten die Bedeutung seiner Kommunikationsweise herausfinden zu lassen, während der Therapeut in diesem Prozeß nur als Helfer auftritt. Wenn möglich, sollte der Patient diese Bedeutung zuerst entdecken. Der Therapeut hat das Vorrecht, den Schlußfolgerungen des Patienten zuzustimmen oder ihnen zu widersprechen, und das macht es erforderlich, daß der Therapeut aufrichtig ist und die neue Einsicht innerhalb des Gesamtzusammenhangs der Behandlungssituation und seines Wissens über den Patienten im allgemeinen prüft und bewertet. Doch das veraltete Modell von Therapie als Deutung des Therapeuten für den Patienten setzt dem Anfänger unvermindert zu. Der Therapeut, der seinem Patienten bei der Deutung dessen, was er gerade gesagt hat, zu weit vorauseilt, kann unwissentlich eine der verheerendsten Erfahrungen in der Lebensgeschichte des Patienten wieder heraufbeschwören – die Erfahrung, daß »Mutter stets wußte, was ich fühlte«, was bedeutet, daß der Patient nicht wußte, was er dachte oder fühlte. Dieser therapeutische Stil bestärkt auch die geheime Hoffnung des Patienten, daß es auf seine Probleme eine einzige richtige Antwort gibt und daß er sie als Lohn für willfähriges Verhalten bekommen wird. Klärung dessen, was der Patient sagt, geht am besten in einer Weise vonstatten, die den Patienten in die Lage versetzt, ihr Schritt für Schritt zu folgen, und nicht durch Äußerung von Worten, die auf ihn wie eine magische Zauberformel wirken müssen, was sich auch nicht dadurch ändert, daß man sie »Deutung« nennt. Vieles von dem, was der Patient sagt, liegt außerhalb seiner Wahrnehmung, ist »unbewußt«, um den geläufigen Begriff zu verwenden, doch sich dieser unbekannten Gefühle, Phantasien und Einstellungen bewußt zu werden ist ein aktiver Prozeß, an dem der Patient teilnehmen muß; sonst kann ihn die überraschende Enthüllung in noch größere Passivität und Hilflosigkeit versetzen.

Mehr als einmal habe ich mich besorgt gefragt, warum junge Therapeuten mit offensichtlich gutem Blick für die Probleme eines Patienten, Therapeuten, die wahrheitsgetreu und ausführlich schilderten, was sich in den Therapiesitzungen abspielte, nichtsdestoweniger mit ihren Bemühungen keinen Erfolg hatten. In einer solchen Situation führte eine abschließende Äußerung nach der Entscheidung, den Therapeuten zu wechseln, zu einer Klärung des eigentlichen Problems: »Es scheint, daß Patient X trotz seiner überragenden Intelligenz und seiner guten therapeutischen Motivation nicht genügend Einsicht erhalten hat, um ihn vor weiteren Krankheitsanfällen zu bewahren.« Als ich den angehenden Therapeuten fragte, ob er nicht in Wahrheit sagen wollte: »Patient X hat nicht genügend Verständnis für die seinen Problemen zugrunde liegenden Konflikte gewonnen, um in der Lage zu sein, mit künftigen Schwierigkeiten ohne neurotische Störungen fertig zu werden«, erkannte er nicht, daß zwischen den beiden Formulierungen ein Unterschied besteht. Die Neigung dieses Therapeuten, sich seinem Patienten aufzunötigen, war bereits früher aufgefallen, doch erst durch seine zusammenfassende Bemerkung, durch die Artikulierung seines grundlegenden Therapiekonzeptes, wurde offenkundig, in welchem Ausmaß er den Patienten als passives Objekt behandelte, als Objekt, an dem er eine psychologische Operation vornahm.

Für gewöhnlich äußert es sich auf subtilere Weise, ob der Therapeut den Patienten als passiv oder aktiv versteht. Ein junger Therapeut hatte großes Geschick in der Behandlung eines zwanghaften jungen Mannes bewiesen, der aufgrund einer Lernhemmung das Gefühl hatte, mit seinen beruflichen Vorstellungen gescheitert zu sein. Nachdem die verschiedenen Faktoren, die zu seiner Hemmung beitrugen, ans Licht gebracht waren, trug der Patient schließlich in durchaus realistischen Formulierungen seine Absicht vor, Seminare für Fortgeschrittene zu besuchen. Als der Therapeut ihm beipflichtete, er sei nun in der Lage, diesen Schritt zu unternehmen, reagierte der Patient keineswegs mit Befriedigung, sondern verfiel in eine leichte Depression: »Ich glaube, ich muß zuerst mit der Behandlung aufhören. Sie sind dabei hinderlich.« Als dieser Vorfall in der Supervision erörtert wurde, stellte man dem Therapeuten die Frage, welche Worte er genau gebraucht habe. Es stellte sich heraus, daß er gesagt hatte: »Ich werde Ihnen beistehen.« Die Reaktion des Patienten, so ließ sich nachweisen, hatte mit diesen Worten zu tun, die den Patienten an die Art und Weise erinnern mochten, wie seine Mutter sich früher geäußert hatte. Als die Frage der Weiterbildung sich erneut stellte, meinte der Therapeut nur, der Patient könne die therapeutischen Sitzungen dazu verwenden, all die im Zusammenhang mit diesem Schritt auftauchenden Probleme, Befürchtungen und Phantasien genauer zu untersuchen. Die Gefühlskonflikte des Patienten zeichneten sich noch klarer ab, als er sich unter deutlichem Affekt daran erinnerte, wie seine Mutter dem Vater, wenn sie Rundfunksendungen hörten, Wort für Wort aus dem Englischen ins Englische »übersetzte«, was der Rundfunksprecher gerade sagte, und dabei immer wieder fragte: »Hast du gehört? Hast du gehört?« Aus den ermutigenden Worten des Therapeuten hatte der Patient etwas Ähnliches herausgehört und dies als Herabsetzung empfunden. Ohne direkte Deutung, sondern nur durch Änderung der Wortwahl, konnte der Therapeut dem Patienten überzeugend vermitteln, daß er im Gegensatz zur Mutter die Fähigkeiten des jungen Mannes respektierte.

Wenn der Therapeut dem Patienten dabei behilflich sein will, sich selbst besser zu verstehen und kompetenter und unabhängiger zu werden, dann ist es unumgänglich, daß er seine Position und Rolle bescheidener einschätzt. Je näher die Probleme des Patienten dem äußersten Ende des Spektrums psychischer Störungen liegen, also in den Bereich schizophrener Symptome fallen, desto größer ist die Wahrscheinlichkeit, daß er aufgrund eines tiefsitzenden Gefühls von Hilflosigkeit in seinem basalen Selbstbild beeinträchtigt ist und unter dem Eindruck der Angst steht, von äußeren Kräften manipuliert zu werden. Die Aufgabe des Therapeuten besteht darin, einen solchen Patienten dabei zu unterstützen, seine ungenützten Fähigkeiten und Hilfsquellen zu entdecken und zur Entfaltung zu bringen. Anscheinend funktionstüchtige, lediglich im Bannkreis ihrer ungelösten Konflikte zu Ausfällen neigende Neurotiker plagen sich häufig mit Zweifeln an ihrer Leistungsfähigkeit, und auch sie reagieren positiv auf eine therapeutische Methode, die als aktiven Prozeß verstandene Selbstentdeckung fördert.

An einen Therapeuten, der diese bescheidenere Rolle ausfüllen will, sind bestimmte Forderungen zu stellen: er muß in der Lage sein, aufgeschlossen zuzuhören, muß sich selbst realistisch wahrnehmen, darf keine Zweifel an seiner intellektuellen Fähigkeit und beruflichen Kompetenz hegen und darf mit seinen Patienten nicht konkurrieren. Er muß sich überwinden können, sein vermeintliches Wissen hintanzustellen, damit er dem Patienten gestatten kann, zu äußern, was er fühlt und erlebt, ohne den Drang zu verspüren, sofort zu erklären oder mit einem Etikett zu belegen, was der Patient sagt. Weder der Patient noch der Therapeut muß die »Bedeutung« bestimmter Äußerungen oder Verhaltensweisen kennen, doch beide müssen das Gefühl haben, ungehindert Fragen stellen zu können, und zwar in einer Weise, die zu weiterer Klärung führt. Die »Bedeutung« wird dann schon sichtbar werden.

Der Stil des Therapeuten
Psychotherapeutische Kommunikation ist natürlich ein Zwei-Weg-Prozeß, doch merkwürdigerweise hat man bislang dem Kommunikationsstil des Therapeuten wenig Aufmerksamkeit gewidmet. Während des Ausbildungsganges liegt der Akzent so stark auf der Psychopathologie des Patienten und auf dem Bemühen, seine verzerrten Botschaften zu verstehen, daß in Fällen, wo dies nicht gelingt, der »Widerstand« des Patienten, seine Fehlwahrnehmungen oder sonstigen Mängel dafür verantwortlich gemacht werden. Die Möglichkeit, daß der Therapeut in seinen Äußerungen unklar, zu kompliziert oder zu »gelehrt« ist oder daß er einfach unrecht hat, wird nur selten in Betracht gezogen. Wenn das Aufdecken unbewußten Materials oder das Verstehen komplexer Lebenssituationen therapeutische Wirkung haben soll, dann ist der Stil, in dem dies geschieht, von allergrößter Bedeutung.
Ich möchte hier nur einige der allgemeineren Schwierigkeiten erörtern, mit denen sich die meisten Anfänger auseinanderzusetzen haben. Da ist das grundlegende Problem, wie man mit einem Patienten sprechen soll, und in diesem Zusammenhang ist es schon verwunderlich, wie sehr dieser Aspekt in der Literatur vernachlässigt worden ist. Wenn Selbsteinsicht die Voraussetzung von Änderung und Heilung ist, dann hängt es in großem Maße von der Fähigkeit des Therapeuten ab, mit dem Patienten einen Kommunikationsprozeß herzustellen, ob es dem Patienten gelingt, dieses Verstehen seiner selbst zu erreichen. Es ist wichtig, daß der Therapeut indirekt zu verste-

hen gibt: »Mich interessiert, was Sie bedrückt«, oder »Ich sehe Alternativen zu Ihrem Verhalten« oder auch »Ich erkenne Fähigkeiten bei Ihnen, die Ihnen selbst nicht klar sind.« Derartige Gedanken in so viele Worte zu kleiden klänge nichtssagend und unbegründet, doch der Therapeut kann sie auch durch seine Haltung, durch die Art und Weise seines Zuhörens, seines Fragens und Antwortens wie auch durch nicht-verbale Kommunikation zum Ausdruck bringen. Aufbau und Stimmklang seiner Worte müssen Respekt für den Patienten vermitteln, müssen dem Patienten das Gefühl geben, daß der Therapeut seine basalen Fähigkeiten und sein Vermögen, sich zu entwickeln, respektiert, wie verwirrt und bedrückt er zur Zeit auch erscheinen mag.

Was er auch sagt, der Therapeut muß sich eindeutig und klar ausdrücken, nicht nur um Mißverständnisse und professionellen Jargon zu vermeiden, sondern auch um den Eindruck zu vermitteln, daß er in seinem persönlichen Interesse aufgeschlossen, redlich und gefühlswarm ist und daß er einem Menschen, der sich bemüht, in seinem Innern etwas Wertvolles und Bedeutsames zu erkennen, aufrichtigen Respekt entgegenbringt. Bei jedem Patienten heißt es, einen persönlichen Kommunikationsstil zu finden, der ohne jeden Anstrich von Leutseligkeit auf die jeweils idiomatische Ausdrucksweise des Patienten abgestimmt ist. Die Patienten reagieren mit Wohlwollen auf eine solch offene, objektive Haltung, die dem Zweck dient, die tatsächlichen Umstände ihres Lebens aufzudecken, und so beginnen sie allmählich das Gefühl zu verspüren, daß der Therapeut sie als Mitarbeiter bei der Suche nach den unbekannten Lebensfaktoren betrachtet und daß er auch nicht irgendein Spezialwissen besitzt, das er nicht preisgeben möchte. Bei Konsultationen über schwierige Fälle oder auch in der Therapie von Patienten, die bereits früher in Behandlung waren, geht einem schnell auf, daß der Patient keineswegs selten das Gefühl hat, der Therapeut enthalte ihm sein Wissen und seine Kenntnisse vor. Umgekehrt führen viele Patienten Klage darüber, sie verstünden überhaupt nicht, über was sie reden sollten, oder sie ließen sich auf Themen ein, auf denen der Therapeut herumreite, auch wenn sie für sie selbst keinerlei Bedeutung hätten.

Bisweilen ist es hilfreich, wenn der Therapeut seine Einstellung und Motivation ausführlich erläutert. Im Fall einer Akademikerin mittleren Alters, die höchst ungehalten darüber war, daß sie nach einer Reihe bizarrer Vergehen auf Gerichtsbeschluß in eine psychiatrische Klinik eingewiesen worden war, verhalf eine praktische Situation der Patientin dazu, sich klarzumachen, daß Psychotherapie mehr ist als der lächerliche Versuch, in ihre Privatsphäre einzudringen. »Lieber gehe ich ins Gefängnis!« mit diesen Worten hatte sie sich häufig der psychotherapeutischen Behandlung widersetzt. Sie bestand darauf, vor Gericht zu gehen, um ihren Führerschein wiederzubekommen, den man eingezogen hatte. Als ihr die Erlaubnis verweigert wurde, wurde sie wütend und in ihren Äußerungen noch beleidigender als gewöhnlich. Sie reagierte mit Verblüffung und Bestürzung auf die Erklärung ihres Therapeuten, daß sie vor weiterer Demütigung bewahrt werden müsse, daß bei ihrer explosiven Gereiztheit im Augenblick kein Richter sich bereit finden werde, ihr den Führerschein zurückzugeben. Zum erstenmal glaubte sie zumindest an die Möglichkeit, daß nicht alle Ereignisse lediglich dazu angetan sind, ihr neues Leid und Herabsetzung zuzufügen, und daß die Haltung ihres Arztes ein Element von Zuverlässigkeit und vertrauenswürdigem Wohlwollen enthielt.

Junge Therapeuten kommunizieren beruflich zum größten Teil, wenn nicht ausschließlich, mit Menschen, die ihnen an Rang und Prestige gleichgestellt oder überlegen sind, und ihre Sprechweise ist darauf abgestimmt. In der Begegnung mit Patienten haben sie es mit Menschen zu tun, die, mögen sie auch noch so intelligent und auf bestimmten Gebieten noch so gebildet sein, in ihrem tiefsten Innern unter einem Defizit an Selbstwertgefühl leiden und bei denen sich sehr schnell das Gefühl einstellt, sie würden von anderen Menschen nicht geschätzt und respektiert. Daher ist es wichtig, daß man das, was man zu sagen hat, und Fragen, die man stellen muß, nicht in einer Weise formuliert, die einen Patienten demütigt, etwa indem man ihm zu verstehen gibt, daß es ihm an Wissen oder Verständnis fehlt, indem man ihn in die Enge treibt oder indem man dazu beiträgt, daß er in ein stärkeres Gefühl der Verwirrung gerät. Unter meinen eigenen Lehrern hat vor allem Sullivan in seinen Seminaren und bei individueller Supervision immer wieder betont, wie wichtig es sei, mit der Sprache in dieser sorgsamen Weise umzugehen, in einer Weise, die Vertrauen in die Fähigkeit des Patienten erkennen läßt, sich zu verstehen und zum Ausdruck zu bringen, und die es verhindert, daß der Therapeut als allwissend oder über jedes Mißverständnis erhaben erscheint. Vor allem warnte er vor so direkten Fragen wie »Haben Sie mich verstanden?«, wenn man etwas zusammenfaßt, oder »Was wollen Sie damit sagen?«, wenn die Äußerungen des Patienten unklar oder widersprüchlich sind. Statt dessen solle man indirekte Kommentare abgeben, um etwas aufzuklären, Kommentare, die dem Patienten nicht das Gefühl vermitteln, er sei begriffsstutzig. Meine eigenen Studenten hatten im allgemeinen das Gefühl, daß die Beschäftigung mit den formalen Aspekten dessen, was sie sagen, eine überraschend neue und nützliche Sache sei. Um einem Patienten dabei zu helfen, ein objektiveres und realistischeres Verständnis für seine Probleme zu gewinnen, muß der junge Therapeut ein empfindsames Gespür für die Qualität seines eigenen Sprechens entwickeln. Mit dem Erwerb klarer, unzweideutiger Kommunikationsmittel vermag er die Vorgänge in einer therapeutischen Begegnung deutlicher wahrzunehmen.

Ungeachtet ihrer großen Zahl und Vielfalt scheint bei den meisten psychischen Störungen gestörte Kommunikation eine Rolle zu spielen. Man darf annehmen, daß in gewisser Hinsicht die familiäre Kommunikation unklar gewesen ist und daß die Sprache häufig dazu mißbraucht wurde, etwas zu verbergen, statt miteinander zu kommunizieren. Zuweilen erging man sich in endlosem hintergründigem Geschwätz, ohne daß jemals klar herausgekommen wäre, um was es dabei ging. Gleichzeitig wurden wichtige Themen nicht angesprochen oder direkt vermieden; auf sie wurde nur durch stillschweigende Folgerung, Klang der Stimme oder beredtes Schweigen angespielt. Je näher wir der schizophrenen Entwicklung kommen, desto offenkundiger wird, daß der Kommunikationsstil widersprüchlich, verwirrend und unzusammenhängend war. Wenn man von einer grundlegenden, allgemein zu beobachtenden Verfehlung sprechen möchte, die emotionale und psychische Krankheit zur Folge hat, dann ist dies die Sünde der Heuchelei, die darin besteht, etwas zu sagen und etwas anderes zu meinen. Es ist viel darüber gesagt und geschrieben worden, daß der Therapeut allein aufgrund der Tatsache Erfolge erzielt, daß er anders reagiert als die Menschen, mit denen der Patient aufgewachsen ist. Diesen Unterschied kann der Patient unter anderem durch den Sprachgebrauch bemerken; er sollte stets angemessen, genau, unkritisch und frei von Vorwürfen sein. Es genügt nicht, daß der Therapeut erklärt: »Ich bin aber nicht Ihre Mutter«, wenn er Anzeichen unangemessener Reaktionen erkennt; er muß sich auch anders verhalten und sprechen. Redlicher, gleichbleibender Sprachgebrauch ist ein Weg, auf dem der Therapeut einen Patienten bewußt dahin führen kann, den genannten Unterschied zu erleben, ohne daß er dies ausspricht. Bei der Entwicklung größerer Genauigkeit und Eindeutigkeit kann ein Supervisor dem angehenden Therapeuten unmittelbar behilflich sein.

Erhebung der Krankengeschichte

Der therapeutische Sprachgebrauch beginnt beim Sammeln von Informationen über die Schwierigkeiten und die Lebensgeschichte des Patienten. Die Erhebung der Krankengeschichte sollte nicht als Untersuchung oder Inquisition vonstatten gehen, nicht als aggressives Fragen nach unzusammenhängenden Fakten oder als gefühlloses Herumstochern in intimen Einzelheiten. Bei der Erkundung der sexuellen Entwicklung und der damit verbundenen Verhaltensweisen sind selbst in unserem liberalen Zeitalter und auch bei Patienten, die sich etwas auf ihre sexuelle Freiheit zugute halten, Takt und Rücksichtnahme vonnöten. Junge Therapeuten haben häufig das Gefühl, sie müßten sich auf diesem Gebiet freizügig geben, und manche handeln und sprechen freier, als es ihrem Gefühl entspricht. So kann es geschehen, daß sie nicht sorgsam genug auf die Verlegenheit des Patienten achten und bei ihrer Untersuchung und in ihren Reaktionen nicht soviel Takt beweisen, wie es die Empfindlichkeiten des Patienten erfordern.

Die Erhebung der Krankengeschichte sollte, da ebenfalls Teil des therapeutischen Prozesses, als stützende allgemeine Erforschung der möglichen Schwierigkeiten angelegt sein. Man sollte Fragen vermeiden, die der Patient mit »Ja« oder »Nein« beantworten kann; häufig bricht danach der Kommunikationsfluß ab. Auch bei der Erkundigung nach einer so simplen Sache wie einem Datum sollte man, besonders bei ängstlichen und gefühlsunsicheren Patienten, mit Fragen in Form einer Vermutung oder eines Alternativangebots vorgehen wie: »War das vor oder nach den Sommerferien?« oder »Vor oder nach Weihnachten?« Vor allem sollte man die direkte Frage »Warum?« vermeiden. Denn für viele Menschen hat diese Frage die mit ihrer Lebensgeschichte in Verbindung stehende Nebenbedeutung von Anschuldigung oder des Für-schuldig-Erklärens, noch ehe der Beweis dafür erbracht ist. Sie legt auch die Schlußfolgerung nahe, daß sich auf eine ziemlich komplexe und schwierige Situation mit vielen verschiedenen Determinanten eine einfache konkrete Antwort finden läßt. Ein nachdenklicher Kommentar in Richtung »Ich frage mich, was bei alldem eine Rolle gespielt haben mag« oder »Wie haben Sie sich das zu erklären versucht?« kann den Patienten unter Umständen zum Nachdenken veranlassen, und wenn er erkennt, daß der Therapeut ihm ein aufgeschlossenes Interesse entgegenbringt, dann kann es sogar sein, daß er Dinge offenbart, die er bislang für sich behalten hat. Supervision kann einem Anfänger dabei helfen, Kommentare und Fragen so umzuformulieren, daß sie mit den Bedürfnissen und Problemen des Patienten in Einklang stehen. Für gewöhnlich erfordert dies eine Vereinfachung dessen, was der Student in einem komplexen oder zu bestimmten und allwissenden Sprachstil zum Ausdruck gebracht hat.

Dieses Achten auf verbale Äußerungen sollte nicht in gestelzter Kommunikation enden. Wichtig ist, daß der Therapeut zu erkennen lernt, daß das Sprechen mit einem Patienten, besonders das Sammeln von Informationen, sich von einer Befragungs- oder Testsituation insofern unterscheidet, als Fragen und Antworten aufeinander bezogen sind. Mit wachsendem Geschick in seinem Untersuchungsstil vermittelt der Therapeut dem Patienten, daß er auf seiner Seite steht, und so aktiviert er ein Änderungspotential, das blockiert oder unterentwickelt geblieben ist. In diesem Lernprozeß erarbeitet sich der Therapeut einen genauen Sprachstil, der noch seine eigene natürliche Ausdrucksweise widerspiegelt. Aus diesem Grunde habe ich Beispiele für direkten sprachlichen Austausch auf ein Minimum reduziert. Jeder Therapeut muß seinen eigenen Weg unzweideutigen Sprechens herausfinden.

Exploration von Gefühlen
Behutsamkeit bei der Wortwahl von Kommentaren ist besonders bei einem Patienten angezeigt, der mit klaren Hemmungen vor dem Ausdruck spontaner Gefühle aufgewachsen ist. Andere Patienten mögen Verlegenheit darüber empfinden, daß sie zu »vulgären« Emotionen fähig sind, oder haben sich dazu erzogen, sie nicht einmal anzuerkennen. Patienten brauchen Hilfe bei der Klärung und Äußerung von Gefühlen, doch dies muß in einer Weise geschehen, die nicht schockierend oder beleidigend wirkt. Ein sicheres Mittel der Gesprächsvereitelung ist die Wendung: »Sie müssen sehr wütend oder eifersüchtig gewesen sein . . .« Wenn der Patient dies bestätigt, dann kann er das Gefühl verspüren, entweder er sei durchschaut worden oder der Arzt sei ein Gedankenleser. Für gewöhnlich ist es produktiver, eine Frage zu stellen, die erkennen läßt, auf welchem Gebiet man Informationen erwartet, doch die Frage sollte eine Alternative offenlassen. Hat man einen Patienten vor sich, der sich besonders stark dagegen sträubt, über seine Familie zu sprechen, oder dessen ganze Lebensgeschichte und dessen Verhalten andeuten, daß er seine Gefühle niemals geäußert hat, in einem solchen Falle

kann man vielleicht die Frage stellen: »Wer konnte es sich in Ihrer Familie erlauben, seinen Ärger zu zeigen, oder haben sie alle die Lippen zusammengekniffen?« Wenn der Patient antwortet, sie hätten alle den Mund gehalten, dann hat man einen Einstieg, weiterzuforschen, auf welche Weise dies als wünschenswertes Verhalten hingestellt wurde, ob durch rigides Beispiel oder durch ausgesprochene Ermahnung, und wie die Regel durchbrochen wurde.

Vorwurfsvolles Beharren darauf, der Patient leiste Widerstand oder sage nicht, was er wirklich fühle, provoziert womöglich nur Widerwillen oder einen Wutanfall, wenn der Patient das Gefühl hat, man habe ihn zu sehr bedrängt – es führt selten zu einer sinnvollen Exploration der dem Verhalten zugrunde liegenden Konflikte. Ich erinnere mich an Ida, ein Mädchen von achtzehn Jahren, über die der Stationsarzt berichtete, sie sei negativistisch und weigere sich, über ihre Familie zu sprechen, wobei sie ständig wiederhole, über ihre Familie gebe es nichts zu berichten. In einem Interview mit mir, bei dem auch der Arzt zugegen war, war sie wie üblich abweisend und erklärte wiederholt, »es ist überhaupt nichts geschehen«. Diesen Satz nahm ich als Hinweis auf und meinte bestätigend: »Also hatten Sie eine aus Unereignissen bestehende Kindheit.« Meine umgangssprachliche Ausdrucksweise entlockte ihr ein Lächeln, und anschließend gab sie sich aufgeschlossener. Tatsächlich hatte sie mit ihrer Feststellung gar nicht so unrecht: Idas Kindheit war durch keinerlei Ereignisse geprägt, die man als traumatisch beschreiben könnte, doch sie hatte unter einem echten Mangel an emotionalen Reaktionen und persönlicher Zuwendung gelitten. Viele der positiven, bestärkenden Erfahrungen, die einem Kind zuteil werden müssen, wenn es Zuversicht und Lebenstüchtigkeit entwickeln soll, waren in ihrem Fall ganz einfach ausgeblieben. Sie war ein spätgeborenes Kind, das auf die Welt gekommen war, als seine älteren Geschwister bereits Teenager waren, die sich, wie in diesem Alter üblich, auf störend aufdringliche Weise bemerkbar machten. Ida hatte während ihrer Kindheit nur ganz klar verstanden, daß es besser gewesen wäre, wenn sie nicht in ihre Familie hineingeboren worden wäre.

Menschen, die wie Ida unter Umständen aufwachsen, die von emotionalen Entbehrungen gekennzeichnet sind, können tatsächlich in ihrer Fähigkeit beeinträchtigt sein, Gefühlstöne zu unterscheiden. Daher leugnen oder vermeiden sie nicht etwas, wenn sie behaupten, sie fühlten nichts oder wüßten nicht, daß sie Gefühle haben. Bei solchen Patienten hat der Anfänger unter Umständen Schwierigkeiten, mitschwingende Gefühlstöne wahrzunehmen, und er muß lernen, die versteckten Äußerungen von Unruhe und Unbehagen zu erkennen, die womöglich auf nicht zu bestimmende Gefühle hinweisen. Er muß lernen, dem Patienten dabei zu helfen, Wahrnehmung und Bewußtsein von Gefühlsreaktionen zu entwickeln, die schmerzlich oder aufregenden Erfahrungen angemessen sind. Sonst gerät der Therapeut in Gefahr, Ungeduld oder Enttäuschung zu zeigen, wenn der Patient nicht auf das reagiert, was er, der Therapeut, so umsichtig und sorgsam als das jeweilige Problem herausgearbeitet hat. Die Schwierigkeit liegt unter Umständen nicht in der Richtigkeit oder Unrichtigkeit der vom Therapeuten gezogenen Schlußfolgerung, sondern vielmehr in dem zur Beschreibung von Gefühlszuständen benutzten Vokabular. Es dürfte nicht schwer sein zu erkennen, daß komplexe begriffliche Vorstellungen der Klärung bedürfen, doch es ist weitaus schwieriger herauszufinden, daß Alltagsbegriffe keinerlei Bedeutung für einen Patienten haben, der niemals Gelegenheit hatte, seine Begriffe oder sein Vokabular in diesem Sinne zu organisieren.

Vor einiger Zeit hatte ich Nora in Konsultation, eine junge Frau, die in mehreren Jahren psychotherapeutischer Behandlung keinerlei Fortschritte gemacht hatte. Sie beeindruckte mit ihrem Gebrauch von Flüchen und ungehobelten Bemerkungen, mit deren Hilfe sie zu demonstrieren suchte, daß die Therapie sie »befreit« hatte. Bei der Rekapitulation ihrer Lebensgeschichte erwähnte sie, ihr »Anderssein« sei ihr zum erstenmal aufgefallen, als sie beim Tode ihres Großvaters, dem sie sehr zugetan war, keinerlei Gefühle empfunden hatte.

Nora hatte zeit ihres Lebens nachgeahmt, was sie bei ihren Zeitgenossen als Gefühlsäußerung erlebt hatte, doch ihr war ziemlich klar, daß unter ihrem oberflächlichen Verhalten keinerlei wirkliche Substanz steckte. Ihr früherer Therapeut hatte ganz richtig erkannt, daß sie niemals ermutigt worden war, ihre Wut und ihre anscheinend unterdrückten Aggressionen zu äußern, doch er hatte nicht bemerkt, daß diese Begriffe für sie keinerlei Bedeutung besaßen. Die Patientin brauchte Hilfe, damit sie lernte, ihre Gefühlsreaktionen in einer Vielfalt von Situationen genauer zu erkennen und zu unterscheiden.

Ein ähnliches Problem stellte sich bei Nathan, einem dreizehnjährigen jüdischen Jungen, der nach seinem Bar-Mizwa (hebr.: Sohn des Gebotes; der mit 13 Jahren mündig gewordene männliche Jude und der Tag der damit verbundenen Feier. Anm. d. Übers.) jähe Verhaltensänderungen zeigte. Bis dahin war er als strahlende Hoffnung der Familie angesehen worden. Jetzt war er von Schuldgefühlen beherrscht und verspürte ein drängendes Bedürfnis nach Buße für seine Sünden. Diese Gefühle verdüsterten sein Denken, und er entwikkelte eine ganze Reihe von Ritualen; was immer er tat oder nicht tat, er begründete es mit Angst vor Schuld. In seiner Therapie zeigte sich so lange kein Fortschritt, bis man auf den weiten Bereich von Gefühlstönen aufmerksam wurde, die er niemals erwähnte und von denen er auf Befragen hin erklärte, daß er sie nicht empfinde. Nathan war in einer Familie aufgewachsen, in der »kein Ärger machen« und »alles einstecken« als Tugenden hingestellt wurden. Nach und nach wurde klar, daß die von ihm als »Schuld« bezeichnete Empfindung immer dann auftauchte, wenn sich in ihm auch nur die geringste Regung eines anderen Gefühls bemerkbar machte, Regungen, die man wohl am besten mit »Angst«, »Wut«, »körperliches Unbehagen« und darauf basierenden »Forderungen« bezeichnete. Es bedurfte großer Geduld auf seiten des Therapeuten, um diesen Äußerungen von Spannung und Unbehagen nachzuspüren und dem Jungen dabei behilflich zu sein, ihre Bedeutung für sein gesamtes Entwicklungsmuster zu erkennen, statt, wie bisher geschehen, nach möglichen Ereignissen zu suchen, die so viele Schuldgefühle hervorgerufen haben mochten.

Definition der Beziehung

Patienten und Therapeuten, die gerade ihre Ausbildung hinter sich gebracht haben, teilen nicht selten die populäre Vorstellung, der Patient rede ununterbrochen, ein Vorgang, den man als »freie Assoziation« bezeichnet, und der Psychotherapeut heile ihn, indem er ihm sage, was das alles bedeute. Selbst der am rigidesten an der orthodoxen Lehre festhaltende Psychoanalytiker würde diese Beschreibung als Karikatur des analytischen Prozesses ansehen, doch junge Therapeuten versuchen unter Umständen, sich an ein solches Modell zu klammern, und ein argloser Supervisor erkennt dies womöglich nicht sogleich. Natürlich ist es in gewisser Hinsicht einfacher, den Patienten reden zu lassen, statt durch scharfsinnige Fragen die Themen aufzuhellen, die seinen Symptomen zugrunde liegen. Der Patient läßt in seinen Bemerkungen unter Umständen ziemlich verzerrte Ansichten über Ereignisse oder Beziehungen erkennen. Der Zuhörer muß sich darüber im klaren sein, daß er gemäß dem Grundsatz, daß »Schweigen Zustimmung ist«, sein Einverständnis äußert, sofern er nicht dann und wann die Ansichten des Patienten in Frage stellt.

Es erweist sich als besonders notwendig, die therapeutische Beziehung zu definieren und auf taktvolle Weise die Entwicklung einer überintensiven Bindung zu verhindern. Der unsichere Anfänger kann die therapeutische Beziehung zur Befriedigung seiner Sicherheitsbedürfnisse mißbrauchen. Wenn er die Bewunderung oder die erklärte Abhängigkeit des Patienten für bare Münze nimmt und sie stillschweigend hinnimmt, statt ihre Bedeutung zu erforschen, fördert er eine »positive Übertragung« von gefährlichem Ausmaß. Ernste Schwierigkeiten können sich einstellen, wenn das Bedürfnis des Therapeuten nach Sicherheit und Bestätigung auf die Forderung eines Patienten nach besonderer Anerkennung trifft, die zuweilen offen als Forderung nach Liebe geäußert

138

wird. Unter solchen Bedingungen kann es zu akuten psychotischen Episoden kommen.

Nehmen wir den Fall von Mrs. A, einer dreißigjährigen Frau, die das College verlassen hatte, um im Alter von zwanzig Jahren zu heiraten, und die dann in schneller Folge mehrere Kinder in die Welt gesetzt hatte. Sie war enttäuscht über ihren Mann, der selbst sehr unsicher war und der sich entschlossen hatte, seine Firma im Mittelwesten zu verlassen, um eine bessere Anstellung im Osten der Vereinigten Staaten zu suchen. Dieser Umzug bedeutete für den Ehemann wie für seine Frau eine Beeinträchtigung ihrer Beziehungen zu ihren Familien und alten Freunden. Während Mrs. A. sich in ihrem neuen Heim einrichtete, erlitt sie einen akuten psychotischen Schub, von dem sie sich aber nach kurzem Krankenhausaufenthalt wieder erholt hatte. Sie war begeistert, als ihr angeboten wurde, von dem selben Therapeuten als Privatpatientin weiterbehandelt zu werden, und sie äußerte offen ihre Bewunderung für den Therapeuten. Alles schien sich gut zu entwikkeln, sogar so gut, daß die Familie der Patientin nach wenigen Monaten das Gefühl hatte, sie könne sich die Kosten der Behandlung sparen. Die Patientin erklärte ihrem Arzt: »Ich kann Sie mir nicht mehr leisten«, und der Therapeut stimmte einem Abbruch der Behandlung zu, ohne auf die Angelegenheit weiter einzugehen. Die Patientin war in Aufregung, als sie das Sprechzimmer des Therapeuten verließ, wartete in ihrem Wagen, bis sie sah, daß der nächste Patient ging, kehrte dann in die Praxis des Therapeuten zurück und forderte ihn auf, ihr einen Kuß zu geben. Als er sich weigerte, ging sie auf ihn zu, und er nahm ihr Gesicht in seine Hände, küßte sie flüchtig auf die Wange und meinte: »Sie müssen jetzt gehen. Ich werde Sie vermissen, altes Mondgesicht.«

In diesem Augenblick war Mrs. A. völlig davon überzeugt, daß es sich bei ihrer beider Beziehung wirklich um eine »Affäre« gehandelt, daß zwischen ihnen immer etwas Besonderes bestanden hatte. Sie hatte immer das Gefühl gehabt, daß sie nichts zu sagen brauchte, daß er »wußte«, was sie auf dem Herzen hatte, und daß sie einander verstanden, ohne

Worte wechseln zu müssen. Sie hatte aktives Interesse an ihm als Menschen, an seiner Familie und an seinem Privatleben geäußert, obwohl er sie weder ermutigt noch entmutigt und nie offen dazu Stellung genommen hatte. Sie war sicher gewesen, daß sein »Gefühl« ihr gegenüber dem entsprach, was sie für ihn hegte. Nun geriet sie in akute Besorgnis darüber, ob ihre Affäre anderen bekannt sei, ob Leute ihr folgten, um herauszufinden, ob sie andauerte; sie wurde beherrscht von dem Gedanken, daß zwischen ihnen etwas Verbotenes vorgefallen sei und daß die »illegitime Beziehung« ihm schaden könne, daß die Gesundheitsbehörden ihm auf der Spur seien. Wiederholt rief sie bei ihm im Büro an und bat ihn, sie zu heiraten; er schickte sie zu einer Apotheke, um sich Beruhigungstabletten zu besorgen. Von da an wurde Mrs. A. von dem zwanghaften Gefühl befallen, sie sei zurückgestoßen worden. Sie versuchte sich zu töten, indem sie all die Tabletten einnahm, die sie besaß, und wollte sich anschließend mit einem Küchenmesser die Kehle durchschneiden. Ihr Mann fand sie im Badezimmer und brachte sie in die Klinik zurück. Der neue Therapeut von Mrs. A., ebenfalls angehender Psychotherapeut, vermochte die oben geschilderte Ereignisfolge nach und nach aufzuhellen. Auch ihn versuchte sie in eine ähnlich heimliche »Affäre« hineinzuziehen, doch da er unter Supervision arbeitete, wurde er darauf aufmerksam und erörterte ihr einschmeichelndes und verführerisches Verhalten in aller Offenheit. Doch seine Forderung, sie sollten beide offen darüber sprechen, was sich zwischen ihnen abspielte, tat sie verächtlich ab und entwickelte ziemlich starke Aggressionen. Sie wollte weiterhin verstanden werden, ohne Worte zu verlieren, und äußerte sich nur indirekt, wobei sie ständig darauf anspielte, daß sich in der Natur ihrer Beziehung etwas Erotisches verberge. Indem der neue Therapeut auf ihre Anspielungen nicht einging und sich offen und redlich bemühte, die Natur ihrer Beziehung zu definieren, konnte er ihr dabei helfen, sich klarzumachen, daß im Gegensatz zu ihren ständigen Forderungen »Liebe sie nicht heilen würde«. Erst anschließend ließ sich Mrs. A. auf eine sinnvolle therapeutische

Beziehung ein, auf eine Beziehung, in der ihre Gefühle sondiert und erforscht wurden. Es ist nur zu verständlich, daß ein Anfänger sich bestätigt fühlt, wenn ein Patient zum Ausdruck bringt, daß er ihn und seine Fähigkeiten besonders schätzt. Für gewöhnlich gestalten sich die Konsequenzen, die sich aus der Ablehnung einer solch bewundernden Haltung ergeben, auch nicht ganz so dramatisch. Doch es ist entschieden untherapeutisch, wenn man zuläßt, daß eine von Abhängigkeit geprägte »positive Übertragung« überhandnimmt.

6. Über Lehren und Lernen

Psychotherapie vollzieht sich als Begegnung von zwei Menschen, dem Patienten und dem Therapeuten, und was in dieser intimen Beziehung kommuniziert wird, ist seinem Wesen nach privater Natur. Doch während der Ausbildungszeit ist der therapeutische Prozeß in gewisser Hinsicht nur halbprivat, dann nämlich, wenn der Therapeut einem Supervisor über seine Erfahrungen mit einem bestimmten Patienten berichtet; bisweilen ist er halböffentlich, wenn der Therapeut in einem Fallseminar über einen Patienten spricht; und schließlich ist er zuweilen mehr oder minder öffentlich, wenn ein Patient an einer Fallkonferenz teilnimmt und vor einer Zuhörerschaft interviewt wird. Diese verschiedenen Verstöße gegen die Bedingung der Privatheit modifizieren die Vorgänge, die sich in den individuellen Behandlungssitzungen abspielen, allerdings nicht immer in unerwünschter Weise.

Große Runden

Ich habe an mehr als einer Fallkonferenz teilgenommen, in der ein Patient, der zuvor als abweisend und widerstrebend geschildert worden war, aufblühte und »alles erzählte«, als wenn er vor Gericht stünde. Unter ungünstigen Bedingungen kann ein taktloser Interviewer, die Empfindlichkeiten des Patienten nicht bedenkend, an Probleme rühren, auf die weder der Patient noch der Therapeut vorbereitet ist. Auch wenn diese verschiedenen Lehrveranstaltungen dem angehenden Therapeuten die Hilfen geben mögen, die er in seinem Lerneifer erwartet, so kann er dabei doch das Gefühl haben, als werde er in unbarmherziger Weise der Kritik von seinesgleichen und seiner Lehrer ausgeliefert. Im günstigen Falle jedoch zwingt ihn die Vorstellung in großen Runden dazu, sich die

Entwicklung des Patienten zu vergegenwärtigen, die großen Massen an Material, die er angesammelt hat, zu organisieren, sich darüber klarzuwerden, in welcher Beziehung dies Material zu den Vorgängen in der Therapie steht, und seine Erfahrungen mit den Darstellungen in der Literatur zu vergleichen. All dies ist ein positiver Anreiz zum Erwerb einer reifen Selbsteinschätzung.

Für gewöhnlich wird zu solchen Konferenzen ein anderer Psychotherapeut eingeladen, damit er seine Ansicht über die Falldarstellung und die jeweilige Problematik in die Diskussion einbringt. Nur wenige Erfahrungen sind anregender und bereichernder, als einem erfahrenen Therapeuten zuzuhören, wie er im einzelnen seine Gedanken über die Probleme eines Patienten vorträgt, und die Art und Weise zu verfolgen, wie er seine Schlußfolgerungen auf den therapeutischen Prozeß überträgt. Solch eine Diskussion kann zu neuen, unerwarteten Sichtweisen führen. Wenn derartige Diskussionen didaktisch hilfreich sein sollen, müssen sie auf den Erfahrungsstand der Studenten zugeschnitten sein. Leider habe ich zahllose Konferenzen und Falldarstellungen erlebt, bei denen der jeweilige Redner lediglich stereotype Klischees der etablierten Theorie von sich gab; er zitierte komplizierte Sachverhalte der psychoanalytischen Theorie und Metapsychologie, die weder für den jeweils diskutierten Fall relevant waren noch für die Studenten irgendeine Bedeutung besaßen. Ein Student kann allerdings daraus lernen, daß es verbale Manöver gibt, die gelehrt und sachkundig erscheinen, ohne einen Sinn zu ergeben; dahinter verbirgt sich der Wunsch, das eigene Prestige zu steigern.

Elektronische Lehrhilfen

Auf Ton- oder Magnetbildband aufgenommene Interviews und Behandlungssitzungen werden in steigendem Maße zu Lehrzwecken eingesetzt. Sie haben den großen Vorteil, daß sie dem Patienten die Peinlichkeit ersparen, vor Fremden seine innersten Gedanken und Gefühle zu enthüllen. Außerdem gestatten sie Erörterungen von Vorgängen bis in alle

Einzelheiten, und wenn etwas relevant oder unklar ist, können bestimmte Abschnitte erneut abgespielt werden. Diese Methoden können auf vielfältige Weise dabei behilflich sein, die Fertigkeiten eines Anfängers zu mehren, seine Fähigkeit zu stärken, sorgsam auf das zu achten, was der Patient explizit sagt, und die impliziten Bedeutungen zu erkennen. Mit Hilfe solcher Methoden kann dem angehenden Therapeuten beigebracht werden, die nicht-verbalen Signale des Patienten und, noch wichtiger, seine eigenen verbalen und nicht-verbalen Äußerungen aufmerksamer zu beachten –: wie er den Patienten in seinem Kommunikationsangebot bestärkt und ihn auf diese Weise ermuntert, fortzufahren und sich zu öffnen, oder wie er, umgekehrt, durch abwehrende Gesten, irrelevante Fragen oder unangebrachten Themenwechsel den Patienten daran hindert zu sagen, was zu äußern er bereit scheint.

Unter Studenten besteht ein großes Bedürfnis danach, mit eigenen Augen zu sehen, wie man Psychotherapie tatsächlich »ausübt«. Erfahrenere Studenten mögen die Frage stellen: »Können Sie uns einige der Möglichkeiten zeigen, sie auszuüben?« Obwohl die verschiedenen Lehrmethoden nützlich dabei sind, etwas *über* Psychotherapie zu lernen, so scheint mir doch, daß man durch Beobachten von anderen nicht lernen kann, wie man selbst Psychotherapie ausüben soll. Wenn der Anfänger erfahrene Therapeuten dabei beobachtet, wie sie Patienten interviewen, dann erkennt er vermutlich, daß jeder nach einem anderen Stil verfährt, und er lernt auf diese Weise, daß auch er sich seinen eigenen Fundus an Fertigkeiten erwerben muß. Manche finden es ermutigend, wenn sie sich als Therapeuten in einer Weise entwickeln können, die mit ihrer Persönlichkeit und dem, was sie empfinden, während sie einem Patienten zuhören, voll in Einklang steht. Andere wiederum sind verwirrt angesichts der Tatsache, daß es in der Therapie so viele individuelle Spielarten und verschiedene Stile gibt; sie möchten lieber genaue Vorschriften, »wie man es macht«.

Therapeutische Sitzungen zu beobachten ist produktiver, wenn ein älterer erfahrener Therapeut zugegen ist, der laufend Kommentare gibt und sich für anschließende Diskussion bereithält. Ich erinnere mich, daß ich bei einer Gelegenheit zusammen mit einer Gruppe von angehenden Therapeuten auf einem hauseigenen Fernsehapparat eine therapeutische Sitzung beobachtete. Alles schien gutzugehen; die Patientin sprach über wichtige Themen. Es schien, daß sie sich vorgenommen hatte, einige besonders schwierige Probleme anzusprechen. Nachdem etwa die Hälfte der Sitzung verstrichen war, begann der Therapeut, zuerst sachte, dann immer heftiger, mit dem Fuß auf den Boden zu klopfen. Die Patientin ließ sich dadurch nicht stören, sondern fuhr fort, über das zu sprechen, was sie auf dem Herzen hatte. Gegen Ende der Sitzung schließlich machte der Therapeut die Patientin auf eine besonders wichtige Angelegenheit aufmerksam. Ich bemerkte: »Also das hatte das Klopfen zu bedeuten.« Nur einem in der Gruppe war das auch aufgefallen. Als der Therapeut anschließend danach gefragt wurde, ging ihm auf, daß er allmählich ungeduldig geworden war, da er keine Gelegenheit gehabt hatte zu sagen, was ihn bewegte. Er hatte vorgehabt, das Thema gleich zu Anfang der Sitzung anzuschneiden, um der Patientin genügend Zeit zu lassen, darauf reagieren zu können, doch da sie spontan über wichtige Probleme gesprochen hatte, war ihm nichts anderes übriggeblieben, als seine Äußerung hinauszuschieben.

Mag die Wiedergabe mitgeschnittener Sitzung technisch noch so gut sein, nicht zu vergessen der Vorteil, daß man die Sendung an den verschiedensten bedeutsamen Punkten unterbrechen kann, was fehlt, sind die untergründige Spannung und Lebendigkeit, die zu jeder Behandlungssitzung gehören, sind das Ungeäußerte und Nichtverbalisierte, über das der Therapeut oder auch der Patient möglicherweise nachdenkt, das er aber nicht in die Sitzung einbringt. Doch ich möchte die Bedeutung indirekten Lernens durch Beobachten keineswegs unterschätzen. Im Gegenteil, diese verschiedenen technischen Hilfsmittel eignen sich ausgezeichnet zur Demonstration klinischer Syndrome, und sie tragen nicht wenig dazu bei, die Beobachtungsgabe des Anfängers und seine Fähigkeit zur gründlichen und systematischen Untersuchung und Beschreibung von Symptomen und Verhaltensweisen zu schärfen. Gruppendiskussionen über mitgeschnittene Interviews können auch deutlich machen, was mit psychodynamischen Konstellationen, Abwehrmechanismen und dergleichen gemeint ist, und mit ihrer Hilfe lernt der Anfänger, genauer zu beachten und zu äußern, was sich bei seinen eigenen Patienten abspielt. Ähnlich lehrreich und informativ sind regelmäßige Fallseminare über die therapeutische Behandlung von einem oder mehreren Patienten, in deren Verlauf die Zuhörer sich an der Diskussion beteiligen. Doch sie können die individuelle Supervision nicht ersetzen.

Individuelle Supervision

Man hört gelegentlich den Einwand, individuelle Supervision sei zu zeitraubend, Gruppensupervision habe die gleiche Wirkung. Was die allgemeineren Aspekte der Ausbildung angeht, so ist dies zweifellos richtig, doch Gruppensupervision ist weniger geeignet, wenn man das Bedürfnis des Therapeuten berücksichtigt, ein Gespür für die verborgenen Feinheiten eigener Schwierigkeiten zu entwickeln. Während der Supervision fortgeschrittener Studenten in Gruppen zu zweit oder dritt habe ich wiederholt festgestellt, daß sie eine Art rotierendes System entwickelten, nach dem sie nicht erschienen; sie erklärten ihr Verhalten damit, eine Supervision zu zweit, zwischen Ausbilder und Student, sei vorteilhafter, weil sie ihnen mehr bringe. Sie hatten das Gefühl, nur relativ wenig zu lernen, wenn sie den Berichten anderer zuhörten. Die Teilnahme von mehreren Studenten an der Supervision hinderte sie nach ihren eigenen Worten daran, sich selbst gegenüber so offen zu sein wie in der Einzelsupervision, und bereitete ihnen größere Schwierigkeiten, Fragen zu stellen und auf Anregungen einzugehen.

Obwohl Supervision bei den meisten Ausbildungsprogrammen einen beträchtlichen Teil der Zeit beansprucht, ist nur sehr wenig darüber geschrieben worden. Die Veröffentlichungen beschäftigen sich in der Hauptsache mit der Supervision von psychoanalytischen Kandidaten durch Psychoanalytiker, von Kandidaten also, die man schwerlich noch als Anfänger bezeichnen kann. Über die Supervision der unerfahrenen, also der eigentlichen Anfänger findet sich fast keine Literatur. Doch gerade sie bedürfen dieser intimen, speziellen Förderung ganz besonders; die Frage, ob sie in ihrer Entwicklung eine positive oder eine unerwünschte Richtung einschlagen, dürfte entscheidend von ihren Erfahrungen mit Supervisoren abhängen. Die Notwendigkeit des Lernens durch persönliche Unterweisung ergibt sich aus den speziellen Problemen der psychiatrischen Ausbildung, die sich in vieler Hinsicht von der Ausbildung in anderen medizinischen Fachgebieten unterscheidet. Psychotherapeut zu werden ist ein höchst persönliches Geschehen und erfordert weitgehend individuell ausgerichtetes Lernen.

Als wichtiger Faktor erweist sich, daß während des Medizinstudiums nur unzulänglich auf Psychotherapie vorbereitet wird. Die Fertigkeiten, die der künftige Therapeut während seiner Studienjahre erwirbt, beruhen mehr oder weniger auf der Beobachtung greifbarer Fakten und auf Tätigkeiten, seien es Operationen am Patienten (etwa Elektroschock-Therapie in der Psychiatrie), Verschreibungen von Psychopharmaka oder Beurteilung von Umweltbelastung. Im Gegensatz dazu sind die vom Psychotherapeuten benötigten Instrumente seine eigene Persönlichkeit, seine Sensibilität für interpersonale Prozesse und seine eigenen Reaktionen in der Beziehung zu Patienten; sie werden von seinen Gefühlen ihm selbst und anderen gegenüber geprägt. Im Grunde genommen handelt es sich bei der Psychotherapie um die Untersuchung von Schwierigkeiten und Störungen, die der Therapeut bei einem Patienten antrifft, der während seiner Entwicklung verwirrenden und quälenden Beziehungen ausgesetzt war, Beziehungen, die häufig von Urteilen belastet, ablehnend, unbeugsam und entwürdigend waren und die bei ihm unter Umständen ein Mißtrauen vor jedem neuen persönlichen Kontakt hinterlassen haben. Psychotherapie vermag vor allem aufgrund der Neuheit dieser besonderen menschlichen Beziehung, die, sofern sie wirksam wird, zu größerer Unabhängigkeit und Selbstsicherheit verhilft, therapeutisch günstige Änderungen herbeizuführen.

Bei einigen angehenden Psychotherapeuten handelt es sich um praktizierende Ärzte, die sich zu einer neuen beruflichen Laufbahn entschieden haben, weil sie ihre Fähigkeiten bei der Behandlung von Patienten mit den verschiedensten psychischen Problemen wirksam vermehren möchten. Ihre größere Erfahrung ist zweifellos ein Gewinn, doch sie können es als schwierig empfinden, sich ein neues Konzept der Arzt-Patient-Interaktion zu eigen zu machen, in welcher der Arzt eher die Rolle eines Katalysators spielt, mit dessen Hilfe der Patient größere Lebenstüchtigkeit erwirbt. Andere Therapeuten haben Schwierigkeiten, die Tatsache zu akzeptieren, daß sich Fortschritte nur langsam einstellen, und sie machen sich Sorgen darüber, sie könnten dem Patienten keinerlei Vorteil bringen, verschwendeten nur seine Zeit und sein Geld. Diese psychologisch orientierten Ärzte haben für gewöhnlich mit Patienten zu tun gehabt, die ihnen mit Dankbarkeit und Vertrauen begegnen. Für sie bedeutet es einen Schock, wenn sie während intensiver Therapie erleben müssen, daß Patienten, weit davon entfernt, liebenswürdig zu sein, Zweifel äußern, sich offen feindselig geben, das Gespräch zu lenken trachten oder den Therapeuten zu manipulieren suchen.

Anfänger unterscheiden sich erheblich hinsichtlich der Probleme, die ihnen beim Erwerb einer erfolgreichen therapeutischen Einstellung begegnen. Doch grundlegend für diesen Prozeß ist das vertiefte Gefühl eigener Identität. Der Anfänger erwartet natürlich vom Supervisor, daß er ihm dabei hilft, die Schwierigkeiten seiner Patienten zu erkennen. Doch er selbst braucht genausoviel, wenn nicht mehr Unterstützung, wenn er seine eigene Person in ein effektives therapeutisches Instrument verwandeln will, und dies erfordert eine weitgehend auf das Individuum zugeschnittene Unterweisung.

Supervisionsstile

Angehende Therapeuten sehen sich einer großen Vielfalt von Supervisionsmethoden gegenüber, angefangen mit Diskussionen über ihre Patienten mit jemandem, der ihnen in der Ausbildung ein oder zwei Jahre voraus ist, oder mit einem jüngeren Dozenten bis hin zu Supervisionssitzungen mit erfahrenen Therapeuten und Psychoanalytikern. Die Vielfalt von Supervisionsverfahren betrifft sowohl die Lehrinhalte wie -methoden. Für gewöhnlich bitte ich meine Studenten um detaillierte Informationen über ihre Erfahrungen mit anderen Supervisoren. An Studenten ergehen die unterschiedlichsten Anforderungen hinsichtlich ihrer Vorgehensweise: einige Lehrer überlassen es ihnen, wie sie ihre Berichte abfassen; andere wünschen ausführliche schriftliche Darstellungen mit besonderer Berücksichtigung der Bedeutung einzelner Worte und Äußerungen. Einige konzentrieren sich von Anfang an auf das, was der Patient über den Therapeuten »fühlt«, andere auf das, was der Patient über seine Kindheit und zurückliegende Erfahrungen enthüllt. Manche angehenden Therapeuten empfinden diese Vielfalt als verwirrend, andere als bereichernd und hilfreich bei ihrem Bestreben, mit der Unterschiedlichkeit von Gesichtspunkten vertraut zu werden.

Supervisoren unterscheiden sich beträchtlich in ihrer Vorstellung darüber, was der Student dringend lernen müsse und wie er unterrichtet werden sollte. Es lassen sich Parallelen erkennen zwischen theoretischen Konzepten über die Natur psychischer Krankheiten und den Konzepten über das Wesen des therapeutischen Prozesses. Wer psychische Krankheit als Ausdruck unbewußter Konflikte versteht und der Einsicht in diese Konflikte heilende Wirkung zuschreibt, der ist als Lehrer eher geneigt, den Studenten auf die den Symptomen zugrunde liegende Psychodynamik hinzuweisen. Wer die Klärung der Schwierigkeiten eines Patienten im Umgang mit Menschen als das Wesen des therapeutischen Prozesses betrachtet und den Eindruck hat, diese Schwierigkeiten hätten mit den unangebrachten Richtungsweisern und den häufig schreienden Fehlinterpretationen zu tun, nach denen sich der

Patient in seinem Leben richtet, der dürfte sich auf die subtilen Kommunikationsstörungen konzentrieren und das Schwergewicht auf die interaktionalen Erfahrungen zwischen Patient und Therapeut legen.

Natürlich gibt es keine für alle geeignete Supervisionsmethode. Die Frage, wie der einzelne Student vorgehen sollte, hängt von der Art seiner Gedächtnisfunktionen sowie von der Leichtigkeit ab, mit der es ihm gelingt, Notizen anzulegen und zuzuhören. Es ist wichtig, daß er sein Gedächtnis trainiert und jede Sitzung noch einmal überdenkt, wenn der Patient gegangen ist; dabei sollte er die Hauptthemen und die signifikanten Verhaltensmuster schriftlich festhalten. Vor allem sollte er das Überwechseln von einem Thema zum anderen zu rekonstruieren suchen und sich die Frage stellen, ob er oder der Patient das Thema gewechselt hat, wann dies geschah und zu welchem Zweck. Welche Methode des Notierens auch jemand bevorzugt, für den Studenten ist es wichtig, sich vor jeder Supervisionssitzung darüber im klaren zu werden, was bei seinen Patienten vor sich gegangen ist, und diese Zusammenfassung zuerst vorzutragen. Nach meiner Erfahrung halten sich nur wenige an diese Anregung, wenn sie angeboten wird, und gehen weiterhin in der Art und Weise vor, wie es ihren gegenwärtigen Bedürfnissen entspricht; doch mit wachsendem Gefühl von Kompetenz und Unabhängigkeit entwickeln sie einen Vortragsstil, der sich für gewöhnlich dem hier vorgeschlagenen nähert. Die Unfähigkeit des Studenten, sich an einen solch weitgefaßten Grundsatz zu halten, spiegelt seine Probleme angesichts der Aufgabe wider.

Tonbandaufnahmen von Sitzungen können eine Hilfe sein, wenn der Anfänger ungewöhnliche Schwierigkeiten hat, die zwischen ihm und seinen Patienten sich abspielenden Vorgänge wahrzunehmen und wiederzugeben. Ein auf Tonband mitgeschnittenes Interview gemeinsam mit dem Supervisor durchzugehen kann es dem Studenten erleichtern, sich über seinen ungeschickten Kommunikationsstil und seinen Mangel an Aufmerksamkeit gegenüber subtilen, jedoch wichtigen Punkten klar zu werden. Unter Umständen hat er seinem

Patienten das Wort abgeschnitten und, ohne zu verstehen, was der Patient sagte, das Thema gewechselt. Es ist eine nützliche Übung, gemeinsam einem Tonband zu lauschen, doch es kann kein Ersatz sein dafür, daß der Student lernt, sich ausreichende Notizen zu machen und die Fertigkeit zu entwickeln, das Geschehen einer Sitzung im Geist zu organisieren. Der angehende Therapeut muß Schritt für Schritt lernen, das Relevante zu erkennen und zu unterscheiden. Ein auf Tonband aufgenommenes Interview kann unmöglich die Lernerfahrung verdoppeln, die darin besteht, Ereignisse noch einmal vor seinem geistigen Auge passieren zu lassen und einen zusammenfassenden persönlichen Eindruck vorzutragen. Bei der praktischen Arbeit mit einem Patienten müssen wir auf die Erinnerung und auf die Assoziationen zurückgreifen, die im jeweiligen Kontext auftauchen, wenn wir verschiedene Themenpunkte zusammenstellen und sie für angemessene Reaktionen einsetzen. Berichte in der Supervision sind eine gute Übung, um zu lernen, dem eigenen Gedächtnis zu vertrauen. Ein Student, der nicht in der Lage ist, die relevanten Aspekte einer Sitzung in verdichteter Form wiederzugeben, und der mit seinem Supervisor keine gute Kommunikation herstellen kann, der hat für gewöhnlich auch Schwierigkeiten, Psychotherapie auszuüben.

Wie die Psychotherapie selbst, so beginnt auch der Supervisionsprozeß häufig mit erheblichen Fehleinschätzungen und Abwehrmanövern. Das kann sich daran zeigen, wie jemand, der in der Ausbildung steht, sich über seine verschiedenen Supervisoren äußert, denn diese Äußerungen sagen genausoviel über seine Persönlichkeit und seine Reaktionsweisen aus wie über die tatsächlichen Ausbildungsverfahren. Derselbe Supervisor kann von dem einen als »schwierig« beschrieben werden: »Er interessiert sich nicht für das, was ich sage. Er möchte gern über das Unbewußte sprechen und erklären, was der Patient wirklich meint.« Und von einem anderen als »hilfreich«: »Er sagt mir genau, was etwas bedeutet und was ich tun soll.« Ein anderer Supervisor kann von einem Studenten als »ermutigend« beschrieben werden: »Er läßt mich die

Dinge darstellen und gibt dann einen relevanten Kommentar.« Und von einem anderen als »zu unbestimmt«: »Ich weiß nie, was er überhaupt will, und er bringt mir nichts bei.« Diese verkürzten Stellungnahmen spiegeln eine große Spanne von Supervisionsstilen wider, doch weit mehr die Spanne von Einstellungen und Erwartungen angehender Psychotherapeuten, angefangen von der passiven, abhängigen Erwartung, »angeleitet« zu werden, bis zu größerem Selbstvertrauen und sogar der Abneigung, irgend etwas zu akzeptieren, was andere vorbringen. Dieses unterschiedliche Herangehen an den Lernprozeß findet sich auch in unterschiedlichen Einstellungen zu Patienten wieder. Der Supervisionsprozeß muß auf die Flexibilität des Lernenden, auf sein Vertrauen in das eigene Urteil und auf seine Fähigkeit zu echtem anteilnehmendem Kontakt abgestimmt werden.

Ungeachtet aller Unterschiede scheint sich das Schwergewicht in zunehmendem Maße von Konflikten und traumatischen Ereignissen auf Funktionsprozesse verlagert zu haben. Paradoxerweise hat es nur den Anschein, als wenn jüngere Ausbilder rigider und traditionsgebundener seien; vielleicht noch zu sehr unter dem Eindruck der Mühe, die sie in ihre eigene Ausbildung investiert haben, geben sie als Fakten weiter, was ihnen beigebracht worden ist. Da sie keine Zeit und keine klinische Erfahrung haben, um ihr Spezialwissen ausreifen zu lassen, neigen sie dazu, veraltete theoretische Konzepte zu vermitteln, ohne dabei die Möglichkeit zu bedenken, für welche die Theorie keine Rezepte liefern kann. Dieses Festhalten an alten Modellen, das die psychotherapeutische Ausbildung so verwirrend macht, scheint mit dem Traditionalismus der jüngeren Ausbildergeneration zu tun zu haben. Einige verhalten sich ziemlich direktiv, ja sogar autoritär, und bestehen darauf, daß der angehende Therapeut einen Patienten mit der korrekten Deutung konfrontiert oder »trifft«, was immer sie darunter verstehen oder wie sie dazu gekommen sein mögen.

Man sollte im Gegenteil annehmen, daß jüngere Ausbilder den großen Vorteil haben, mit den Problemen eines Anfängers vertrauter zu sein, und daß der angehende Therapeut ihnen seine Zweifel und Ängste offener anvertrauen könnte. Natürlich gibt es jüngere Supervisoren, die sich über die speziellen Probleme des Auszubildenden im klaren sind und die ihn ermutigen, seinen eigenen Stil zu entwickeln, die seine Zweifel und Fragen als Gewinn ansehen und nicht als etwas, das hinter einer Maske von Pseudosicherheit verborgen werden muß.

Interaktionsmuster

Die Supervisionserfahrungen bilden ein komplexes Kommunikations- und Interaktionssystem. Die Aufgabe der Supervision besteht darin, dem angehenden Therapeuten dabei zu helfen, bei einem bestimmten Patienten therapeutischen Erfolg zu haben, während er zugleich durch eigenes Handeln lernt. Im Verlauf dieses Prozesses muß er sich seiner persönlichen Eigenarten und Neigungen bewußt werden und die Grundsätze der Psychotherapie erlernen, damit er sie bei jenen Patienten anwenden kann, deren Behandlung nicht von Supervision begleitet wird. Das Material, das dem Supervisor anfangs vorliegt, mag ziemlich unzuverlässig sein, denn er muß sich auf das verlassen, was der Student ihm über seinen Patienten berichtet, und das kann durchaus nicht im Mittelpunkt der Problematik stehen. Vieles von dem, was der Student berichtet, spiegelt seine eigenen Schwierigkeiten und die nicht immer objektive Wahrnehmung der Probleme von Patienten wider. Gleichzeitig kann seine Einstellung zum Supervisor eher durch seine eigenen gewohnheitsmäßigen Reaktionen auf »Autoritätsfiguren« als von den persönlichen Qualitäten und Forderungen des Supervisors bestimmt sein. Da sich Supervisoren in ihren Konzepten und Methoden ziemlich weitgehend unterscheiden, bilden sich komplexe Interaktionsmuster heraus. Wie sich in jeder unproduktiven Spannungsphase während der Therapie keineswegs ein »Widerstand« des Patienten niederschlagen muß, so deutet auch nicht jede Schwierigkeit bei der Supervision auf eine psychische Hemmung des Studenten hin.

Manche angehenden Psychotherapeuten beginnen die therapeutische Praxis mit einem Gefühl der Unabhängigkeit; für gewöhnlich waren sie in der Vergangenheit bereits auf sich gestellt und brachten ihren Patienten in aller Offenheit eine Haltung entgegen, die sich in die Worte kleiden läßt: »Lassen Sie uns mal sehen, was wir machen können!« Sie mögen anfangs die Struktur der Ausbildung und Supervision als einschränkend erleben, als ihre Freiheit und Spontaneität beeinträchtigend. Unter Umständen haben sie Schwierigkeiten mit rigiden oder unerfahrenen Supervisoren, die ihnen endgültige Theorien aufdrängen möchten oder für die Lehre nur Indoktrination bedeutet. Bei anderen kann die unabhängige Haltung ein geheimes Überlegenheitsgefühl maskieren oder die Furcht, es könnte sich herausstellen, daß sie unzulänglich und weniger überlegen sind, wenn sie noch etwas lernen sollen. Im Gegensatz dazu können andere den Lehrer als allwissenden Menschen ansehen, der ihre Bedürfnisse befriedigt und ihnen Wissen gewährt, ohne daß sie die Mühe auf sich nehmen müßten, aktiv an dem Lernprozeß teilzunehmen. Wieder andere möchten den Supervisor beeindrucken und können offen mit ihm in Konkurrenz treten.

Einen wichtigen Aspekt der Supervision bildet die Klärung von Kommunikationsstörungen und störenden emotionalen Einstellungen. Wenn der angehende Therapeut sicher wird und offener in seiner Beziehung zum Ausbilder, wenn sich eine gewisse Atmosphäre des Vertrauens einstellt, dann wächst seine Fähigkeit zu verläßlicheren Beobachtungen, und seine Berichte bilden einen genaueren Maßstab dessen, was der Patient zum Ausdruck bringt. Wenn seine Berichte weiterhin unklar und verworren bleiben, können das Abhören einer auf Tonband mitgeschnittenen Sitzung oder ein Interview mit dem Patienten in Gegenwart des Studenten unter Umständen zur Lösung der Probleme beitragen, insofern sie einige der Störungen aufdecken, die dazu geführt haben, daß wichtige Faktoren ausgelassen oder falsch dargestellt wurden. Bei einer Supervision ziehe ich es vor, einen Patienten zu interviewen, wenn der therapeutische Fortschritt ins Stocken gerät. Gelegentlich äußert ein angehender Therapeut die Besorgnis, dadurch könne die Übertragungsbeziehung gestört oder das Vertrauen des Patienten zu ihm untergraben werden. Doch die Patienten reagieren darauf regelmäßig mit einem Ausdruck von Erleichterung –: sie haben erwartet, daß sich in einem Lehrkrankenhaus die erfahreneren Mitglieder des Ärztekollegiums als Berater bereithalten. Ich erinnere mich nicht daran, daß solch ein gemeinsames Interview die therapeutische Beziehung beeinträchtigt hätte; für gewöhnlich sieht der Patient in der Lernbereitschaft des Therapeuten einen weiteren Beweis für seine positiven Eigenschaften.

Eingeschüchtert durch den Supervisor, sind manche Studenten in ihren Gefühlen so festgefahren, daß konstruktives Lernen nicht mehr möglich ist; ein solcher Student ist auch in der Beziehung zu seinen Patienten behindert. Bisweilen kann es von Vorteil sein, wenn der Student zu einem Supervisor überwechselt, bei dem er sich wohler fühlt. Für gewöhnlich jedoch spiegeln sich in fortwährenden Schwierigkeiten die persönlichen Probleme des Studenten wider, und dann sollte man ihm den Rat erteilen, sich selbst in Psychotherapie zu begeben. Allerdings kommt es auch vor, daß Therapeut und Patient nur schwer miteinander auskommen, und in diesem Falle ist es Aufgabe des verantwortlichen Supervisors, dem betroffenen Patienten zu einem Therapeutenwechsel zu verhelfen.

Im Verlauf der erfolgreichen Einzelsupervision entwickelt sich eine persönlich wichtige Beziehung. Wenn aus der Beschäftigung mit wesentlichen Fragen, denen nachzugehen ist, Verstehen und Einvernahme erwachsen, wird der Student auch zugänglicher für Anregungen, die der Supervisor ihm gibt, und zwar nicht als autoritäre Unterweisung, sondern als Bestandteil eines Verfahrens, das auf der Basis gegenseitigen, von Kooperation geprägten Verständnisses erarbeitet wird. Je tiefere Einsicht der Student in seine eigenen Reaktionen gegenüber dem Patienten gewinnt, desto konsistenter werden diese seine Reaktionen, desto deutlicher erkennt er Verzerrungen in der Darstellung des Patienten oder Widersprüche und Auslassungen. Länger dauernde Supervision läßt ihn zunehmend gewandter in der Erkenntnis von Abweichungen im Kommunikationsverhalten des Patienten werden. Er wird in seiner Lernbereitschaft aufgeschlossener, läßt sich weniger dazu treiben, sein bereits erworbenes Wissen zur Schau zu stellen, und ist weniger damit beschäftigt, seine Ignoranz in bestimmten Dingen zu kaschieren. Damit ist der Student besser in der Lage, in seinem Patienten den Wunsch nach Änderung und die Bereitschaft zu wecken, zurückliegende Schwierigkeiten und Beziehungen aus neuer Sicht zu überprüfen.

Schärfung der Selbstwahrnehmung

Wie bereits weiter oben festgestellt, entspricht der psychotherapeutische Lehrstil eines Supervisors weitgehend seinem Konzept des therapeutischen Prozesses. Nach meiner Ansicht muß der Behandlungsprozeß dazu führen, daß der Patient seine mangelhaft ausgebildeten Fähigkeiten zur Selbstwahrnehmung, Selbstdarstellung und Kommunikation entwickelt und schärft und daß er allmählich Zutrauen zu seinem eigenen Denken und Fühlen gewinnt und die Struktur seiner Interaktion mit anderen durchschaut. »Einsicht« als Therapieziel sollte man nicht als etwas verstehen, das von anderen vermittelt wird, sondern als jene Art des Verstehens seiner selbst, die man nur erwirbt, wenn man aktiv auf das Ziel hinarbeitet. Ganz ähnlich verstehe ich unter dem Erlernen von Psychotherapie einen aktiven Prozeß, den der Student durch Kommunikation und Interaktion mit seinen Supervisoren erfolgreich hinter sich bringt.

Im vorangehenden Kapitel habe ich dargelegt, wie wichtig es für die therapeutische Kommunikation ist, sich einer klaren, deutlichen Sprache zu bedienen. Bei der Supervision ist es von entscheidender Bedeutung, genau auf die Sprechweise des Studenten zu achten. Je mehr Offenheit der Student im verbalen Austausch mit seinem Supervisor an den Tag legt, desto besser wird er mit Patienten kommunizieren. Genaues Beachten des Kommunikationsstils stärkt die Sicherheit des Anfängers; angesichts anscheinend konfuser und widersprüchlicher Situationen verspürt er die innere Gewißheit: »Ich weiß doch, wie man solche Dinge klärt.« Wenn er sich voreilig auf die Richtung festlegt, »in die der Patient geht«, dann kann es ihm passieren, daß er von da an ständig in Sorge ist, wichtige Punkte übersehen zu haben, oder daß ihn die Angst plagt, er habe einen Fehler gemacht.

Während der Supervision erfährt der Student, wie man ein therapeutisches Interview in Gang hält, vor allem bei Patienten, die gehemmt oder depressiv sind oder die so abgeschlossen gelebt haben, daß sie sich nicht auf Anhieb deutlich über ihre Probleme äußern können. Wenn der angehende Therapeut gemeinsam mit seinem Supervisor das von ihm gesammelte Material über die Lebensgeschichte des Patienten sichtet wie auch die fortlaufende Interaktion zwischen ihm und seinem Patienten mit dem Ausbilder bespricht, eröffnet sich ihm unter Umständen eine neue Perspektive auf die Vorgänge in der Behandlung, eine Perspektive, der er sich bedienen kann, um seinem Patienten zu zeigen, daß sich seine Probleme in völlig neuer Weise erklären lassen. Genauso wichtig ist für ihn, daß er genau verfolgt, was er selbst tut: Je entspannter, bestimmter und aufgeschlossener er ist, desto eher wird der Patient das Gefühl haben, verstanden zu werden. Mit Hilfe des Supervisors kann der angehende Therapeut sich Klarheit über die wirklichen Probleme des Patienten verschaffen oder dem Patienten dabei zur Hand gehen, die Beobachtungen des Therapeuten in konstruktiver Weise zu nutzen.

Wortlose Botschaften

Nicht selten greift der Supervisor etwas auf, das der Student in seinem Bericht nicht angeschnitten hat, weil er sich über die mögliche therapeutische Bedeutung nicht im klaren war. Weiter oben habe ich darauf hingewiesen, daß der Patient durch alltägliche Handlungen und Erfahrungen, die in der Therapie nicht ausdrücklich zur Sprache kommen, Konfliktmaterial zum Vorschein bringen kann. Als Beispiel hatte ich den Patienten angeführt, der zu spät zur Sitzung gekommen war, weil es ihm unangenehm gewesen war, daß sein Vater ihm seine Limousine vererbt hatte. In ähnlicher Weise kann ein junger Therapeut dem Patienten bestimmte Einstellungen nachsehen, ohne daß ihm aufginge, welche Botschaften sie enthalten. Dafür nur ein Beispiel. Der Therapeut, an den ich denke, zeigte großes Geschick darin, einer Patientin zuzuhören und auf sie zu reagieren. Die Patientin war eine begabte Studentin, die das College erfolgreich absolviert hatte und nun Medizin studierte. Trotz ihrer offensichtlich ungewöhnlichen Fähigkeiten litt sie zeitweilig unter Depressionen und hegte die Befürchtung, sie werde übergroße Angst verspüren, wenn man von ihr eigenverantwortliche Tätigkeiten in der medizinischen Versorgung verlangen sollte. Der Therapeut berichtete in aller Ausführlichkeit über den Hintergrund dieser nicht einsehbaren Angst und über die Richtung, die sie, der Therapeut und die Patientin, eingeschlagen hätten, um dem Problem zu Leibe zu rücken. In einem anderen Zusammenhang erwähnte der Therapeut ganz nebenbei, die Studentin denke auch daran, eine akademische Laufbahn einzuschlagen, so daß sie es gar nicht nötig habe, sich bereits jetzt mit Angstzuständen nach ihrem Examen zu beschäftigen. In der Behandlung seien verschiedene praktische Möglichkeiten besprochen worden. Der Therapeut war ziemlich überrascht, als er darauf hingewiesen wurde, daß diese Gespräche der Patientin eine negative Botschaft vermittelt haben müßten, nämlich die, daß auch der Therapeut das Gefühl hatte, die Patientin sei nicht in der Lage, sich von ihren hinderlichen Angstzuständen zu befreien, und daß er dadurch das ganze Therapieziel in Frage gestellt habe, das in diesem Fall darin bestand, der Patientin dabei zu helfen, eine bessere Selbsteinschätzung und mehr Zutrauen zu sich selbst zu gewinnen.

Der Supervisor hat noch auf viele weitere, nicht in Worten geäußerte Problwme zu achten. Nicht selten nimmt der junge Therapeut die Schilderungen des Patienten über seine frühen Erfahrungen, sonderlich die Beziehung zur Mutter, als bare Münze und geht in der Behandlung so vor, als wenn diese von Angst besetzten Kindheitsvorstellungen weiterhin Einfluß besäßen, das heißt, die Mutter wird dann immer noch als allmächtig und kontrollierend erlebt und nicht als der verwirrte, vielleicht sogar bemitleidenswerte Mensch gesehen, der sie gewesen sein mag. Anfänger bemühen sich unter Umständen sehr darum, nicht dem Vorwurf ausgesetzt zu werden, »Sie sind genauso wie meine Mutter«, und sie sind dabei womöglich toleranter oder »verständnisvoller«, als im jeweiligen Fall gerechtfertigt wäre. Andere sind sich vielleicht nicht darüber im klaren, in welchem Maße sie dem Patienten ihre eigenen Wertvorstellungen aufzwingen. Häufig geschieht dies, indem die gleichen Erwartungen geäußert werden, wie sie in der Kultur vorherrschen, Erwartungen, die der Patient so erlebt, als wenn sie »von meinen Eltern« stammten. Solange dieser Faktor nicht klar erkannt wird, kann die Behandlung eines offensichtlich vielversprechenden Patienten – und wir neigen dazu, intelligente und redegewandte junge Patienten in diese Kategorie einzuordnen – in einer Sackgasse enden, und zwar um so schneller, je »besser« die Behandlung läuft. Ein Supervisor kann einem Anfänger dabei behilflich sein zu erkennen, daß solch ein vielversprechender Mensch erst die Fähigkeit entwickeln muß, sich als eigengelenkt zu empfinden, ehe er das Wagnis auf sich nehmen kann, aus sich herauszugehen.

Supervision als Therapie
Supervision soll die Aufmerksamkeit und das Gespür des Anfängers für die Vorgänge in seinem eigenen Innern und bei seinen Patienten schärfen. Diese höchst persönliche Lehrmethode kann nicht an die Stelle einer individuellen Psychotherapie treten, auch wenn viele angehende Therapeuten sie als hilfreich erleben und manche sie als »therapeutisch« bezeichnen. Zwischen beiden Bereichen gibt es verschiedene situationsbedingte Ähnlichkeiten, wie etwa regelmäßige Zusammenkünfte, die für den Studenten von Vorteil sind, und wie in vielen interpersonalen Situationen, in denen der eine Hilfe sucht und der andere sie gewährt, können auch hier »übertragene« Gefühlsstimmungen und -haltungen zum Vorschein kommen. Wenn der Student sie offen äußern oder Korrektu-

ren annehmen kann, wenn er auf unangemessene Reaktionen hingewiesen wird, dann kommt es zu einer korrigierenden Neubewertung seiner Reaktionsmuster. Ich bin geneigt, diesen günstigen Effekt der Supervision im Lichte anderer positiver und korrigierender Lebenserfahrungen zu betrachten. Supervision unterscheidet sich von Psychotherapie, in der man den Faktoren nachgeht, die dem Verhalten zugrunde liegen. Supervision bietet viele Möglichkeiten, die Selbstwahrnehmung des Therapeuten und ihre Reichweite auszudehnen – sie ermutigt ihn, seine Einstellungen und Haltungen, die für gewöhnlich geäußert werden, deutlich zu artikulieren, und hilft ihm, sein Konkurrenz- und Prestigestreben als das zu erkennen, was es ist, und nicht als Rationalisierung für sein Verhalten gegenüber dem Patienten zu benutzen. Viele können nicht ohne weiteres die Tatsache akzeptieren, daß sie als Lernende das Recht haben, etwas nicht zu wissen und bestimmte Punkte, die der Supervisor erkennt, zu übersehen. Wenn der Student Unterweisung und Korrektur nicht hinnehmen kann, sondern mit unangebrachten Selbstvorwürfen und dumpfer Wut reagiert, weil ihm Mängel und Fehler nachgewiesen wurden, dann braucht er unter Umständen direkte therapeutische Hilfe (die eine Form der Untersuchung verlangt, die nicht mehr zum Aufgabenbereich eines Supervisors gehört).

Während der Supervision werden auch moralische Einstellungen des Therapeuten, die einer wirksamen Tätigkeit im Wege stehen, modifiziert, und zwar in beiden Richtungen. Jemand, der aus einer rigide konventionellen Umwelt stammt, ist womöglich schockiert – was er zu verbergen trachtet –, wenn er etwas über die große Vielfalt sexueller Erfahrungen und über die besessene Suche nach solchen Erlebnissen erfährt, mit denen leidende Menschen ihrer Einsamkeit und ihrer inneren Unsicherheit zu entkommen suchen; für den Therapeuten ist es eine neue Erfahrung, wenn er mit bestimmten Lebensweisen vertraut wird, ohne sie beurteilen zu wollen. Wer aggressiv liberal in seinen sexuellen Einstellungen ist, ist unter Umständen auf Anleitung angewiesen, um akzeptieren zu können, daß nicht jedes Mädchen, das noch Jungfrau sein möchte, wenn sie heiratet, engstirnig, unterdrückt und prüde ist und daß sie für ihren Entschluß, an traditionellen Normen festzuhalten, respektvolle Unterstützung verdient. Der Anfänger braucht Aufrichtung, sollte er ängstlich und ungeduldig werden, wenn sich keine dramatischen Fortschritte einstellen und er nicht soviel Genugtuung empfindet, wie sein Bedürfnis nach Bestätigung es verlangt; vor allem muß er daran gehindert werden, einen Patienten für »unbehandelbar« zu erklären, wenn er das Gefühl hat, versagt zu haben, und statt dessen eine organische Behandlungsmethode empfehlen möchte.

Bestimmte, freilich nur unzulänglich definierte Einstellungsmerkmale und interpersonale Erfahrungsweisen scheinen für die erfolgreiche Arbeit als Psychotherapeut von entscheidender Bedeutung zu sein. Diese Qualitäten werden für gewöhnlich als Reife und Selbstbewußtsein, als Sicherheit und Selbstachtung bezeichnet; gute Supervisionserfahrungen können die Entfaltung solcher Eigenschaften begünstigen. Die Ausübung von Psychotherapie verlangt die Fähigkeit, anderen zuzuhören, ohne daß die eigenen Probleme und Frustrationen oder Vorurteile und vorgefaßten Ansichten einen daran hindern, fair, zuverlässig und redlich zu sein. Jeder, nicht nur der Anfänger, wird wahrscheinlich von Zeit zu Zeit ein gewisses Maß an Depressionen, Gereiztheit, Ungeduld, Hilflosigkeit, Pessimismus oder Mutlosigkeit erleben. Solche Reaktionen müssen durchschaut werden, damit Abwehrmanöver zur Bewahrung des eigenen Selbstwertgefühls nicht zur Blindheit gegenüber den Kommunikationsinhalten und Bedürfnissen seiner Patienten führen.

7. Das therapeutische Erlebnis

Psychotherapie konfrontiert den Patienten mit Defiziten oder Widersprüchen, die seiner Persönlichkeit zugrunde liegen. Durch Klärung dieser Fehler und Mängel erwirbt er neue Möglichkeiten, um die Lebensaufgaben und -erfordernisse zu bewältigen, ohne dabei unter unangebrachten Ängsten zu leiden oder alte ungelöste Konflikte wiederzubeleben und ohne in Invalidität, Depression oder unkontrollierte Impulsivität flüchten zu müssen. Das heißt nicht, daß als Folge der Psychotherapie alle Lebensschwierigkeiten verschwinden werden, wenngleich anspruchsvolle Patienten genau dies erhoffen mögen und ein enthusiastischer Anfänger womöglich das Gefühl hat, er habe versagt, weil er dies nicht erreicht hat. »Ich habe dir niemals einen Rosengarten versprochen«, diese vorsichtige Feststellung einer hervorragenden Therapeutin bezeichnet knapp und klar die Grenzen dessen, was man vernünftigerweise erreichen kann.

Der Anfänger stellt für gewöhnlich die Frage, welches die Elemente sind, die den Wandel in Richtung größere Lebenstüchtigkeit und Mut ausmachen. Zusammenfassungen von Fallgeschichten sind in mancher Hinsicht irreführend, weil sie Höhepunkte und positive Befunde in den Mittelpunkt rücken. Literatur über Behandlungen kann nicht mehr als auf die verschiedenen Aspekte des Wandels hinweisen, auf die Höhen und Tiefen in Stimmung und Rapport. Es kann nicht oft genug wiederholt werden: die Realitäten des therapeutischen Prozesses kann man nur durch die Therapieausübung erfahren.

Es läßt sich kein endgültiges Verfahren angeben, das auf alle Patienten anwendbar oder für alle Therapeuten geeignet wäre. Obgleich die Patienten am meisten unter ihren unmittelbaren Problemen und Symptomen leiden, ist es nützlich und auf lange Sicht entscheidend, ziemlich früh ein den Störungen zugrunde liegendes, zentrales psychodynamisches Thema zu entdecken, vor allem in komplizierten Fällen, also in Fällen mit langer Krankengeschichte und wiederholtem Symptomwechsel. Wenn man dem einen oder anderen Symptom nachgeht, so kann das durchaus zur Aufdeckung interessanter symbolischer Bedeutungen führen, doch dabei ergibt sich nur selten die Auflösung einer Krankheit. Es ist wichtig, alles zu verfolgen, was der Patient anbietet; indem man das Problem aus verschiedenen Blickwinkeln und aus unterschiedlichen Perspektiven betrachtet, wird früher oder später ein zentrales Thema zum Vorschein kommen. Die Informationsmenge bei jedem Patienten gleicht einem bunt durcheinander gewürfelten Haufen von vielen Fäden und Knäueln: man muß sich einen Faden herausgreifen und das Durcheinander zu entwirren beginnen.

In den letzten Jahren hat man sich viel über die relative Bedeutung der therapeutischen Untersuchung gegenwärtiger Probleme als im Gegensatz stehend zur Untersuchung von Kindheitserinnerungen gestritten. Bei einer allseits offenen und aufgeschlossenen Haltung wird sich der Brennpunkt der Aufmerksamkeit ständig wie oszillierend verlagern: ein Zusammenbruch in der Gegenwart wird aus der Sicht einer ähnlichen Krise in der Vergangenheit betrachtet; eine falsche Einstellung hinter einem heutigen Konflikt wird auf störende Kindheitserfahrungen zurückverfolgt; und die Reaktionen eines Patienten auf den Therapeuten und seine Vorstellung von der Arzt-Patient-Beziehung wird in Bezug zu Erfahrungen mit Menschen in seinem heutigen oder vergangenen Leben gesetzt. Um zu zeigen, wie Probleme, die im Verlauf einer Behandlung auftauchen, das Material anliefern, mit dem man zu arbeiten hat, möchte ich im folgenden einige kurze skizzenhafte Darstellungen längerer Fallgeschichten anfügen.

Der Fall der früheren Nonne

Anna, eine in Kapitel 3 kurz vorgestellte Patientin, die auf den ersten Blick so sanft, bescheiden und unterwürfig erschien, brachte die Therapie voran, indem sie sich trotzig weigerte, mit einem Medizinstudenten zusammenzutreffen. Zu ihrer Überraschung wurde dies Verhalten nicht als disziplinarisches Problem, sondern als therapeutische Mitteilung behandelt. Ihre Aufmerksamkeit galt zwei Dingen: sie wollte sichergehen, daß im Gegensatz zum Konvent, in dem sie ihren Zusammenbruch erlitten hatte, die Klinik sie nicht zwingen werde, gehorsam zu sein, und außerdem hoffte sie, die Therapeutin werde trotz ihrer Unerfahrenheit die Bedeutung ihres Schrittes erkennen und den Mut aufbringen, ihr den Rücken zu stärken. Beide Dinge, so stellte sich heraus, waren für die Lösung von Annas Problem eminent wichtig. Ihr Stolz auf viele therapeutische Fehlschläge war Anlaß, sie darauf aufmerksam zu machen – und sie akzeptierte es, halb spaßig, wie es ihr erklärt wurde –, daß wenn sie sich selbst bewies, daß ihre neue Ärztin Mut hatte, sie eine noch wichtigere und mächtigere »Kranke« wäre, sofern es ihr gelänge, immer neue therapeutische Bemühungen zum Scheitern zu bringen.

Um jedes Mißverständnis zu vermeiden: Man muß eine Ablehnung wie die oben beschriebene im Kontext der Gesamtsituation eines Patienten sehen und bewerten. In diesem Fall schien aufgrund der Lebensgeschichte von Anna und ihrer schweren Ängste Nachsicht geboten. Andere Situationen erfordern ein gänzlich unterschiedliches Vorgehen.

Ein achtzehnjähriger junger Mann mit einer seit sechs Jahren bestehenden Anorexia nervosa zeigte ein höchst manipulatives Verhalten; er lebte in ständiger Furcht, übervorteilt zu werden. Wiederholt lehnte er es ab, von Medizinstudenten interviewt zu werden; er hatte das Gefühl, Kooperation habe keinen Sinn, da er sich davon keinerlei Vorteil versprechen könne. Seine Angst, »benutzt« zu werden, bildete den Schwerpunkt der Untersuchung, und schließlich räumte er ein, daß er aus dieser Erfahrung etwas gelernt habe. Von da an war er bereit, an Interviews mit Studenten teilzunehmen.

Doch kehren wir zu Anna zurück. Der Rolle, die der Gehorsam in ihrem Leben gespielt hatte, den vielen Verästelungen dieses Problems wurde gründlich nachgegangen, vor allem der Beziehung zwischen Gehorsam und ihrem ständigen Angstzustand, der sie jede geplante Routinetätigkeit zurückweisen ließ, und schließlich dem Mißtrauen, mit dem sie dem Klinikpersonal begegnete. Dabei kam ein völlig neues Bild über ihre frühe Entwicklung zum Vorschein. Während ihres früheren Krankenhausaufenthalts war sie als Patientin beschrieben worden, die als Kind keinerlei neurotische Züge gezeigt habe. Die familiären Beziehungen wurden als befriedigend eingestuft, als Beziehungen, die keinerlei Einfluß auf ihre Krankheit gehabt hätten: »Ein glückliches Heim, eine freundliche Mutter als Mittelpunkt des Haushalts. Die Patientin spielte gern mit Jungen und war glücklich. Sie sorgte für die fünf jüngeren Kinder und gab sich große Mühe dabei.« Alle ihre Geschwister waren seelisch ausgeglichen und hatten bereits eigene Familien. Niemand sonst aus der Familie der Patientin hatte einen geistlichen Beruf ergriffen. Während der neuerlichen Beschäftigung mit ihrer Kindheit gestand die Patientin, sie habe sich damals mißbraucht und ausgenutzt gefühlt, man habe von ihr erwartet, daß sie ihrer Mutter unermüdlich zur Seite stehe und ihr die Last der Sorge für fünf jüngere Kinder und für einen älteren körperbehinderten Bruder abnehme. Diese Forderungen wurden nicht von der Mutter selbst erhoben, sondern von einer wohlhabenden, verwitweten Tante, in deren Haus die Familie seinerzeit wohnte. Die Patientin meinte, auf ihre schwachen Schultern sei damals zuviel Verantwortung geladen worden, und sie hatte auch das Gefühl, sei sei zwar für Versäumnisse getadelt worden, habe aber für ihre Mühen niemals Zuwendung oder Lob erhalten.

In diesem Familiensetting galt Gehorsam als hohe Tugend. Anna wuchs mit einem zwanghaften Bedürfnis nach Anerkennung und einer panischen Angst vor Kritik heran. Ihre Mutter und ihre Tante hatten ihr bereits in frühester Kindheit eingebleut, Sexualität sei etwas Sündhaftes. Nach ihrer ersten Einweisung ins Krankenhaus kam man zu der Auffassung, für ihre abnorme Entwicklung sei ein »Sexualtrauma« von entscheidender Bedeutung. Die Patientin war im Alter von vierzehn Jahren heftig gescholten worden, weil sie mit einem Jungen über sexuelle Dinge gesprochen hatte, und damals war ihr das Gefühl eingeflößt worden, sie habe sich sündhafter Fleischeslust schuldig gemacht. Diese Episode wurde als Grund dafür angesehen, daß sie mit achtzehn Jahren gegen den Widerstand ihres Vaters, doch mit passiver Billigung ihrer Mutter in ein Kloster eingetreten war. Obwohl sie mit fünf jüngeren Geschwistern aufgewachsen war, behauptete sie, sie habe nichts von den Tatsachen des Lebens gewußt, sondern habe davon erst im Kloster von einer mit ihr befreundeten Nonne erfahren. Im Lichte der neuen Anamnese schien Annas Eintritt ins Kloster den Versuch darzustellen, die Anerkennung ihrer Mutter zu finden, indem sie ihr Leben einer von sexuellen Dingen unberührten Aufgabe verschrieb. Die Patientin erlitt einen Zusammenbruch, nachdem eine Oberin, die übermäßig hohe Anforderungen stellte und ständig etwas auszusetzen hatte, ihre Vorstellung, sie sei »die perfekte Tochter«, erschüttert hatte.

Dieses unterschiedliche Bild von Annas früher Entwicklung ließ sich rekonstruieren, während die Patientin dabei aushalf, chronisch kranke Kinder auf der Kinderstation zu unterrichten, eine Tätigkeit, die sie mit Freude zu erfüllen schien und für die sie sehr viel Anerkennung erntete. Alles schien gutzugehen, bis eines Tages eine Mutter ihr erklärte, sie habe ihrer kleinen Tochter sehr geholfen, und ihr Geld anbot, damit sie ihre Tochter regelmäßig besuche. Dieses Lob war zuviel für die Patientin und weckte in ihr Schuldgefühle darüber, daß sie »nicht genug tat«. Anschließend lehnte sie die Betreuung der Kinder ab. Sie geriet in stärkere Unruhe, regte sich darüber auf, daß sie im Krankenhaus war, klagte, sie habe das Gefühl, eingesperrt zu sein, fürchtete sich andererseits aber auch davor, allein auszugehen.

Obgleich Anna im großen und ganzen Zufriedenheit über ihre frühere Arbeit als Lehrerin bekundete, begann sie nun doch, widerstreitende Gefühle gegenüber Kindern zu äußern. Sie schrieb einer Freundin: »Ich denke nur, jedes Kind sollte besser sterben, anstatt zu leben versuchen. Ich kenne die Kinder nicht, doch ich hasse es, wenn ich sehe, daß es ihnen besser geht oder daß sie sogar leben.« In ihrer Jugend hatte die Patientin sich als Helferin ihrer Mutter übermäßige Sorgen über die Sicherheit ihrer jüngeren Geschwister gemacht. Als ihre Zwillingsschwestern noch Säuglinge waren, plagte sie sich mit der Angst herum, die Katze der Familie, ein friedfertiges Tier, das jedermann gern mochte, könne den Kindern ein Leid antun. Sie beschloß, die Katze umzubringen, nahm sie mit auf eine Schaukel und warf sie aus der Höhe mit voller Kraft zu Boden. Die Katze zog sich dabei schwere Verletzungen zu und mußte getötet werden. Die Patientin führte auf diesen Vorfall ihre Angst vor Tieren zurück. Sie empfand deswegen äußerst schwere Schuldgefühle, nicht weil sie die Katze getötet, sondern weil sie sich nicht dazu bekannt hatte. Nachdem diese Erinnerung wiederbelebt worden war, erkannte die Patientin nach und nach, wenngleich mit großem Widerstreben, daß ihre übermäßige »Sorge« wegen ihrer Geschwister und später wegen ihrer Nichten und Neffen mit ihrer verdrängten Eifersucht, Abneigung, Wut und sogar Haß zu tun hatte.

Von diesem Zeitpunkt an sprach Anna immer häufiger über ihre »Sündhaftigkeit«, von dem Bösen in ihr, das anderen Menschen Schaden zufügen könnte. Ihre Beziehungen zu anderen Patienten änderten sich. Zu Anfang sprach sie davon, sie sei ihrer nicht wert; nun fürchtete sie, sie könne ihnen schaden. Eine Art Konkurrenzverhältnis entwickelte sich zwischen ihr und einer anderen Patientin (Zelda, die in Kapitel 2 erwähnt wird), die unter einem Waschzwang litt und fürchtete, sie könne anderen körperliche Unbill zufügen, indem sie ihnen Krankheitserreger übertrage. Für unsere ehemalige Nonne war dies eine viel zu grobe Form des Schädigens. Anna konnte allein durch ihre Gegenwart, durch ihre Sündhaftigkeit Schaden stiften. Sie fürchtete im besonderen, sie könne ihrer Therapeutin Kummer zufügen, und sollte die Therapeutin dagegen immun sein, dann war sie eine »Hexe«. Diese Furcht, andere zu schädigen, stand auch hinter Annas ständigem Gerede, daß sie das Krankenhaus verlassen und fortlaufen möchte. Als dies während einer Visite zur Sprache kam, meinte ein leitender Psychiater, daß sie aus eigenen Stücken hergekommen sei und daß es ihr freistehe, das Krankenhaus zu verlassen. Daraufhin gab sie eine Notiz ab, die besagte, sie werde das Krankenhaus in drei Tagen verlassen; doch dann geriet sie in panikartige Angst. Sie willigte in den Vorschlag ein, ihre Notiz zurückzuziehen und ihre Familie für ein verlängertes Wochenende zu besuchen. Trotz ihrer Angst reiste sie allein und besuchte eine Schwester und ihre Familie.

Anna ließ sich an dem Tag, an dem sie zurückerwartet wurde, nicht sehen, sondern schickte einen Eilbrief, in dem es hieß, sie sei bei dem Gedanken, zurückzukehren, um wieder eingesperrt zu werden, von Angst und Schrecken befallen worden; gleichzeitig beklagte sie verzweifelt, daß sie erneut in der Behandlung versagt habe. Man hätte die Tatsache, daß sie nicht zurückgekehrt war, auf sich beruhen lassen und damit die Behandlung beenden können. Doch nach unserer Meinung war sie zu gestört und zu sehr von Angst beherrscht, als daß sie hätte eine rationale Entscheidung treffen können. Anna wurde in einem Brief davon informiert, daß ihr Urlaub verlängert worden sei: »Sie dürfen sicher sein, daß es noch nicht zu spät ist und daß Sie nicht versagt haben. Ich erwarte Sie gegen Ende der Woche zurück, spätestens am Sonntag.« Als sie ohne Begleitung zurückkehrte, stand sie unter dem Eindruck des sicheren Gefühls, einen freiwilligen Entschluß gefaßt zu haben.

Danach änderte sich Annas Einstellung gegenüber dem Krankenhaus in auffälliger Weise. Sie bestand nicht länger auf der Meinung, jede Routineanweisung sei wie eine Klosterregel oder jeder mit Autorität ausgestattete Mensch lege es letztlich darauf an, sie zu vernichten (ihre Erfahrung mit der Oberin). Die Mutter Oberin hatte sich in extremer Weise kritisch über Annas Lehrmethoden geäußert und sie als zu liberal und modern bezeichnet; verschiedentlich war die Patientin wegen Ungehorsams getadelt worden. Erstes Krankheitssymptom war ein gravierender Gewichtsverlust, den sie damit erklärte, daß sie »nicht wert« sei, Essen zu sich zu nehmen. In zunehmendem Maße klagte sie vor allem über Müdigkeit und Erschöpfung, und sie mußte fast zwei Jahre lang das Bett hüten. Selbst zur Zeit ihrer ersten Einweisung ins Krankenhaus war ihre Krankengeschichte mit ihren vielen, häufig wechselnden Symptomen so kompliziert, daß nicht alle Einzelheiten festgehalten wurden. Erschöpfung war weiterhin eines ihrer Hauptsymptome und »erklärte« ihre Unfähigkeit, irgend etwas zu tun. Sie benutzte ihre Erschöpfungszustände unverhohlen als Waffe, mit denen sie jede Anstrengung von sich weisen konnte, die sie zu einer aktiveren Lebensweise hätte veranlassen können. Weitere auffällige Symptome waren Trancezustände, in denen sie unansprechbar schien und die bisweilen mit Halluzinationen einhergingen, Verlust des Geruchs- und Geschmackssinns, Angst vor Tieren und Klaustrophobie sowie dramatische, veitstanzähnliche, an Prügeln erinnernde Bewegungen.

Auch nach ihrer freiwilligen Rückkehr verhielt sich Anna auf der Krankenstation weiterhin launenhaft und zwanghaft, war bisweilen empfindlich und ängstlich und zeigte nur wenig Initiative; doch sie begann an einigen Routinetätigkeiten teilzunehmen. Sie war weit aufgeschlossener und unvermittelt persönlicher in der Beziehung zu ihrer Therapeutin wie auch gegenüber anderen Ärzten, die berichteten, sie habe mit ihnen in freundlichem Ton gesprochen. Dann begann sie davon zu sprechen, sie sei »anders, als ich immer gewesen bin«. Das Wichtigste an diesem »anders sein« bestand darin, daß sie nunmehr den Wunsch verspürte, ihre eigenen Entscheidungen zu treffen und sich bei ihrem Tun nach ihren Wünschen und nicht nach den Erwartungen anderer zu richten. Sie begann sich ein Leben vorzustellen, bei dem sie nicht mehr darauf angewiesen wäre, die Anerkennung ihrer Mutter zu suchen, auf deren Tod sie mit zunehmender Invalidität reagiert und deren internalisierte Autorität fortan ihr Leben bestimmt hatte. Sie verlor ihre Furcht davor, anderen Patienten Schaden zuzufügen, ging aus sich heraus und nahm ein freundliches

Verhalten an. In realistischer Weise und mit lebhaftem Interesse sprach sie davon, ihren Beruf als Lehrerin wiederaufzunehmen.

Drei Monate nach ihrer Einweisung wurde die Behandlung wider Erwarten aus finanziellen Gründen beendet. Anna verließ die Klinik mit aufrichtigem Bedauern, diese Angelegenheit nicht zur Sprache gebracht zu haben, doch sie war überzeugt davon, daß sie etwas erreicht hatte. Während der ersten Monate nach ihrer Entlassung nahm sie mit der Klinik eine ziemlich aktive Korrespondenz auf, und zu jedermanns Überraschung blieb ihr Zustand gebessert. Sie gewann erheblich mehr Unabhängigkeit von ihrer Familie und gab sich in ihrem Verhalten und in ihrem Äußeren viel zeitgemäßer und weltzugewandter. Anna fand eine Stelle als Lehrerin in einer etwas abgeschirmten Umgebung und hatte Freude an ihrer Arbeit. Viele Jahre später erhielt ich auf informelle Weise nachträgliche Informationen über sie. Nach einer klinischen Konferenz, in der ich namentlich genannt worden war, fragte mich ein junger Psychiater von auswärts, ob ich dieselbe Therapeutin sei, die vor vielen Jahren seine Tante behandelt hatte. Anna hatte mit ihm, dem jungen Arzt, häufig über ihre langwierige Krankheit und deren Heilung gesprochen. Es ging ihr weiterhin gut, sie hatte geheiratet, und der Psychiater hatte das Gefühl, daß sie ein durchaus zufriedenstellendes Leben führte.

Diese kurze Fallgeschichte läßt verschiedene Punkte erkennen, die offensichtlich zu dem Erfolg der Behandlung beigetragen haben. Ziemlich früh kam es zu einer Episode, die helles Licht warf auf die zentrale Psychodynamik, die den Schwierigkeiten der Patientin zugrunde lag (ihre Weigerung, den Medizinstudenten zu sehen). Anna sah sich gebunden an schwere Schuldgefühle im Zusammenhang mit der Gehorsamsthematik, eine interpersonale Haltung, die ihre Erziehung und vor allem ihre Erfahrungen im Kloster mit dem höchsten Wert ausgestattet hatten, gegen die sie aber insgeheim rebellierte, weil sie das Gefühl hatte, dadurch vernichtet zu werden. Als man den von ihr selbst angebotenen Erklärungen nachging, kamen weiterreichende Themen zum Vorschein. Vor allem ihre komplexe Symptomatologie ließ erkennen, daß sie den Bedürfnissen anderer aufgeopfert worden war und daß man ihre innere Stärke ausgehöhlt hatte; auf diese Weise war sie völlig lebensuntüchtig geworden. Sie erkannte auch, daß sie, wollte sie wieder gesund werden, die Position und die Macht eines Opfers aufgeben müsse.

Die Fallgeschichte zeigte auch ganz deutlich, daß jedes Problem und jedes Symptom auf verschiedenen Ebenen von Bedeutung war und daß all diese Störungsmuster in beständiger Interaktion lagen. Annas Weigerung, den Medizinstudenten zu treffen, brachte ein situationsbedingtes Problem im Hier und Jetzt zum Ausdruck, das sofort Probleme ihrer frühen Entwicklung aufwarf und frühere Situationen mit ähnlichen Konflikten auf den Plan rief. Ganz offenkundig sagte ihr Verhalten auch etwas über ihre Vorstellung von der Arzt-Patient-Beziehung aus.

Im Verlauf der Behandlung tauchten komplexe Interaktionsmuster wieder auf, die allesamt zur Klärung der Probleme herangezogen wurden. Solange ihre wahren Gefühle verborgen blieben, hatte Anna Angst- und Schuldgefühle und mißtraute der Therapie, ständig in der Furcht lebend, der Therapeut werde sich gegen sie wenden. Eine zweite Episode von Ungehorsam, das Überschreiten des Urlaubs, wurde gleichfalls mit therapeutischem Verständnis angegangen. Als sie in ihrer Einstellung zum Therapeuten allmählich mehr Zutrauen gewann, zeigte sie auch in anderen Beziehungen mehr Aufgeschlossenheit. In diesem Setting vermochte sie ihre Entwicklung in realistischer Weise zu beurteilen und ihren Wunsch nach innerer Unabhängigkeit und ihre Fähigkeit dazu ohne Schuldgefühle anzuerkennen. Für die schließliche Beseitigung einer auf Persönlichkeitsproblemen beruhenden Krankheit ist es von entscheidender Bedeutung, daß in der Interaktion zwischen Patient und Therapeut etwas geschieht, das sich von jeder früheren Erfahrung unterscheidet. Die Neuartigkeit der therapeutischen Erfahrung, sie ist es, die dem Patienten dabei hilft, frühe Entwicklungswege wiederzufinden, Wege, die verlassen worden waren oder die nicht ausgebaut werden konnten.

Die Arzt-Patient-Beziehung

Patienten unterscheiden sich erheblich in der Art und Weise, wie sie ihre Gefühle gegenüber dem Therapeuten äußern, wie auch in ihrer Bereitschaft, über ihre Ansicht von der Beziehung zu sprechen. Anna vermochte ihre Besorgnis über die Unerfahrenheit und die Vertrauenswürdigkeit des Therapeuten leidlich direkt zu äußern, doch zu einer aufgeschlossenen Kommunikation konnte sie sich erst verstehen, nachdem sie den Therapeuten wiederholt geprüft und sich von seiner Verläßlichkeit überzeugt hatte.

Auch Psychotherapeuten unterscheiden sich weitgehend, was ihr Gefühl der Sicherheit und ihr Bedürfnis nach Anerkennung und persönlicher Zufriedenheit angeht. Es liegt in der Natur der Sache, daß ein Anfänger sich bestätigt fühlt, wenn ein Patient ihm besondere Wertschätzung zuteil werden läßt, doch eine auf Bewunderung beruhende Beziehung ist nicht ohne Gefahren; in Kapitel 5 gab ich ein Beispiel für psychotische Desorganisation, die dann um sich griff, als die Behandlung ohne jede Explorierung der daran beteiligten intensiven persönlichen Gefühle beendet wurde. Die Dinge verlaufen zwar für gewöhnlich nicht so drastisch, doch es ist untherapeutisch, den Status der Abhängigkeit eines Patienten zu begünstigen.

Unglücklicherweise lassen sich nicht nur Anfänger von dem Bedürfnis beherrschen, sich aufgrund therapeutischer Sachkenntnis überlegen zu fühlen, sind es nicht nur Anfänger, die buchstäblich leben von den ungeklärten, unverändert gleichbleibenden Abhängigkeitsbedürfnissen ihrer Patienten. Diese subtile Ausbeutung von Beziehungen zugunsten eigener Selbstbestätigung, ja sogar Selbstüberhebung, ist wahrscheinlich mehr als alles andere die Grundlage jener Fälle scheinbar endloser Behandlungen. Ein solcher Therapeut hindert wie ein überbeschützender und besitzergreifender Elternteil seine

Patienten daran, innere Reife und Unabhängigkeit zu erwerben, die legitimen Ziele der Psychotherapie.

Andere Psychiater erwarten womöglich aufgrund ihrer Unsicherheit zuviel von ihren Patienten und nötigen ihnen ihre eigenen Vorstellungen darüber auf, wie man zu leben und was man zu tun hat. Oder sie üben ungerechtfertigten Druck auf ihre Patienten aus, damit sie ihnen bestätigen, daß ihre eigenen Vorstellungen von den Schwierigkeiten, unter denen die Patienten leiden, zutreffend sind, und sie geben dabei den Patienten keine reale Chance zur Selbstdarstellung. Bei Enttäuschungen zeigt diese Art von Therapeut Ungeduld und Reizbarkeit und verdüstert damit den therapeutischen Prozeß noch mehr; der Patient sieht sich belastet von der Angst des Therapeuten und findet keine Unterstützung bei der Suche nach seinen eigenen Bedürfnissen.

Patienten äußern ihre Gefühle häufig auf indirekte Weise, doch manchmal auch ganz offen, sofern sie nur dazu ermutigt werden und ihnen gestattet wird, sich so zu verhalten. Paul, der schizophrene junge Mann, der in Kapitel 4 erwähnt wird, sprach ganz offen darüber, daß er seine Therapeutin genau beobachtete, nachdem er seinen Wunsch kundgetan hatte, gesund zu werden und die Klinik zu verlassen. »Ich sehe Sie an ... Jetzt sehen Sie wie Sie selbst aus, wie Dr. B. ... doch dann wie Abraham Lincoln ... das ist wirklich wahr, wie Abraham Lincoln sehen Sie aus ... glücklich und traurig.« Dann zitierte er aus Lincolns Gettysburg-Ansprache und erklärte, der Bürgerkrieg habe die Einheit (der Vereinigten Staaten von Amerika) gerettet. Er empfand es als Glück, in einem Krankenhaus zu sein, wo sich ein Arzt um ihn kümmerte, der Abraham Lincoln war. Er lächelte, als ich meinte, er brauche offensichtlich Hilfe, wenn er aus dem Bürgerkrieg in seinem Innern als geeinte Person hervorgehen wolle.

Bald rückte die Beziehung zwischen ihm und seiner Therapeutin in den Mittelpunkt seiner Beschäftigung. Paul wollte mich vollständig kontrollieren, lag den Krankenschwestern ständig in den Ohren, sie sollten mich rufen, weil er Sondertermine haben wolle, wurde wütend auf meine anderen Patienten und begann Streit mit ihnen. Er äußerte seine Wut und seine Enttäuschung, indem er mich von Abraham Lincoln in Adolf Hitler verwandelte. In solchen Zeiten begann sein gesamtes Kommunikationsverhalten wieder wahnhafte Züge anzunehmen. Wiederholt meinte er: »Ich habe noch nie gesehen, wie ein Baby geboren wird«, und fügte stets hinzu: »Ich habe noch nie einen Piloten im Flugzeug gesehen.« Als er gefragt wurde, ob er jemals daran gezweifelt habe, wirklich der Sohn jener Eltern zu sein, die ihm soviel Leid zugefügt hätten, erklärte er, das stimme, denn er wisse, daß er der Sohn von Abraham Lincoln und einer schwarzen Frau sei. Doch er wurde vernünftig, als ich sagte, man könne sehr wohl verstehen, daß er sich einen Vater gewünscht hätte, der die Form von Sklaverei, die Paul bei seiner Mutter erlitten habe, nicht hätte durchgehen lassen.

Der Aufenthalt des Patienten in der Klinik verlief ziemlich stürmisch. Nachdem er aus seinem katatonen Zustand heraus war, gab er sich im allgemeinen freundlich und liebenswürdig, und allmählich entwickelte er sich zu einem konstruktiv mitarbeitenden Mitglied der Stationsgemeinschaft. Allerdings war er unberechenbar und zu Streit aufgelegt, sobald er das Gefühl hatte, er müsse beweisen, daß er ein Mann sei. Schließlich überwand er seine Störung und gewann ein ziemlich gutes Verständnis für die Faktoren, die zu seinem Zusammenbruch beigetragen hatten. Er blieb über mehrere Jahre hin mit mir in Kontakt; es gelang ihm, eine Ausbildung abzuschließen, die seinen eigenen Neigungen entsprach, und er dachte gerade daran, eine Ehe einzugehen, als ich zum letztenmal von ihm hörte.

Therapeutische Arbeit mit Schizophrenen, weit davon entfernt, ein einfaches Unterfangen zu sein, läßt sich in ihren Ergebnissen nur schwer abschätzen, auch wenn heutzutage psychotrope Medikamente in Zeiten panischer Ängste und Desorganisation durchaus hilfreich sein können. Solche Arbeit stellt große Anforderungen an die angeborenen Fähigkeiten und Möglichkeiten des Patienten, an die Sachkenntnis, Geduld und Toleranz des Pflegepersonals und an die Einfühl-

174

samkeit, Intuition und persönliche Sicherheit des Arztes. Doch für einen Therapeuten gibt es nur wenige Erfahrungen, die ihm mehr Gewinn bringen, als unmittelbar mitzuerleben, wie sich aus den Fesseln von Angst und Isolierung eine vertrauensvolle Persönlichkeit erhebt, die am Leben teilnehmen möchte.

Der feindselige Patient

Die fachliche Kompetenz und die innere Stabilität des Therapeuten werden auf eine harte Probe gestellt, wenn er sich mit Äußerungen der Enttäuschung oder unverhohlener Feindseligkeit eines Patienten auseinandersetzen muß. Im Verlauf der gründlichen Überprüfung von vergangenen und gegenwärtigen Schwierigkeiten werden Emotionen, Gefühle und Einstellungen aus der Vergangenheit mobilisiert und drängen nach Ausdruck. Wenn es offenkundig wird, daß nicht nur aufgrund schädlicher Handlungen und Einflüsse anderer Menschen Fehlentwicklungen Platz gegriffen haben, sondern auch weil die Reaktionen eines Patienten auf Menschen und Ereignisse die abnorme Entwicklung verstärkt haben, dann kommt eine gehörige Menge an Groll, Haß und anderen negativen Emotionen zum Vorschein, häufig verbunden mit bitteren Vorwürfen, der Therapeut »beschuldige« den Patienten. Es mag so aussehen, als ob diese negativen Reaktionen den Fortschritt der Behandlung hemmten; tatsächlich jedoch sind sie der eigentliche Gehalt der Therapie, und wenn es gelingt, diese Reaktionen zu klären, wird der Patient lernen, sich mit dem Leben und den Menschen spontaner, erfolgreicher und realistischer auseinanderzusetzen.

Auch wenn die meisten Patienten unter ihren Symptomen und schmerzlichen Erfahrungen in Beziehung zu anderen Menschen leiden, so haben sie doch den Eindruck, ihre Art zu reagieren sei richtig und normal, die einzig plausible Art, ihr Leben zu führen, und sie verhalten sich, als ob sie kritisiert oder heftig angegriffen würden, sobald man versucht, beide Seiten eines störenden Konflikts zu beleuchten, oder sobald sie sich vergegenwärtigen müssen, in welchem Maße sie selbst zu ihrer unhaltbaren Situation beitragen. Getrieben von dem Wunsch, sich das zu erhalten, was sie als gute Meinung des Therapeuten verstehen, werden sie sich dieser Art von Untersuchung widersetzen. Der Patient hat unter Umständen das Gefühl, daß der Therapeut, von dem er insgeheim oder ausdrücklich erwartet hat, ständig auf seiner Seite zu stehen, plötzlich »gegen ihn« zu sein scheint – wenn der Therapeut ihn mit Irrtümern in seinen Reaktions- und Verhaltensweisen konfrontiert –, und dann wird er den Therapeuten mit all den schadenstiftenden Menschen aus seiner Vergangenheit in einen Topf werfen und auf ihn in gleicher Weise reagieren. Der angehende Therapeut mag glauben, er mache etwas falsch, wenn der Patient seine wohlgemeinten Bemühungen zurückweist und es ablehnt, anzuerkennen, was für den Therapeuten so offen auf der Hand zu liegen scheint. Statt zu einem besseren Verständnis zu gelangen, wird ein solcher Patient, sobald er darauf hingewiesen wird, er müsse sich ändern, mit alten, unangemessenen Verhaltensmustern reagieren, mit Unwillen, Zorn oder Wut; womöglich stellt er unvernünftige Forderungen nach besonderer Aufmerksamkeit oder sucht in einer abhängigen Position zu bleiben. Genau diese Interaktionsmuster machen das aus, was für gewöhnlich *Übertragung* und *Widerstand* genannt wird. Ein aufmerksamer Supervisor kann für einen jungen Therapeuten von großer Hilfe dabei sein, diese negativen Äußerungen, die gleichsam Richtungsweiser sind, die angeben, was in der Therapie verfolgt werden sollte, deutlicher zu erkennen und zum Vorschein zu bringen. Doch die Erkenntnis, daß solche Reaktionen unangemessen sind, bedeutet keinen Schutz vor ungerechten Attacken oder Anschuldigungen des Patienten, und so empfindet der Anfänger sie unter Umständen als Bedrohung seiner Integrität und als Erfahrungen, die auf schmerzhafte Weise seine eigenen ungelösten Konflikte und Erlebnisse aktivieren.

Es ist besonders schwierig, angesichts feindseliger Angriffe objektiv zu bleiben, wenn der Therapeut selbst unrealistisch in einen Forderungen an den Patienten, uneinfühlsam für seine Bedürfnisse und beherrscht von problematischem Prestigedenken ist. Nicht jeder Ausdruck von Wut und Feindseligkeit auf seiten des Patienten ist eine »Übertragungs«-Reaktion, sondern kann durchaus, zumindest teilweise, eine gerechtfertigte Reaktion darauf sein, daß der Therapeut die Bedürfnisse des Patienten nicht genügend beachtet hat; freilich wird die jeweilige Form von Feindseligkeit bestimmt durch das Gemisch von Frustrationen und Wutgefühlen, die sich im Verlauf leidvoller Lebenserfahrungen angesammelt haben. Die Möglichkeit des Therapeuten, für den Patienten von Nutzen zu sein, hängt von seiner Fähigkeit ab, auf solche Angriffe in objektiver, nicht nachtragender Weise zu reagieren und sich von der gelassenen Bereitschaft leiten zu lassen, die Gründe solcher aggressiven Reaktionen zu erkunden.

Nicht alle Regungen von Enttäuschung und Wut werden offen zum Ausdruck gebracht; an den Therapeuten stellt es womöglich noch größere Anforderungen, die indirekten Ausdrucksweisen zu explorieren. Als Beispiel möchte ich Dr. W anführen, einen Mann mittleren Alters, der aufgrund ständig wiederkehrender Depressionen in die Therapie kam. Seine herablassende und sarkastische Haltung hatte sowohl zu einer Vergiftung seines beruflichen wie seines privaten Lebens geführt, doch zu keinem Zeitpunkt äußerte er irgendwelche Gefühle gegenüber dem Therapeuten oder gab Kommentare zu seiner Person ab, da er annahm, bei der Therapie handele es sich um eines der üblichen wissenschaftlichen Unternehmen. In einem ziemlich frühen Interview berichtete er, seit seiner Jugend habe er sich den größten Anstrengungen unterzogen, um niemanden wissen zu lassen, was er wirklich fühlte. Daraufhin wurde ihm zu verstehen gegeben, eine solche Einstellung könne die Behandlung gefährden, er müsse besonders darauf achten, ehrlich zu sein, die Wahrheit und nichts als die Wahrheit zu sagen; er stimmte dem eifrig zu. Nichtsdestoweniger war die Kommunikation auch weiterhin durch ständiges Verheimlichen und Verschweigen gekennzeichnet.

Als eine beharrliche Anstrengung unternommen wurde, sein alles beherrschendes Gefühl des Mißtrauens abzuklären, äußerte Dr. W. den Verdacht, der Therapeut sei Jude. Nicht nur hatte seine Mutter ihn gewarnt, »niemals einem Juden zu trauen«, auch hatte er selbst viele Erfahrungen hinter sich, die eine solche Einstellung zu rechtfertigen schienen. Es wurde schnell offenkundig, daß seine »Beichte« nichts dazu vermocht hatte, die Situation zu verändern; Mißtrauen und Ablehnung wurden auch weiterhin in mehr oder weniger subtiler Weise als persönliche Angriffe gegen den Therapeuten zum Ausdruck gebracht. Als dies später bearbeitet wurde, erklärte er, der Therapeut habe ihn beleidigt, indem er ihn als Antisemitten eingestuft habe. Weil er unter Druck gesetzt wurde, seine wahren Gefühle zu äußern, hatte er den Eindruck, der Therapeut habe ihn in eine unmögliche Bindung hineingezwungen und sei deshalb dafür verantwortlich, daß er antisemitische Gedanken von sich gegeben habe, Gedanken, in denen sich nicht seine, sondern die Einstellung seiner Mutter widerspiegelte. Er selbst war stolz darauf, liberal und aufgeschlossen zu sein.

In einem solchen Fall ist es wichtig, sich auf die den Äußerungen zugrunde liegenden Probleme und nicht auf die offenkundige Feindseligkeit zu konzentrieren. Es ist unumgänglich, daß ein solcher Patient mit seinem tiefsitzenden Gefühl von Selbstmißtrauen und Furcht vor innerer Wertlosigkeit konfrontiert wird, Gefühle, die seiner Fassade überlegener Tüchtigkeit eine solch entscheidende Bedeutung verleihen und die er so verzweifelt abwehrt. Das zur Schau gestellte, das Oberflächenverhalten wird für gewöhnlich sozial akzeptiert, ja sogar bewundert, und daher ist es schwierig, es als das zu erkennen, was es wirklich ist, als Ausdruck beständiger Furcht, entlarvt und als unzulänglich und unsicher durchschaut zu werden. Nur wenn ein Patient sich sicher fühlt und sich gestatten kann, nicht ganz so vollkommen zu sein, vermag er allmählich mit dem Therapeuten zusammenzuarbeiten und mit den seinem Verhalten zugrunde liegenden Gefühlen von Angst und Selbstzweifel umzugehen. Regelmäßig wird man bei einem solchen Patienten destruktiven Neid erkennen, der alles vergiftet, einschließlich der Therapie. Den Patienten läßt nicht seine Feindseligkeit scheitern, sondern sein tiefsitzendes

Unsicherheitsgefühl in Gegenwart von allen Menschen, die jede Aufgabe gut zu bewältigen scheinen. Wenn dem Patienten dabei geholfen wird, sich seine Unsicherheit zu vergegenwärtigen, dann braucht er unter Umständen seine Überlegenheitsmaske nicht mehr und kann einige der tatsächlichen Fähigkeiten und Begabungen zu beachten beginnen, die er womöglich aus den Augen verloren hat.

Sexuelle Probleme

Die meisten, wenn nicht alle Patienten, die sich einer psychotherapeutischen Behandlung unterziehen, haben sexuelle Schwierigkeiten in dieser oder jener Form. In der klassischen Psychoanalyse liegt das Schwergewicht auf der Erforschung der Libidoentwicklung und der Triebschicksale. Ich habe häufig beobachtet, daß die Klärung wichtiger Probleme erschwert wurde, wenn voreilig ein sexuelles Thema aufgegriffen wurde oder wenn der Therapeut zu verstehen gab, daß die jeweilige Störung von sexuellen Problemen herrühre. Das geschieht besonders leicht, wenn bereits seit längerem eingängige Patenterklärungen für bestimmte Krankheitszustände als Veröffentlichungen vorliegen. So war es zum Beispiel bei der Anorexia nervosa eine fast automatisch einrastende Gepflogenheit, nach Phantasien über »orale Schwangerschaft« Ausschau zu halten, statt mangelndes Gefühl von Autonomie und persönlicher Identität in Betracht zu ziehen. Das Ergebnis solch fehlgelenkter Aufmerksamkeit ist therapeutischer Stillstand. Bei manchen Patienten hat sich die Suche nach der sexuellen Komponente oder nach anderen unbewußten Gründen für die Nahrungsverweigerung über Jahre hin erstreckt. Eine einfache Frage wie »Wann hatten Sie zum letztenmal das Gefühl, richtig zufrieden mit sich zu sein?« oder »Was war nach Ihrer Erinnerung das erste Ereignis, das in Ihnen das Gefühl erweckte, mit der Art und Weise, wie Sie aussehen, nicht zufrieden zu sein?« – eine solche Frage zieht für gewöhnlich eine etwas überraschte, dann jedoch auch erleichterte Antwort nach sich, die darauf hinausläuft, daß der Patient niemals Selbstvertrauen besaß oder daß er andere beneidete, die

179

Selbstvertrauen zu haben schienen; manchmal geschieht es sogar, daß der Patient sich bei solchen Fragen an eine bestimmte Situation erinnert, in der er das Gefühl hatte, etwas sei nicht in Ordnung. Ein Mädchen, die mit siebzehn Jahren magersüchtig geworden war, erinnerte sich an ihren Unterricht in englischer Literatur mindestens drei Jahre zuvor, in dessen Verlauf die Redensarten vom »Herr deines Schicksals« und »Kapitän deines Schiffes« sie in Unruhe und Sorge versetzt hatten. Bis dahin hatte sie es als angenehm empfunden, das Schicksal auf sich zu nehmen, welches das Leben und ihre Eltern für sie vorgezeichnet hatten; der Gedanke, es könne von ihr erwartet werden, ihr Leben selbst in die Hand zu nehmen, war ihr unbegreiflich.

Selbst Patienten mit sexuellen Problemen als den hauptsächlichen Beschwerden sind unter Umständen nicht bereit, den Faktoren, die ihren Schwierigkeiten zugrunde liegen, nachzugehen, solange nicht ein anderer, ein wesentlicherer Aspekt ihrer Selbsteinschätzung geklärt und korrigiert ist. Nehmen wir den Fall von Tom, eines dreißig Jahre alten Mannes, der sich nach dem Hochschulabschluß dagegen sperrte, eine Berufswahl zu treffen, weil ihm die Vorstellung, »in eine Stellung zu rutschen«, zuwider war. Er hielt sich einige Zeit im Ausland auf und trat dann in die Armee ein, bevor er sich schließlich für eine wissenschaftliche Laufbahn entschied. Obwohl auf seinem Wissensgebiet begabt, fühlte er sich in seiner Stellung nicht wohl und lebte ständig in Furcht, man wolle ihn übervorteilen und halte ihn nicht für geeignet.

Auch in seinen Beziehungen zu Frauen fühlte sich Tom gehemmt und gestört. Erst nach Absolvierung der Hochschule begann er sich mit Frauen zu verabreden, doch daraus entwickkelte sich keinerlei dauerhafte Beziehung. Er besaß großen Scharm und weitgesteckte Interessen und hatte nicht die geringsten Schwierigkeiten, anziehende junge Frauen zu treffen, über die er allesamt in Worten der Bewunderung und Verehrung sprach; doch jedesmal brach er die Beziehung unvermittelt ab. Es erwies sich als schwierig, Toms wirkliche Probleme abzuklären, da er die Funktion der Behandlung fehlinterpretierte. Er empfand die Notwendigkeit, eine Entscheidung über seine Berufslaufbahn zu treffen, als »einschränkend«. In ähnlicher Weise reagierte er auf jeden Versuch, sein Verhalten zu klären, als ob dies eine feindselige Einmischung sei. Wann immer eine Frage aufgeworfen wurde, zog er sich zurück und wurde völlig verschlossen, weil er glaubte, der Therapeut lege es mit seinem Interesse darauf an, ihm »seinen« Gedanken wegzunehmen. Er war ständig davor auf der Hut, »beeinflußt« zu werden, und lehnte es unwillig ab, sich mit irgend etwas zu beschäftigen, aus dem sich zu guter Letzt ergeben könnte, daß er »unrecht« hatte. Da er in ständiger Furcht lebte, man könne ihn als anspruchsvoll ansehen, kontrollierte er alles, was er sagte, auf rigideste Weise: »Ich kann nichts sagen – es ist, als ob ich aus mir selbst einen Feind meiner selbst machen sollte.« Er war mit äußerst rigiden Vorstellungen von Reinheit und Lauterkeit aufgewachsen, nahm niemals an den Späßen anderer kleiner Jungen teil und tadelte sie mit den Worten: »Seid nicht vulgär.« Damals war er in einem Alter, daß ein für Kinder so ungewöhnliches Wort nur die Wiederholung einer Äußerung sein konnte, die ein Erwachsener getan hatte.

Wirklicher Fortschritt stellte sich erst ein, nachdem Tom seine Vorstellung vom therapeutischen Ziel geändert hatte, das heißt, als er herausfand, daß die Notwendigkeit, seine Einstellungen zu überprüfen und zu korrigieren, nicht gleichbedeutend war mit dem Vorwurf, er habe Vergehen auf sich geladen. Allmählich wurde klar, daß sich zwei Faktoren abträglich auf seine Beziehung zu Frauen auswirkten, einmal die kulturelle, seine eigenen Beobachtungen schärfende Erwartung, jedes Mädchen, mit dem er sich traf, sei an ihm als Ehepartner interessiert. Nach seiner ersten Begeisterung darüber, daß er ein anziehendes, ansprechbares Mädchen gefunden hatte, wurde er verkrampft und ängstlich; nachdem er sie um eine Verabredung gebeten hatte, geriet er in Zorn darüber, daß er jetzt verpflichtet sei, diese Verabredung einzuhalten, und befürchtete, sie werde mehr erwarten. Sein anderes Problem, das ihn sogar mit noch stärkerer Angst erfüllte, bestand darin, eine Frau könne von ihm sexuelle Reaktionen erwarten. Selbst wenn er ein Mädchen für attraktiv hielt, von ihr erregt wurde und angemessen darauf reagierte, war er zur gleichen Zeit von panischer Furcht bei dem Gedanken beherrscht, sie werde von ihm nun sexuelle Befriedigung erwarten. Er war in der Doppelbindung *(double bind)* gefangen, daß er einerseits seine Wünsche für »vulgär« ansah und andererseits für unmännlich gehalten werden könnte, wenn er sich dem sexuellen Akt verweigerte. Es bedurfte langer, sorgsamer Arbeit, bis er sich endlich von der hemmenden Indoktrinierung seiner Kindheit frei machen und seine eigenen Wünsche wertschätzen konnte.

Bisweilen kann man in wenigen Sitzungen, ja sogar in einer einzigen Beratung, etwas Effektives erreichen. Ich erinnere mich aus der Zeit des Zweiten Weltkriegs an einen jungen Leutnant, den die Furcht quälte, er sei zum Sexualverkehr nicht fähig. Er kam während seines Urlaubs nach einem enttäuschenden Versuch in die Beratung und sollte anschließend nach Übersee verlegt werden. Als Jugendlicher war er zu schüchtern und zu zurückhaltend gewesen, um Mädchen Anträge machen zu können. Inzwischen hatte er zwar mehr innere Sicherheit gewonnen und war stolz darauf, mit einer anziehenden Frau verlobt zu sein, doch er wagte nicht, sich ihr zu nähern, aus Angst, er könne sie sexuell nicht zufriedenstellen. Unser Gespräch wandte sich seinen Erfahrungen in der Armee zu, vor allem der Zeit, als er noch Offiziersanwärter war. Er hatte sich im großen und ganzen bewährt, doch bei der Beschreibung von Einzelheiten hielt er plötzlich inne und lächelte: Er hatte Schwierigkeiten bei der Übernahme von Führungsaufgaben und bei der Erteilung von Befehlen gehabt. Damit stand er auf und erklärte, er wisse jetzt, was sein Problem sei. Er sagte den folgenden Beratungstermin ab und rief gegen Ende seines Urlaubs an, um mitzuteilen, daß sich alles ausnehmend gut entwickelt habe.

Durcharbeiten

Jeder Anfänger ist über die Tatsache verwirrt und bedrückt, daß es nichts zu helfen scheint, einen Patienten auf etwas hinzuweisen oder ihm etwas zu erklären, auch wenn er es offensichtlich versteht oder zustimmt, genauso verhalte es sich – nichts scheint sich zu ändern. Dabei handelt es sich natürlich nicht nur um ein Problem des Anfängers; der Unterschied ist freilich der, daß der erfahrene Therapeut genau weiß, daß sich die Korrektur lebenslanger Mißverständnisse und falscher Vorstellungen nur allmählich, Schritt für Schritt, vollzieht und daß ein Problem immer wieder von allen Seiten untersucht werden muß, da es sich sowohl auf vergangene Erfahrungen wie auf gegenwärtige Schwierigkeiten bezieht; erst danach kann das neue Wissen assimiliert und zu dem werden, was man gewöhnlich »Einsicht« nennt. Je aktiver der Patient sich an dem Prozeß der Selbsterforschung beteiligt, je größere Fähigkeit er gewinnt, Mängel und Defizite zu korrigieren, desto größer ist die Wahrscheinlichkeit, daß neue Einsichten dazu beitragen, seine Lebensweisen zu ändern. Es gibt viele gebildete Leute, die alles über Psychoanalyse und die zu erwartenden seelischen Komplexe wissen, Leute, die bereitwillig lernen, alles, was erörtert wird, auf sich selbst anzuwenden, doch all das bleibt intellektuelles Wissen und scheint kaum geeignet, wahres Verstehen zu fördern.

Zuweilen kann selbst ein Verhalten, das wie freie, aufgeschlossene Kommunikation erscheint, Ausdruck eines Abwehrmanövers oder einer Übertragungshaltung sein, und was wie Redefluß wirkt, kann das jeweilige Problem nur verschleiern. Als Beispiel möchte ich die Fallgeschichte von Alfred anführen, einem achtundzwanzigjährigen Mann, der Schwierigkeiten damit hatte, seine Doktorarbeit zu beenden. Er war darüber deprimiert, desgleichen über seine Ehe, die zu wünschen ließ. Er war bereits zuvor in Behandlung gewesen und schien ein vielversprechender Kandidat für die Psychotherapie zu sein. Alfred wußte sich zu artikulieren, neigte zur Introspektion und schien eifrig darauf bedacht, ein besseres Verständnis seiner selbst zu gewinnen. Allmählich wurde offenkundig, daß seine ausgeprägte Beredsamkeit seinen Bemühungen im Wege stand. Er sprach unaufhörlich in langen Sätzen und wurde ärgerlich und gereizt, wenn er gebeten wurde, sich deutlicher auszudrücken, oder, schlimmer noch, wenn er unterbrochen wurde. Der Therapeut sah sich auf die Rolle reduziert, geduldig abzuwarten, bis er zu Ende gesprochen hatte, und es wurde ihm nicht gestattet, irgendeine seiner Äußerungen herauszugreifen, um ihr besondere Aufmerksamkeit zu widmen. Als der Therapeut einen Anlauf nahm, diesen Sprachmißbrauch zu klären und als das hinzustellen, was er war, nämlich eine Verständnisbarriere, da fühlte Alfred sich »vor den Kopf gestoßen« und getadelt. Er vermochte sich nur dann respektiert zu fühlen, wenn er ausreichend Zeit erhielt, sich zu äußern, und er führte Klage darüber, daß ihn bei jeder Anmerkung, die der Therapeut machte, das Gefühl überkomme, vernichtet zu werden. Er geriet in panische Angst, er werde niemals mehr Gelegenheit erhalten zu sprechen. Dieses Gefühl hielt auch dann weiter an, nachdem ihm klar geworden war, daß es irrational war.

In Alfreds Familie war von Sprache in eigentümlicher Weise Gebrauch gemacht worden. Jeder Ausdruck von Wut oder Meinungsverschiedenheit wurde mit Entmutigung oder aktiver Verurteilung bedacht; dagegen waren höfliche Formulierungskünste von größter Wichtigkeit. Heute noch brachte seine Mutter jedermann mit ihrem endlosen Reden und verwickelten Gedankengängen zur Verzweiflung; ihre eigene Mutter hatte sich sogar eines noch aggressiveren Sprachgebrauchs befleißigt. Alfreds Großmutter war zu den Quäkern konvertiert und galt als »kämpferische Pazifistin«; selbst als Kind hatte ihn dieser Widerspruch bereits verwirrt. Das sonntägliche Mittagessen war mit seiner Fülle an interessanten Tischgesprächen für Alfred ein Vergnügen gewesen, doch sie hatten bei ihm falsche Wertvorstellungen über die Macht des Wissens hinterlassen. Die Fähigkeit und Leichtigkeit, sich über jedes Thema auszulassen und sich dabei auch zu behaupten, sie waren von einer Bedeutung, die alles andere in den Schatten stellte. Alfreds Großmutter beherrschte diese Gespräche und verwies mit niederschmetternden Bemerkungen jeden an seinen Platz. Alle Familienmitglieder waren der Meinung, Worte seien mächtiger als Waffen, und das war auch der Grund, warum Alfred sich einen hinterhältigen und aggressiven Sprachgebrauch zugelegt hatte.

Als Alfred dem Therapeuten gestattete, sich an der Klärung dieser Probleme zu beteiligen, kam viel indirektes Material zum Vorschein. Für ihn brachte jede Diskussion, vor allem im Falle von Meinungsverschiedenheiten, die Gefahr mit sich, daß ein Mensch ausgelöscht werden könnte. Obwohl er seine Freude daran hatte, Menschen zu überreden, sie mit seinen Argumenten einzuwickeln, quälte ihn später die Angst, die anderen könnten aufgrund der Tatsache leiden, daß ihre Argumente abgewiesen wurden, und könnten sich gegen ihn wenden. Er fühlte sich ständig in einem unauflösbaren Dilemma gefangen. War er allein, erfüllte ihn bedrohliche Angst vor »Nichtexistenz«, weil ihm Bestätigung durch einen anderen Menschen fehlte; auf der anderen Seite bedrängte ihn in Gegenwart anderer die Frage, wer überleben und wer ausgelöscht werden würde. Jeder Erfolg, sei es bei der Arbeit oder anderswo, hieß für ihn, jemand anderen zu vernichten, doch wenn niemand um ihn war, dann fühlte er sich funktionsunfähig. Seine Interaktion mit dem Therapeuten folgte einem ähnlichen Verhaltensmuster. Durch sein exzessives Reden suchte er Kontrolle über den Therapeuten zu gewinnen, doch dann wieder verspürte er Angst, er könne den Therapeuten zerschmettern und sich so der Hilfe berauben, die er dringend nötig hatte.

Bei solch subtilen, verwickelten Problemen gehen Fortschritte unter Umständen nur entmutigend langsam vonstatten. Viele Situationen und Probleme müssen immer und immer wieder abgeklärt werden, bis der Patient allmählich die innere Überzeugung gewinnt, daß ihm Respekt entgegengebracht, daß er als existierender Mensch behandelt wird, auch wenn er nicht spricht, sondern jemand anderem zuhört oder Ansichten mit ihm austauscht. Dieser schrittweise Übergang – von Zweifeln oder offener Ablehnung zu vernünftigem Zuhören und schließlich zu sinnvoller innerseelischer Integration – ist mit dem Begriff »Durcharbeiten« gemeint. Dieser Prozeß spielt bei allen therapeutischen Begegnungen eine wichtige Rolle, auch wenn er bei Zwangsneurosen und Charakterstörungen besonders ausgeprägt ist.

Anzeichen von Fortschritt

Patienten geben uns auf höchst unterschiedliche Weise zu verstehen, daß mit ihnen etwas Günstiges und Nützliches vor sich geht. Gewöhnlich zeigt sich zu Beginn der Behandlung eine sofortige Besserung, was die manifesten Symptome wie auch was die Stimmungslage und die allgemeine Einstellung angeht. Das hängt mit dem Gefühl der Erleichterung zusammen, jemanden gefunden zu haben, der echt interessiert scheint und bereit ist zuzuhören.

In einigen Fällen stellt sich eine dramatische Besserung ein, wobei der Patient stolz erklärt, alle seine Probleme und Leiden seien verschwunden. Dies geschieht nicht selten bei Patienten, die über die Notwendigkeit psychotherapeutischer Hilfe ziemliche Zweifel hegten oder ihr gegenüber sogar eine aggressive negativistische Haltung an den Tag legten; plötzlich hören sie mit all ihren Klagen und Beschwerden auf und schlagen den Weg zur Gesundung ein. Während meiner Ausbildung traf ich auf Mrs. K., die aufgrund einer »Polio«, die sie sich angeblich während einer Reise mit ihrem Ehemann zugezogen hatte, im Verlauf von sieben Jahren ganz und gar zur Invalidin geworden war. Eine schwere Muskelkontraktion in einem ihrer Beine hinderte sie am Gehen, so daß sie sich im Rollstuhl aufhalten mußte. In der Klinik sollte ein operativer Eingriff vorgenommen werden, doch die Patientin war derart von Emotionen erfüllt, daß der Orthopäde um eine psychiatrische Untersuchung bat. Sie wehrte sich heftig dagegen, weil sie die Maßnahme für »zu drastisch« hielt, und versuchte in allen Einzelheiten zu erklären, warum all ihre Symptome das natürliche Ergebnis ihres Leidens seien, das sie sich zugezogen habe. Während der detaillierten Begutachtung ihrer Krankheit wurde eine Anzahl von Widersprüchen aufgedeckt, und die Ereignisse wurden unter einer neuen Perspektive betrachtet – und das Wunder trat ein, daß sich ihre Muskelverspannungen legten und sie wieder gehen konnte. Nun war sie in so unkritischer Weise begeistert über den Wert von Psychotherapie, wie sie zuvor ablehnend und feindselig dagegen eingestellt war.

Andere Patienten beginnen nach einer Periode negativistischer Ablehnung plötzlich ihre Erinnerungen hervorzusprudeln und sind überbegierig, aus vergangenen Erfahrungen zu lernen. In solchen Fällen besteht die Aufgabe darin, den Patienten dabei zu helfen, die ihren Symptomen zugrunde liegenden ungelösten Probleme zu erkennen. Eine solch frühzeitig einsetzende Besserung wird Übertragungsheilung genannt, ein Begriff, in dem Hoffnung und Dankbarkeit gegenüber einem Helfer mitschwingen, der mit speziellen Kenntnissen und Fähigkeiten ausgestattet ist und dem der Patient einen Gefallen tun möchte. Besserung, die in kurzer Zeit erzielt wird, ist unter Umständen nur vorübergehend; wird sie jedoch von signifikanten Einstellungsänderungen begleitet, kann sie auch dauerhaft sein. Die Geschichte der früheren Nonne, die sich in nur dreimonatiger Behandlungszeit entschieden um mehr Unabhängigkeit und Autonomie bemühte, kann man in dieser Hinsicht als beispielhaft ansehen.

Wieder andere Patienten machen nur langsame Fortschritte und gehen die sie quälenden Probleme nur zögernd und häufig auf undurchsichtige Weise an; Änderungen stellen sich im Verlauf der ausgedehnten mittleren Behandlungsphase in kleinen undramatischen Schritten ein. Dies erfordert vom Therapeuten, dem Patienten ausdauernd zuzuhören und sich dabei um eine Klärung der verwirrenden und widersprüchlichen Botschaften zu bemühen. Es erweist sich als wichtig, auf Anzeichen zu achten, die auf innere Änderungen, wenn auch noch so geringfügige, hinweisen. Nach solchen Änderungen muß man unablässig Ausschau halten und die Aufmerksamkeit des Patienten darauf lenken, denn die Wahrnehmung solcher Vorgänge bei sich ermutigt ihn zu aktiver Teilnahme am Prozeß der Selbstentdeckung. Solch sorgsames Hinhören auf subtile Zeichen von Fortschritt erfordert Geduld vom Therapeuten, allerdings keine Passivität, im Gegenteil, er muß den Patienten entschlossen und durchgängig mit seinen falschen Vorstellungen konfrontieren und ihn mit seinen Fähigkeiten vertraut machen. Diese Einstellung steht im Gegensatz zu dem, was die meisten Patienten in ihrer Vergangenheit erfahren haben, als sie nämlich von ungeduldigen Eltern, Lehrern oder Gleichaltrigen für ihre Unzulänglichkeiten kritisiert und getadelt wurden. Bei solch beständiger Ermutigung, seine Fähigkeiten und Möglichkeiten ans Licht zu bringen, wird der Patient allmählich lernen, die Welt als nicht gar so bedrohlich und frustrierend zu empfinden. Er wird damit aufhören, die Welt nur in schwarzen oder weißen Farben zu sehen, wird nicht mehr fortwährend in Sorge sein, ob er auch das Richtige tut, oder in der Furcht leben, für Fehler getadelt zu werden. Nach und nach wird er weniger abhängig von der Billigung oder Mißbilligung anderer werden, mag es sich um Menschen aus seiner Gegenwart, einschließlich des Therapeuten, oder um nunmehr imaginäre Gespenster seiner Vergangenheit handeln. Wenn er beginnt, sich selbst in realistischer Weise zu sehen, das heißt mit weniger Selbstverachtung und Abscheu, dann wird er zu guter Letzt auch den Mut fassen, Verantwortung für sein eigenes Leben zu übernehmen.

Diese Behandlungsphase erfordert große Aufmerksamkeit auf seiten des Therapeuten: er muß wissen, wenn der Patient sich über etwas in unabhängigerer Weise äußert, und wird dem mit äußerstem Feingefühl zustimmen, wobei er sorgsam darauf zu achten hat, daß er sich nicht seinerseits zu einer neuen Agentur für Billigung und Mißbilligung macht. Derartige Einstellungsänderungen kann der Patient durch die Art und Weise zum Ausdruck bringen, wie er seine Entwicklung, vor allem sein Familienleben, einschätzt. Zu Behandlungsbeginn beschreibt er seine Eltern womöglich als vollkommen; danach folgen heftige Ausbrüche von Unwillen und Haß, weil sie ihm übel mitgespielt haben; wenn er sich Schritt für Schritt von der übermäßigen Beschäftigung mit ihnen frei macht, vermag er schließlich ihre Mängel und seine Schwierigkeiten mit ihnen in einen größeren Zusammenhang zu stellen. Dann ist er nicht mehr von Rachegedanken besessen und nicht länger bereit, sein Leben seiner Rachsucht zu opfern (nämlich seiner Krankheit, die ihren Fehlern und Fehlschlägen ein Denkmal setzte). Nicht alle Patienten erreichen dieses letzte, endgültige Ziel. Leider ist die populäre Vorstellung, der Patient lerne in der Psychotherapie zu erklären: »Nun hasse ich meine Mutter«, nicht bloße Karikatur. Nur zu oft wird die Behandlung in diesem Stadium nicht weiter fortgeführt, das heißt, wenn der Therapeut oder der Patient das Gefühl hat, daß es bereits echte Befreiung von neurotischem Verhaftetsein an die Vergangenheit bedeutet, verdrängte Wut und Haß zu erkennen und zu äußern.

Es ist nicht tunlich, pauschale Feststellungen zu treffen, doch wenn ich ein Problem herausgreifen sollte, das allen psychotherapeutischen Patienten gemeinsam ist, dann liegt es darin, daß ihnen die Überzeugung abgeht, ein Individuum zu sein, daß ihr »Gravitationszentrum« nicht in ihrem Innern liegt, sondern irgendwie auf andere Menschen verschoben ist. Die Intensität der Erfahrung, nicht richtig man selbst zu sein, hat natürlich eine große Bandbreite; bei Schizophrenen ist sie am stärksten ausgeprägt. Wenn man die Aufgabe der Therapie in allgemeinen Begriffen beschreiben will, so besteht sie darin, einem Patienten dabei zur Hand zu gehen, ein Gravitationszentrum zu entwickeln, so daß er sich als selbstbestimmt erleben kann und stolz darauf ist, der Mensch zu sein, der er ist, ein Mensch, der in der Lage ist, sich selbst zu behaupten und zur Geltung zu bringen und Befriedigung gemäß seinen eigenen Lebenszielen zu erlangen. Während der langsam voranschreitenden Periode des »Durcharbeitens« lassen sich viele einander abwechselnde Manifestationen der Entwicklung auf dem Wege zur Authentizität erkennen, und jeder kleine Schritt in der richtigen Richtung bedarf der Beachtung und Anerkennung. Ein Patient, der ungewöhnliche Schwierigkeiten dabei verspürte, in seinem Beruf Verantwortung zu übernehmen und eine intime persönliche Beziehung einzugehen – wann immer er einen entsprechenden Vorstoß unternahm, geriet er sogleich in Angst, der andere Mensch könne ihn beherrschen –, als dieser Patient erkannte, daß er nunmehr besser in der Lage war, sein eigenes Leben zu führen, da gab er der neuen Erkenntnis mit folgendem Bild Ausdruck: »Bis jetzt habe ich immer nur auf meine Füße geschaut, immer in Angst, jemand könne darauf treten. Nun kann ich den Horizont sehen, so als wenn sich mir plötzlich die Welt geöffnet hätte.«

Bei einem solch echten Zuwachs an Spontaneität und Selbstbestimmung, begleitet vom verstärkten Selbstwertgefühl und größerem Selbstvertrauen, vermag ein Mensch mit weniger Spannung und Angst zu leben, kann er als aktiver Teilnehmer am Leben seine Fähigkeiten entfalten und genießen, was ihm das Leben zu bieten hat. Erfolgreiche Psychotherapie beseitigt keine Lebensprobleme, sondern macht einen Menschen fähiger, mit diesen Problemen umzugehen und sie zu bewältigen.

Behandlungsende

Wenn die Therapie unter aktiver Teilnahme des Patienten in die genannte Richtung vorangetrieben worden ist, dann herrscht zwischen Patient und Therapeut für gewöhnlich Einverständnis über den Zeitpunkt, an dem die Behandlung sinnvollerweise beendet werden sollte. Bisweilen sind Patienten nicht bereit, den letzten Schritt zu tun, nämlich anzuerkennen, daß sie fähig sind, ein aktiveres Leben zu führen; dann kann es hilfreich sein, einen vernünftigen Termin für den Behandlungsabschluß zu setzen. Nicht selten werden unter diesem Zeitdruck Probleme zugänglich, die der Patient bis dahin hartnäckig behütet hat. Auf der anderen Seite möchten manche Patienten mit der Behandlung aufhören, noch ehe der Therapeut das Gefühl hat, daß die Therapieziele erreicht worden sind. Es besteht die Gefahr, daß ein Therapeut sich, wie ein überehrgeiziger Elternteil, auf seine Vorstellungen darüber versteift, wie der Patient beschaffen sein sollte, und ihn auf diese Weise daran hindert, echte Unabhängigkeit zu erlangen. Wenn Symptomlinderung eingetreten ist und der Patient zumindest einige wirkliche Schritte in Richtung besserer Selbsteinsicht und größerer innerer Freiheit getan hat, dann ist nicht viel damit gewonnen, wenn man den Patienten überredet, die Behandlung fortzusetzen. In solchen Fällen ist es klüger, den Patienten erfahren zu lassen, wie gut er aus eigener Kraft und Funktionstüchtigkeit zurechtkommt, und sich für eine Fortsetzung der Behandlung bereitzuhalten, sofern sich die Notwendigkeit dazu ergibt. Die Zusicherung, daß der Therapeut sich weiterhin zur Verfügung hält, ist von besonderer Wichtigkeit für schizophrene Patienten. Bisweilen mag das äußere Zeichen solcher Bereitschaft zu weiterer Hilfe in nichts mehr bestehen als in einem Austausch von Weihnachtsgrüßen und gelegentlichen Briefen, die einige Schwierigkeiten zum Inhalt haben. Eine tolerante Einstellung gegenüber frühzeitigem Behandlungsabbruch ist natürlich unangebracht in Situationen, in denen der Patient aus Angst darüber, was ihm bevorsteht, aufgrund impulsiven Verhaltens oder einer feindseligen Meinung vom Therapeuten vorzeitig aus der Behandlung aussteigen möchte. Solche Fälle erfordern sorgfältige Analyse der Motive und, wenn nötig, Überweisung an einen anderen Therapeuten.

8. Der nächste Schritt

Während des therapeutischen Prozesses macht auch der noch unerfahrene Therapeut merkliche Einstellungs- und Persönlichkeitsänderungen durch. Im günstigen Falle werden sein Selbstvertrauen und seine Sensibilität gegenüber den Bedürfnissen des Patienten und seinen eigenen zunehmen. Indem er einem anderen Menschen zu einer von Selbstachtung geprägten Einstellung gegenüber seinen innerseelischen Ansprüchen und Möglichkeiten verhilft, beschreitet auch er den Weg zu größerer innerer Reife.

In dem vorliegenden Buch habe ich zwar einige der besonderen Schwierigkeiten und Zwangslagen des Anfängers aufgezählt, doch ich möchte zum Schluß nicht unerwähnt lassen, daß der Anfänger im Umgang mit Patienten auch entschiedene Vorteile auf seiner Seite hat. Noch nicht in Routine verfangen oder abgestumpft, kann er sich Aufgeschlossenheit und Enthusiasmus gestatten, und damit kann er seinen Mangel an Erfahrung auf vielfältige Weise wettmachen. Von daher ist der ein wenig verwirrende Tatbestand zu erklären, daß Anfänger häufig überraschend gute Behandlungsergebnisse erzielen. Als Neuling, keiner endgültigen theoretischen Auffassung verpflichtet, kann der Anfänger es sich gestatten, auf die mißliche Lage eines Patienten mit Gefühlswärme und echter Sympathie zu reagieren, und dies wiederum ermutigt den Patienten, seine eigenen Gefühle zu zeigen. Ein unbefangener, von Mitgefühl getragener Anfänger vermag durchaus therapeutische Erfolge zu erzielen, indem er dem Patienten dabei hilft, einen Blick hinter die Kulissen dessen zu werfen, was sich bisher in seinem Leben abgespielt hat, und die Verhaltensweisen zu hinterfragen, die seine menschlichen Beziehungen beeinträchtigen.

Solche frühen Behandlungserfolge sind für die Entwicklung des Psychotherapeuten von großer Bedeutung. Mitzuerleben, wie ein von Angst erfüllter Mensch zur Ruhe kommt oder ein verschüchterter, in sich zurückgezogener Patient den Weg ins aktive Leben zurückfindet, dieser Lohn seiner Mühe hilft dem Anfänger über die schwierigen Jahre hinweg, in denen er seine Ausbildung vollendet und seine Fertigkeiten verfeinert. Ohne positive frühe Erfahrungen, die darin bestehen, mitzuverfolgen, wie leidende Menschen durch ihre Beziehungen zu ihm sich ändern und Besserung ihres Zustands zeigen, ohne solche Erfahrungen gelangt der Anfänger unter Umständen bereits früh zu dem Schluß, daß Psychotherapie eine Methode von nicht sonderlich großem Wert darstellt. Dann kann es geschehen, daß er ängstlich und ungeduldig wird, wenn der Fortschritt nicht so dramatisch oder für ihn befriedigend verläuft, wie er sich vorgestellt hat. Andere mögen Patienten, mit denen sie Fehlschläge erlitten haben, für unbehandelbar erklären und statt Psychotherapie eine organische Methode empfehlen.

Therapie für Therapeuten

Therapeuten, die Erfolge haben und diese Arbeit fortsetzen möchten, stehen vor der Frage, wie sie ihre Fertigkeiten und Fähigkeiten mehren sollen. Die Möglichkeiten zur Weiterbildung und die Zahl verfügbarer Therapeuten mit größerer Erfahrung sind von Fall zu Fall höchst unterschiedlich, und jeder einzelne muß sich einen Plan für seine Fortbildung ausarbeiten, der seinen persönlichen Bedürfnissen und Umständen entspricht. Während dieser Lehrjahre stellen sich viele die Frage, ob sie selbst therapeutische Erfahrungen brauchen. Darauf gibt es natürlich keine allgemein gültige Antwort. Sie hängt von den Bedürfnissen des einzelnen ab, vom Grad seiner persönlichen Unsicherheit und Beanspruchung durch Probleme und dem Ausmaß der daraus resultierenden Beeinträchtigung seiner therapeutischen Wirksamkeit. Es ist häufig behauptet worden, daß Menschen sich aufgrund eigener Bedürfnisse zur Psychotherapie hingezogen fühlen und daß dieses ihr Interesse mit ihrem aus eigener Erfahrung gesammelten Wissen um Angst, Depression und Unsicherheit zu tun hat. Wahrscheinlich trifft es zu, daß jemand, dem psychische Not nicht vertraut ist, kein derart dauerhaftes Interesse daran entwickeln würde, Einblick in die tieferen Schichten dessen zu gewinnen, was andere verstört und quält; auch würde er vermutlich keine umfassende Empathie dafür empfinden, was der Patient in seiner indirekten, verzerrten und unzusammenhängenden Kommunikation zum Ausdruck bringt. Zwischen Therapeut und Patient besteht nur ein gradueller Unterschied, desgleichen zwischen Ausbildung in Psychotherapie und psychotherapeutischer Behandlung. Um effektiv arbeiten zu können, muß der Therapeut die objektiv überprüfbare Fähigkeit entwickeln zu verhindern, daß seine Probleme störend in die Behandlung einfließen, und er muß seine Konflikte in realistischer Weise lösen können. Trotz weiter Bereiche von Unsicherheit braucht er eine gewisse hoffnungsvolle Zuversicht gegenüber seinem Tun; eine Fassade aus naivem Optimismus reicht nicht aus, und auch Pessimismus und Zynismus sind bei der Arbeit fehl am Platz.

Weiter oben habe ich auf einige Einstellungen oder Erwartungen bei Therapeuten hingewiesen, die sich ihrer therapeutischen Wirksamkeit in den Weg stellen können. Manche entdecken, daß das intensive persönliche Eingehen auf den Patienten höhere Anforderungen an sie stellt, als sie erwartet haben, und daß dadurch unangebrachte Ängste ausgelöst oder frühere persönliche Konflikte wiederbelebt werden; darin kann sich das Bedürfnis nach psychotherapeutischer Hilfe äußern. Andere lassen sich auf unprofessionelle Weise mit ihren Patienten ein. Wer die Bewunderung und das blinde Vertrauen des Patienten braucht, um sein Selbstwertgefühl zu heben, wer auf andere Weise die Intimität der Beziehung für seine eigene Befriedigung ausbeutet oder nicht ohne Neidgefühle die Erfolge und positiven Leistungen des Patienten zu erleben vermag, der läßt damit Probleme erkennen, die es geraten erscheinen lassen, daß er sich selbst einer therapeutischen Behandlung unterzieht. Durch die genannten Einstellungen wird der Therapeut auf schwerwiegende Weise daran gehindert, seinen Patienten zuzuhören oder ihnen die notwendige mitfühlende und objektive Aufmerksamkeit zu widmen. Bisweilen entgehen einem Therapeuten solche Einstellungen bei sich, und der einzige Hinweis, daß mit ihm etwas nicht stimmt, liegt in der Tatsache, daß zu viele Patienten die Behandlung vorzeitig abbrechen oder daß er zu viele Patienten für unbehandelbar hält.

Andere lassen sich durch die wachsende Erkenntnis persönlicher Unzufriedenheit oder eigenen Unglücks zu dem Schritt bewegen, sich einer Therapie zu unterziehen, häufig allerdings erst dann, wenn sie festgestellt haben, daß Psychotherapie wirksam sein kann. Wieder andere haben trotz der Tatsache, daß sie unter persönlichen Problemen leiden, das Gefühl, daß diese Schwierigkeiten ihre Spontaneität und Fähigkeit zu aufmerksamer, wacher Teilnahme in keiner Weise beeinträchtigen, und sie entwickeln sich ohne eigene Behandlung zu sachverständigen, zuverlässigen Psychotherapeuten, oder sie empfinden es als angenehm, die fällige Entscheidung hinauszuzögern. Indem sie sich, für gewöhnlich mit Hilfe einfühlsamer Supervision, ihrer Reaktionen bei der psychotherapeutischen Arbeit zunehmend bewußt werden, entfalten sie größere emotionale Reife und machen sich relativ frei von den verschiedenen Konflikten. Die Gefahr, daß der Therapeut die psychische Not seiner Patienten auf subtile und unbewußte Weise für seine eigenen Zwecke ausbeutet, wird sich in dem Maße verringern, wie er seiner eigenen Reaktionen gewahr wird, und dann wird er nicht länger zulassen, daß solche Reaktionen ihn bei seiner Tätigkeit beeinträchtigen oder beherrschen. Durch die positive Erfahrung, sich aktiv an der Lösung eigener grundlegender Probleme und Ängste beteiligt zu haben, durch diese Erfahrung lernt der Therapeut, Ängste bei anderen zu verringern, und gewinnt die Überzeugung, daß menschliche Gefühle dauerhaft modifiziert werden *können*. Ohne diese Überzeugung, daß psychische Schwierigkeiten durch intime interpersonale Erfahrungen beseitigt werden können, kann Psychotherapie wahrscheinlich nicht ausgeübt werden.

Bei manchen mengen sich in die Frage der eigenen Behandlung berufliche Pläne, die von der Entscheidung abhängen, ob sie eine psychoanalytische Ausbildung auf sich nehmen oder nicht. Für Therapeuten in großen Ausbildungszentren oder in Städten mit psychoanalytischen Instituten geht es dabei um eine praktische Entscheidung. Eine ausführliche Erörterung der Wünschbarkeit psychoanalytischer Ausbildung geht über den Rahmen dieses Buches hinaus. Die Entscheidung sollte von jenen in positiver Weise getroffen werden, die zu dem von der Psychoanalyse ermöglichten speziellen individualistischen Verständnis beitragen möchten. Solche Erwägungen spielen als langgehegter Traum, Zugang zu irgendeinem letzten Geheimnis zu gewinnen, im Denken vieler Anfänger eine unrealistische Rolle.

Nach Sicherheit suchend, von der Hoffnung getragen, es gäbe endgültige Antworten, lassen sich viele Studenten von dem Gefühl leiten, Psychoanalyse sei der einzige Weg, den man einschlagen könne, sei der einzige Schutz gegen das quälende Gefühl, irgend etwas Besonderes entzöge sich ihrem Wissen. Viele, nicht nur den Anfänger, beschäftigt weiterhin ein Thema, von dem die ältere Literatur voll ist, nämlich die Frage, inwieweit Psychotherapie der Psychoanalyse ebenbürtig oder ihr unterlegen ist. Bedauerlicherweise hat sich die Überzeugung festgesetzt, man könne eine Werthierarchie aufstellen, und diese Überzeugung liegt noch vielen Diskussionen der 70er Jahre zugrunde, wenn auch nicht mehr in dem starken Maße wie zu meiner Ausbildungszeit in den frühen 40er Jahren; es handelt sich um die Überzeugung, nur die Psychoanalyse beschäftige sich mit Kausalfaktoren und sei mithin die einzige Methode, die wahrhaft heilen könne; Psychotherapie sei bestenfalls ein stützendes Verfahren, bei dem der Therapeut die Aufgabe übernehme, Zuversicht zu vermitteln und Hilfestellung zu geben, während der Patient weiterhin »sein Garn spinnt«. Solche Vorstellungen sind einfach unzutreffend. Es ist hier nicht der Ort, die ziemlich speziellen Indikationen für psychoanalytische Therapie zu erörtern. Doch es kann nicht deutlich genug gesagt werden, daß die

Psychoanalyse keine Allheilmethode für alle Krankheitszustände darstellt; sie ist vielmehr in vielen Fällen kontraindi-
ziert, in Fällen, die durch angemessene Psychotherapie wirksamer behandelt werden können.

Die gegenwärtige Ausbildung krankt leider daran, daß mit ihr
allzu häufig Lernerfahrungen verbunden sind, die jede Kontinuität vermissen lassen. Die wissenschaftliche Ausbildung in
Psychoanalyse ist nicht geeignet, frühere Lehrstoffe und -me-
thoden zu konsolidieren, sie wird vielmehr als ein Neubeginn
betrachtet, der eine völlige Neuorientierung und ein einge-
hendes Studium der umfangreichen Literatur und der theoretischen Auseinandersetzungen erfordert. Man kann nur mit
Bedauern feststellen, daß die autoritäre Organisation der
Ausbildungseinrichtungen freie wissenschaftliche Forschung
nicht ermutigt; unabhängige Untersuchungen sind nicht nur
unwillkommen, sondern werden häufig diffamiert und als
etwas hingestellt, was den Forscher in ungünstigem Licht
erscheinen läßt. Die Psychoanalyse hat zwar deutliche Wandlungen durchgemacht, doch Innovationen werden nach wie
vor erst dann akzeptiert, wenn sie von Mitgliedern des inneren
Zirkels vertreten werden, von jenen also, die sich zuerst den
Status »wahrer Gläubiger« erworben haben.

Immer häufiger finden begabte und unabhängig denkende
junge Therapeuten Mittel und Wege, eine informelle Ausbildung zu erhalten, statt sich auf Institute zu verlassen. Sie
suchen sich Therapeuten ihrer eigenen Wahl und wenden sich
zur Konsultation oder Supervision an erfahrene Lehrer. Die
Möglichkeiten für eine solch ständige Weiterbildung sind breit
gefächert; häufig sind Erfindungsgabe und die Bereitschaft
vonnöten, eingefahrene Geleise zu verlassen, um informelle
persönliche Vereinbarungen treffen zu können.

Psychotherapie auszuüben ist im Grunde genommen eine
einsame Tätigkeit, denn sie ist völlig auf die Bedürfnisse des
anderen Menschen abgestellt und verlangt die Aufgabe der
Beschäftigung mit den eigenen Bedürfnissen und Unzulänglichkeiten. Doch jeder Therapeut, ob jung oder alt, braucht
Freunde und Kollegen, mit denen er seine Meinungen austau-

schen, offen über Probleme, Fehlschläge und Erfolge diskutieren und neue Erfahrungen erörtern kann. Diese Art des Lernens ist wichtig, wenn man sich in seinem Beruf vervollkommnen will. Unabhängig von theoretischen Meinungsunterschieden, ist es hilfreich, wenn man die Möglichkeit hat, seine Sorgen und Ängste mit anderen zu teilen, und wenn jemand da ist, an den man sich in Zeiten des Zweifels wenden kann, um sich beraten zu lassen.

Einige Bücher

Auch Lektüre spielt eine wichtige Rolle, wenn man seinen Horizont ständig erweitern will. Ich möchte an dieser Stelle nur einige wenige Bücher vorstellen, die in einem größeren Rahmen zu zeigen vermögen, wie Psychotherapie gestörten Menschen dabei helfen kann, sich ihrer Individualität zu vergegenwärtigen. Als erstes möchte ich *The Person* von Theodore Lidz (New York 1968; 2. Aufl. 1976)* vorschlagen, ein Buch, das den Lebenszyklus in umfassender Weise darstellt und dem Leser die wichtigeren Phasen und Aufgaben in der Entwicklung des Individuums vorführt.

Wer sich näher über die Begegnung mit dem Patienten und über das psychotherapeutische Interview informieren möchte, der greife zu Harry Stack Sullivans *The Psychiatric Interview* (New York 1954)**, das in großer Ausführlichkeit schildert, wie man Lebensmuster aufhellen und zu einem nutzbringenden Verständnis der Nöte und Leiden eines Patienten gelangen kann. Ein Buch jüngeren Datums, *The Psychiatric Interview in Clinical Practice* von Roger MacKinnon und Robert Michels (Philadelphia 1971) erweitert das Konzept des Interviews über seine unmittelbare Anwendung in der Psychotherapie hinaus auf viele andere klinische Bereiche.

Die Anwendung psychodynamischer Prinzipien auf die Interaktion mit Patienten hat Frieda Fromm-Reichmann in *Prin-*

* Dt. Ausgabe: *Das menschliche Leben; Die Entwicklung der Persönlichkeit,* Frankfurt 1970.
** Dt. Ausgabe: *Das psychotherapeutische Gespräch; Beitrag zur modernen Psychoanalyse und Psychotherapie,* Fischer Taschenbuch Nr. 6313.

ciples of Intensive Psychotherapy (Chicago 1950)* ausführlich erläutert. In diesem Buch wird zum erstenmal versucht, psychoanalytische Einsichten Psychiatern und Psychotherapeuten zugänglich und verständlich zu machen, die keine psychoanalytische Ausbildung durchlaufen haben. Zugleich ist es der mutige Versuch, klassische psychoanalytische Auffassungen mit den damals noch unerhört neuen Konzeptionen Harry Stack Sullivans zu verbinden. Ein später erschienenes Buch, welches das gleiche Ziel verfolgt, nämlich die Theorien der Psychoanalyse auf die Psychotherapie im allgemeinen anzuwenden, ist Paul A. Dewalds *Psychotherapy: A Dynamic Approach* (New York 1971). Allen Wheelis behandelt in luzider Sprache das Ziel der Psychotherapie in *How People Change* (New York 1973).

Letzte Anmerkungen

Vielleicht noch wichtiger als der Erfahrungsaustausch mit anderen und das Lernen aus Büchern und Konferenzen ist die fortwährend in jedem von uns sich vollziehende Selbstbewertung. Ich möchte dem Therapie-Studenten folgenden Rat geben: Lassen Sie sich nach den Behandlungssitzungen Zeit, um über das nachzudenken, was sich in ihnen abgespielt hat, und üben Sie sich im Erinnern von Ereignisabfolgen. Legen Sie auch sorgfältige Notizen an, zumindest in einigen Fällen, beschäftigen Sie sich von Zeit zu Zeit damit, und denken Sie darüber nach, und versuchen Sie zu bestimmen, was sie jetzt, in einem Kontext, der sich von dem der aktuellen Sitzung unterscheidet, an Aussagen enthalten. Wie die Gesundung des Patienten letztlich eine innere Erfahrung ist, bei der er selbst die leidvolle Arbeit der Neubewertung und -einschätzung übernehmen muß, so ist das Lernen von Psychotherapie ein Prozeß, bei dem der Lernende die aktive Arbeit leisten muß. Ständige Rekonstruktion und Neubewertung der Vorgänge zwischen Ihnen und Ihrem Patienten sind Schritte, die not-

---

* Dt. Ausgabe: *Intensive Psychotherapie; Grundzüge und Technik,* Stuttgart 1959.

wendig sind, wenn man ein sachkundiger, geschickter Therapeut werden will, ein Therapeut, der in der Lage ist, Bedürfnisse eines Patienten auch in Maskierungen zu erkennen, die mit der konventionellen Psychodynamik nicht übereinstimmen. Reflexion, Nachdenken hilft Ihnen dabei, sich der Signifikanz und dynamischen Bedeutung des Kommunikationsaustauschs zwischen Ihnen und Ihrem Patienten in lebendiger Weise bewußt zu werden.

Durch solche Selbstreflexion und durch wachsende Wahrnehmung innerer Wandlungen erwerben Sie sich ein sicheres Gespür und mehr Sensibilität für Gefühlslagen und für Äußerungen eigener Auffassungen oder störender Gedanken und Impulse. Auf diese Weise gelangen Sie zu einer objektiveren und folglich effektiveren Einschätzung Ihrer eigenen Rolle im therapeutischen Prozeß.

Literaturverzeichnis

Dewald, Paul A., *Psychotherapy: A Dynamic Approach,* New York 1971.

Fromm-Reichmann, Frieda, *Intensive Psychotherapie; Grundzüge und Technik,* Stuttgart 1959.

Green, Hannah, *Ich hab dir nie einen Rosengarten versprochen; Bericht einer Heilung,* Radius Verlag, Stuttgart 1975, 3. Aufl.

Lidz, Theodore, *Das menschliche Leben; Die Entwicklung der Persönlichkeit,* Frankfurt 1970.

MacKinnon, Roger, und Robert Michels, *The Psychiatric Interview in Clinical Practice,* Philadelphia 1971.

Sullivan, Harry Stack, *Das Psychotherapeutische Gespräch; Beitrag zur modernen Psychoanalyse und Psychotherapie,* Fischer Taschenbuch Nr. 6313.

Wheelis, Allen, *How People Change,* New York 1973.

Namen- und Sachregister

Das Namen- und Sachregister stellte Bernadette Eckert zusammen.